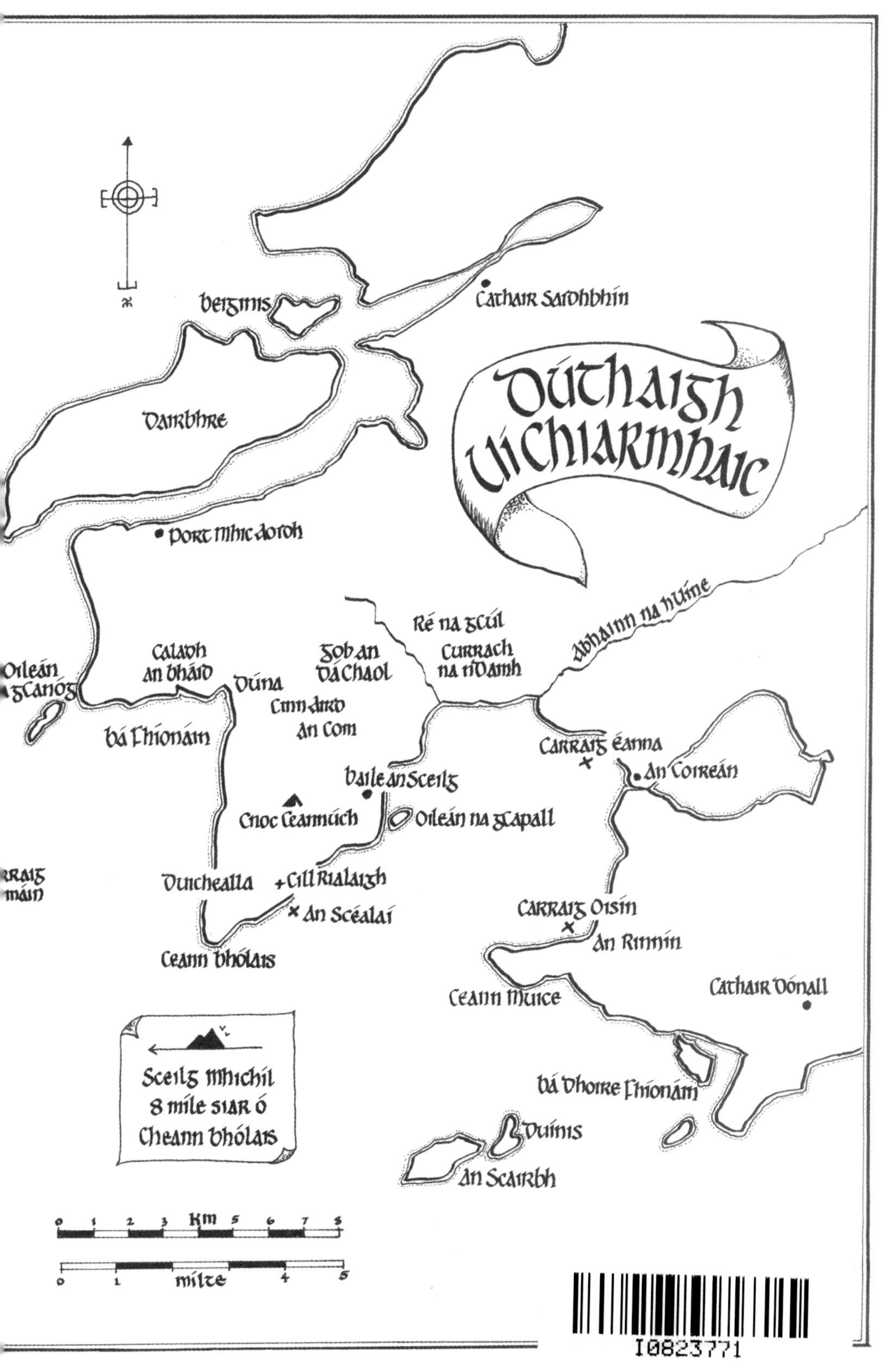
Dúthaigh Uí Chiarmhaic
Cathair Saidhbhín
Beiginis
Dairbhre
Port Mhic Aoidh
Oileán
gCanóg
Caladh
an Bháid
Dúna
Gob an
Dá Chaol
Ré na gCúl
Currach
na nDamh
Abhainn na hUíne
Cinn Aird
An Coim
Bá Fhionáin
Carraig Éanna
An Coireán
Baile an Sceilg
Cnoc Ceannúch
Oileán na gCapall
Duichealla
Cill Rialaigh
An Scéalaí
Carraig Oisín
An Rinnín
Ceann Bhólais
Ceann Muice
Cathair Dónall
Sceilg Mhichíl
8 míle siar ó
Cheann Bhólais
Bá Dhoire Fhionáin
Duinis
An Scairbh
0 1 2 3 Km 5 6 7 8
0 1 míle 4 5

Glór ón Sceilg

An fear agus a thírdhreach, 1981.
(Grianghraf: le caoinchead Fionán O'Connell).

Glór ón Sceilg

SCRÍBHINNÍ LE

Mícheál Ua Ciarmhaic

First published in 2025 by
Cork University Press
Boole Library
University College Cork
CORK
T12 ND89
Ireland

Authorised representative: Sinead Neville. Email: corkuniversitypress@ucc.ie

Library of Congress Control Number: 2024952927
Distribution in the USA: Longleaf Services, Chapel Hill, NC, USA

Foilsíodh an leabhar seo le cabhair deontais i gcomhair tograí Gaeilge a d'íoc an tÚdarás um Ard-Oideachas trí Choláiste na hOllscoile, Corcaigh le tacaíocht Choiste Léann na Gaeilge, Litríocht na Gaeilge agus na gCultúr Ceilteach, Acadamh Ríoga na hÉireann.

British Library Cataloguing in Publication Data
A CIP record for this book is available from the British Library.

ISBN: 978-1-78205-017-9

Printed by BZ Graf in Poland
Print origination & design by Carrigboy Typesetting Services
www.carrigboy.co.uk

www.corkuniversitypress.com

Máirín Nic Eoin agus Mary Shine Thompson a roghnaigh agus a chóirigh

Clár an Ábhair

3. An Dúlra agus an Duine

4. Ealaín na bhFocal

Buíochas

Ba mhaith linn buíochas ó chroí a ghabháil le gach uile dhuine a chuidigh linn agus sinn ag obair ar an díolaim seo. Ba iad iníon Mhíchíl Uí Chiarmhaic, Anne, agus a fear céile, Pat Coffey, a ghríosaigh sinn le tabhairt faoin obair an chéad lá, agus thug siad gach uile chúnamh dúinn fan na slí. Chuir siad leabhair, cóipeanna de lámhscríbhinní, agus ábhar taifeadta ar fáil a bhí ina chuidiú mór dúinn, agus thug siad ar thurasanna bóthair agus cladaigh agus cnoic sinn timpeall ar dhúthaigh Uí Chiarmhaic i mBaile an Sceilg. Chuidigh Martina Kirby Forde linn agus focail áirithe á bhfiosrú againn agus ba í a chuir ar ár súile dúinn go mbíodh foclóir Timothy O'Neill Lane á úsáid go rialta ag Mícheál. Chuidigh Tadhg agus Declán Ua Ciarmhaic linn le téarmaí farraige agus iascaireachta agus le roinnt ceisteanna eile teanga a tháinig chun tosaigh agus an téacs á ullmhú don chló againn. Go raibh míle maith agaibh.

Ba mhaith linn buíochas ar leith a ghabháil leis na scoláirí sin a thug tacaíocht, cabhair agus comhairle dúinn. Táimid faoi chomaoin go háirithe ag: Mícheál Briody, Charles Dillon, Liam Mac Mathúna, Caoilfhionn Nic Pháidín agus Seosamh Ó Murchú. Tá buíochas speisialta tuillte ag an iriseoir Seán Mac an tSíthigh a scríobh nóta pearsanta do chlúdach an leabhair; ag na grianghrafadóirí Fionán O'Connell agus Michael Herrmann a thug cead dúinn na grianghrafanna a rinne siad de Mhícheál agus dá shaothair ealaíne a úsáid sa leabhar; agus ag an ealaíontóir callagrafaíochta Timothy O'Neill a dhear agus a chruthaigh an léarscáil de dhúthaigh Uí Chiarmhaic. Táimid buíoch d'fhoireann Chnuasach

Bhéaloideas Éireann, An Coláiste Ollscoile, Baile Átha Cliath – Críostóir Mac Cárthaigh, a bhí ina Stiúrthóir ar an gCnuasach nuair a bhí an taighde don leabhar ar siúl againn, Ailbe van der Heide agus Jonny Dillon – as acmhainní na cartlainne a chur ar fáil dúinn agus ár n-aird a dhíriú ar fhoinsí ar leith. Gabhaimid buíochas le hÚna Bhreathnach, Fiontar & Scoil na Gaeilge, Ollscoil Chathair Bhaile Átha Cliath, as a comhairle agus a cúnamh maidir le digitiú ábhair don suíomh dúchas.ie agus maidir le taighde logainmneacha; le Diarmuid Ó Dálaigh a chuir ar an eolas muid faoi thaighde áitiúil ar logainmneacha Uíbh Ráthaigh; agus le Conchubhar Ó Crualaoich, Príomhoifigeach Logainmneacha, An Brainse Logainmneacha, An Roinn Turasóireachta, Cultúir, Ealaíon, Gaeltachta, Spóirt agus Meán, as roinnt pointí logainmníochta a bheachtú dúinn. Ba mhór an chabhair dúinn freisin acmhainní Leabharlann Uí Chriagáin, Ollscoil Chathair Bhaile Átha Cliath, agus Leabharlann Acadamh Ríoga na hÉireann agus gabhaimid buíochas le foirne na leabharlann sin. Léigh beirt phiarmheastóirí neamhspleácha an leabhar ar son Chló Ollscoile Chorcaí agus táimid an-bhuíoch de na moltaí a rinne siad, moltaí a chuidigh go mór linn barr slachta a chur ar an ábhar. Ba mhaith linn ár mbuíochas a ghabháil freisin le Séamus Ó Coileáin as an tsárobair chóipeagarthóireachta a rinne sé.

Gabhaimid buíochas leis an teach foilsitheoireachta, Coiscéim, a chéadfhoilsigh saothar Gaeilge Uí Chiarmhaic, agus le Maria O'Donovan agus Cló Ollscoile Chorcaí, as an dua go léir a chaith siad leis an ábhar agus leis an bpróiseas foilsitheoireachta.

Réamhrá

Is éard atá sa leabhar seo ná rogha ábhar próis agus filíochta ó ocht gcinn de bhunleabhair Ghaeilge a d'fhoilsigh an t-údar ó Bhaile an Sceilg Mícheál Ua Ciarmhaic (1906–2005) idir 1984 agus 2000, móide dhá dhán leis ón gcnuasach *Duanaire Mhaidhcí* (2006), a foilsíodh mar dhuanaire cuimhneacháin i ndiaidh a bháis. Tá na leabhair seo ar fad as cló le fada agus tugadh faoin gcnuasach seo toisc gur chreideamar gurbh fhiú go mór saothar Gaeilge Uí Chiarmhaic a bhuanú mar léiriú ar shaoldearcadh agus ar shamhlaíocht duine ildánaigh a chaith an chuid is mó dá shaol ina chónaí sa bhaile beag cois cladaigh inar rugadh agus inar tógadh é féin.[1] Níor thosaigh Mícheál Ua Ciarmhaic ag scríobh go dtí go raibh sé ina fhear scothaosta, nuair a spreag Pat Coffey, fear céile a iníne Anne, chun pinn é. Thosaigh sé ag péintéireacht trátha an ama chéanna agus, ós rud é go bhfuil an tabhairt faoi deara agus an t-ómós dá bhaile dúchais agus don timpeallacht nádúrtha atá chomh láidir sin ina chuid scríbhinní le feiceáil freisin ina shaothar péintéireachta, bheartaíomar bailiúchán beag dá chuid pictiúr a fhoilsiú sa leabhar freisin. D'fhoilsigh Lilliput Press trí leabhar Béarla le hUa Ciarmhaic, bunaithe ar an ábhar ina chuid scríbhinní Gaeilge, agus bhí an-tóir orthu. Tá rogha ábhair ó na leabhair sin le fáil anois sa díolaim *Skelligs Haul* (2019), a chuir Mary Shine Thompson i dtoll a chéile.

Is é an cuspóir a chuireamar romhainn agus sinn ag roghnú an ábhair don díolaim Ghaeilge seo ná cnuasach tarraingteach ilghnéitheach a chur ar fáil, a léireodh pearsantacht agus saoltuiscint Uí Chiarmhaic agus a tharraingeodh aird léitheoirí ar na ceisteanna cultúir agus comhshaoil a bhí tábhachtach dó. Tá cuid mhaith den ábhar ina chuid scríbhinní bunaithe ar chuimhní cinn agus ar mhachnamh an údair ar mheon agus ar shlite maireachtála atá athraithe ó bhonn le céad bliain anuas. Níl cathú rómánsúil i ndiaidh na seanaimsire le brath ina shaothar, áfach, ná idéalú ar chruatan an tseansaoil. Ina ionad sin, braitear íogaireacht nua-aoiseach agus aigne oscailte duine a ghlacann le dul chun cinn agus le forás ach a aithníonn go bhfuil luachanna pobail agus gnásanna cultúir ann ar fiú iad a chosaint agus a chaomhnú i gcónaí. Nuair is ag trácht ar an mbeatha nádúrtha a bhíonn sé, bíonn spioradáltacht iomlánaíoch agus feasacht éiceolaíoch le brath go láidir. Tuigtear dúinn mar léitheoirí go bhfuilimid i gcomhluadar duine a bhfuil tuiscint dhoimhin aige ar an áit ar leith ina maireann sé, duine atá airdeallach maidir leis an timpeallacht fhisiciúil agus ómósach i láthair na ndúl ilghnéitheach a roinneann an domhan leis an neach daonna.

Mar a thugann na teidil le fios, gnéithe den saol i mBaile an Sceilg agus sa cheantar máguaird atá faoi chaibidil sna leabhair *Cliathán na Sceilge* (1984) agus *Guth ón Sceilg* (2000). Cuimsíonn an t-ábhar sna leabhair seo eachtraí beatha, cúrsaí eitneagrafaíochta (tithíocht, cúrsaí ceardaíochta, caithimh aimsire na ndaoine, cuairteoirí chuig Sceilg Mhichíl, bailiú an bhéaloidis) agus cuntais bheoga ar shaol na farraige agus ar chúraimí an iascaire. Is as an dá leabhar seo a roghnaíodh an chuid is mó den ábhar próis sa díolaim seo agus go háirithe an t-ábhar sa chéad dá rannóg. Mar a fheicfear, cé nach leasc le Mícheál Ua Ciarmhaic sonraí áirithe dírbheathaisnéise a chur ar fáil, ní hé modh na féinfhaisnéise a phríomh-mhodh reacaireachta ná ní gnách leis ord croineolaíoch na staire a leanúint. Ina ionad sin, díríonn sé ar eachtraí nó ar ócáidí a chuaigh i bhfeidhm air agus a d'fhan sa chuimhne dá bharr. Déanann sé cur síos ar áit fhisiciúil – foirgneamh nó gné tíre – d'fhonn léargas a thabhairt ar phearsantacht duine nó ar chleachtas pobail. Mar shampla, is trí chuntas a thabhairt ar ullmhú an tí d'oíche bhothántaíochta a léiríonn sé tréithe a mháthar, Máire, agus is trí eachtraí farraige a ríomh is ea a chruthaíonn sé pictiúr den ghaol dlúth a bhí idir é féin agus a athair, Seán. Tá dréachtaí áirithe bunaithe ar scéalta a chuala sé óna athair. Insíonn sé scéal faoi ghaisce iascaireachta a rinne Seán sa bhliain 1908, mar shampla – nuair nach raibh sé féin ach dhá bhliain d'aois – ach tugann an stíl reacaireachta le fios go raibh fear inste an scéil rannpháirteach sna himeachtaí laochúla atá á ríomh ann.

Aithníodh ón tús gur smaointeoir agus ealaíontóir é Mícheál Ua Ciarmhaic agus nár chuntais oibiachtúla amháin a thug sé, ach a léamha sainiúla féin ar an saol mar a chonacthas dó é. 'Litríocht an mhuintearais' a thug Pádraig Ó Fiannachta (1927–2016) ar shaothar Uí Chiarmhaic sa réamhrá a scríobh sé don díolaim aistí *An Gabhar sa Teampall* (1986), áit a gcuireann sé fear Bhaile an Sceilg i gcomparáid le húdar mór an Bhlascaoid, Tomás Ó Criomhthain: 'Isteach ina theach a thug Tomás Ó Criomhthain sinn; isteach sa bhád saighne a chuamar le Mícheál seo againne i *gCliathán na Sceilge*; anois tugann sé cuireadh dúinn go dúnáras a anama.'[2] Aistí machnaimh ar chúrsaí reatha agus ar cheisteanna spioradálta agus ealaíne atá sa chnuasach *An Gabhar sa Teampall*, agus roghnaíomar dréachtaí ón gcnuasach sin a thugann léargas ar thuiscint Uí Chiarmhaic ar mhórimeachtaí polaitiúla a linne, agus ar theagasc agus ar chleachtais na heaglaise a raibh sé féin ina bhall dílis di. Aigne fhiafraitheach duine a bhí ar chonair foghlama ar feadh a shaoil is ea a fhaighimid sna dréachtaí seo, a léiríonn bua anailíse agus neamhspleáchas intinne.

Ba é an bitheolaí agus an t-údar ildánach Tomás Mac Síomóin (1938–2022) a spreag Ua Ciarmhaic chun an leabhar *Ríocht na dTonn* (1989) a scríobh. Is amhlaidh a thug Mac Síomóin cóip den leabhar *Cladaigh Chonamara* (1938) le Séamus Mac Con Iomaire (1891–1967) ar iasacht dó, le súil is go ngríosfadh an saothar sin é le cuid den seanchas farraige agus cósta a bhí cloiste aige féin uaidh a chur ar fáil do phobal níos leithne. B'oiriúnach an eiseamláir leabhar Mhic Con Iomaire, cuntas cuimsitheach ar dhúile farraige agus cladaigh agus ar chúrsaí iascaireachta agus ceilpeadóireachta ar chósta Chonamara, a breacadh le linn don údar a bheith ag teacht chuige féin in ospidéal eitinne i Stáit Aontaithe Mheiriceá. Níorbh fhada go raibh leabhar ó Bhaile an Sceilg ar an ábhar céanna ar fáil. Foinse iontach eolais ar iliomad speiceas mara atá i *Ríocht na dTonn* agus, fearacht leabhar Mhic Con Iomaire, is sampla gléineach é an t-ábhar ann den mhioniniúchadh (*microspection*) a luann an criticeoir Michael Cronin mar bhonn don tuiscint éiceolaíoch. Mar a deir Cronin: 'Séard atá i gceist agam leis an gcoincheap seo ná modh anailíseach agus modh feidhmiúil a oibríonn ar leibhéal áitiúil agus a thaispeánann ní hamháin doimhne agus saibhreas na háite ach an bealach nó na bealaí a cheanglaíonn an áit le háiteacha eile nó leis an domhan taobh amuigh.'[3] Cé go bhfuil an t-ábhar sa leabhar seo ag tarraingt ar thaithí agus ar eolas áitiúil, tugann scéal na n-éanacha mara a thaithíonn cósta Uíbh Ráthaigh ar thuras na cruinne sinn. Díol spéise freisin is ea an saibhreas téarmaíochta a chleachtaíonn Ua Ciarmhaic, go háirithe na téarmaí d'éanacha agus d'ainmhithe mara a léiríonn, i bhfocail Thomáis Mhic Síomóin, 'an gaol idir "foclóir farraige" na hAlban agus na hÉireann …'[4] Níl amhras orainn ach go bhfuil ábhar luachmhar staidéir don bhitheolaí agus don teangeolaí araon sna haistí a bhaineann le speicis ar leith. Don díolaim seo, roghnaíomar na haistí níos ginearálta a bhaineann le cúrsaí iascaireachta agus raice, aistí faoin oideachas imshaoil a fuair Ua Ciarmhaic agus é ag freastal ar 'ollscoil oscailte na trá.' Ina measc, tá dréachtaí a bhaineann le comharthaí aimsire, gné den seanchas áitiúil a bhí tábhachtach don iascaire agus don talmhaí araon; dréacht faoi ghaois instinniúil ainmhithe; agus dréacht a liostaíonn na mionlogainmneacha nach bhfuil le feiceáil ar aon léarscáil turasóra ach atá greanta go doimhin ar léarscáil mheabhrach an áitritheora. Is iontach agus is fadbhreathnaitheach an léargas a bhí ag Ua Ciarmhaic ar chúrsaí comhshaoil, agus feicimid roinnt buncheisteanna éiceolaíochta á gcur aige in aiste a foilsíodh ag deireadh na 1980idí:

> An bhfuil eolas maidir le himeachtaí an dúlra agus an tséasúir agus an nádúir á chur fé ghlas ón nduine comónta? Tá an fliuchán méadaithe sa mbreis ó bhíos-sa féin ag éirí suas. Ach is dóichí go raibh seo amhlaidh riamh i dtimchuairt na haimsire a tháinig leis na mílte bliain. Tá breis báistí ag titim in Éirinn fé láthair. Tá aibhnte agus locha agus fiú amháin na farraigí agus an t-aer féinig á dtruailliú in aghaidh an lae. Tá spreacadh gníomhach an adaimh á chur féin in iúl fiú amháin sa mbia atá againn á chaitheamh. Tá an bháisteach shearbh ag marú crann agus torthaí. Cad ina thaobh an truailliú go léir? Scailpeacha ola ag lot tráigh bheag Phraisce i mBaile an Sceilg atá ceangailte i mbéaloideas piseogach álainn le hOisín agus Tír na nÓg. Cé acu ab fhearr leat piseogacht ársa ár seanchais nó truailliú salach na nua-aimsireachta? Níl agam ach brú ar an gcnaipe. Beidh na saineolaithe ag tabhairt léachta ar cé hé atá ciontach leis an mórshalú caca seo atá i riocht an cine daonna a bhréanú (126).

Fad is a bhí na leabhair phróis seo á mbreacadh ag Ua Ciarmhaic, bhí dánta á scríobh i gcaitheamh an achair aige agus tá deascán de na dánta ó na cnuasaigh *Íochtar Trá* (1985), *Barra Taoide* (1988), *Ceol Maidí Rámha* (1990), agus *Duanaire Mhaidhcí* (2006) ar fáil sa díolaim seo. Mar fhile, shaothraigh sé foirmeacha agus meadarachtaí éagsúla. Thug an fhilíocht deis dó a scileanna teanga a aclú agus scód a scaoileadh lena shamhlaíocht phictiúrtha. Trína chuairteanna rialta ar a ghaolta i mBaile Átha Cliath, chuir sé aithne ar scata filí Gaeilge agus chuidigh an díolaim agus an caiséad *Chuireas mo Líonta* (1993), a d'fhoilsigh Cló Iar-Chonnacht mar chuid den tsraith 'Guth an ealaíontóra,' lena shaothar filíochta a chur os comhair phobal na Gaeilge.

Sa réamhrá a scríobh Dáithí Ó hÓgáin do *Cliathán na Sceilge*, chuir sé saothar Uí Chiarmhaic i gcomhthéacs scríbhinní eile le húdair iomráiteacha ó Uíbh Ráthach a bhí gníomhach i ngluaiseacht na hAthbheochana, ina measc Pádraig Ó Séaghdha (Conán Maol) (1855–1928), Séamas Ó Dubhghaill (Beirt Fhear) (1855–1929) agus Seán Ó Ceallaigh (Sceilg) (1872–1957). Bhí tionchar ag múnla an leabhair *Sean-Aimsireacht* (1939) leis an Dairbhreach Domhnall Ó Murchadha (*c.*1859–1942) ar Ua Ciarmhaic, ach aithníonn Ó hÓgáin nárbh ionann ar chor ar bith cur chuige na beirte agus gur 'mó de léargas pearsanta a thugann an Ciarmhacach ar a chuid ábhair…'[5] B'fhiú an cnuasach aistí *Dorn Mine* (1976) a d'fhoilsigh an Bráthair Peadar Ó Loingsigh (1901–1992), Dairbhreach eile, a lua mar ábhar comparáide le saothar próis Uí Chiarmhaic. B'fhiú freisin tionscnamh liteartha Uí Chiarmhaic a shuíomh i gcomhthéacs iarrachtaí leanúnacha scríbhneoirí eile d'fhonn oidhreacht liteartha agus chultúir Uíbh Ráthaigh a bhuanú agus a athnuachan, údair ar nós Mhíchíl Uí Shiochrú (1947–) ó Bhaile an Sceilg, nó Paddy

Bushe (1948–), Baile Átha Cliathach atá ag saothrú na litríochta sa Choireán ó thús na 1970idí.[6] Bhí go leor cairde liteartha ag Ua Ciarmhaic, mar a léirítear sna dánta ar fad a scríobhadh ina ómós don chnuasach *Duanaire Mhaidhcí* (2006) a chuir Paddy Bushe in eagar.[7] Ba mhór an t-ugach a fuair sé óna theagmhálacha le lucht éigse na Gaeilge agus is léir ón gcomhfhreagras fileata a bhí aige le Michael Hartnett agus le filí iomráiteacha eile gur spreag seisean iadsan freisin agus gur glacadh leis mar bhall dílis den dámh.[8]

Má tá saothar Uí Chiarmhaic le meas mar chuid de scéal na nualitríochta, áfach, is iad na scríbhneoirí ar iascairí agus saothróirí trá agus cladaigh (nó sliocht iascairí) iad a bhráithre nádúrtha pinn. B'fhiú a chuid scríbhinní a léamh taobh le saothar na mór-údar Duibhneach agus scéal na farraige féin a aithint mar ghné dhílis de litríocht na Gaeltachta. Samhlaím *Cliathán na Sceilge, Guth ón Sceilg* agus *Ríocht na dTonn* go háirithe ar aon seilf le saothair Ghaeltachta ar nós *Seanchas Chléire* (1940) le Conchúr Ó Síocháin (1866–1941); *Allagar na hInise* (1928) agus *An tOileánach* (1929) le Tomás Ó Criomhthain (1855–1947); *Timcheall Chinn Shléibhe* (1937) le Seán Ó Dálaigh (1861–1940); *Cogarnach ár gCósta* (1979) le Ger Ó Cíobháin (1928–2008); *Fan Inti* (2003) le Domhnall Mac Síthigh (1951–2017); agus, ar ndóigh, *Cladaigh Chonamara* (1938) le Séamus Mac Con Iomaire. Níor mhiste scéal na péintéireachta a chur san áireamh freisin, agus pictiúir an Chiarmhacaigh a chur i gcomparáid le saothar an Bhlascaodaigh Mícheál Ó Gaoithín (1904–1974) agus saothar iomráiteach 'scoil ealaíne' Thoraí.[9] Ghlaoigh an staraí ealaíne Catherine Marshall 'superb visual communicator' ar Mhícheál Ó Gaoithín, lipéad a d'fheilfeadh chomh maith céanna d'fhear Bhaile an Sceilg. D'fhéadfadh Ua Ciarmhaic a bheith i gceist agus í ag trácht ar an spreagadh a fuair Ó Gaoithín ón áit inar chónaigh sé, 'an environment where every animal, fish, bird, and human was afforded equal respect in the ecological system.'[10] B'amhlaidh a bhí an scéal freisin ag muintir Thoraí nuair a thosaigh Séamus Ó Daoithin (James Dixon), Patsaí Dan Mag Ruaidhrí agus oileánaigh eile ag tabhairt faoin bpéintéireacht, le spreagadh ón ealaíontóir Derek Hill a bhíodh ina chuairteoir rialta ar an oileán.[11] Tá an-ábhar comparáide, ó thaobh téamaí agus stíle de, idir saothar Uí Chiarmhaic agus saothar na n-ealaíontóirí sin.

Más féidir saothar Uí Chiarmhaic a lua mar chuid d'oidhreacht liteartha Uíbh Ráthaigh ó thréimhse na hAthbheochana i leith, níor mhór ábhar na leabhar a lonnú freisin i gcomhthéacs na mbailiúchán béaloidis a rinne Séamus Ó Duilearga (1899–1980) agus Tadhg Ó Murchadha (1896–1961) i mBaile an Sceilg agus sa cheantar máguaird. Bhí Ua Ciarmhaic ina fhear óg nuair a tháinig Ó Duilearga go dtí Baile an Sceilg i dtosach agus, mar is léir ón dréacht 'Lucht béaloidis' (91–95), ní hamháin go raibh ardmheas aige ar na scéalaithe ar bhailigh an Duileargach ábhar uathu, ach thuig sé an tábhacht thar cuimse a bhain le próiseas an bhailithe féin. D'aithin Ua Ciarmhaic mórbhua Sheáin Uí Chonaill, scéalaí mór Chill Rialaigh, agus d'fhág an léargas pearsanta a fuair sé ar chultúr an bhéil bheo le linn a óige rian láidir air féin. Bhí cuid de na scéalta áitiúla faoi chúrsaí osnádúrtha ar eolas aige, mar shampla, ach, mar is léir ón dréacht 'Marcaigh na samhlaíochta' (182–185), thuig sé freisin go raibh feidhm na scéalta sin don phobal tar éis athrú go mór lena linn.

Gné den traidisiún béil a bhí iontach láidir in Uíbh Ráthach le linn óige Uí Chiarmhaic ba ea an seanchas farraige, agus is féidir gaol díreach a aithint idir na hinsintí béil a bailíodh ó iascairí de chuid ghlúin a athar agus scríbhinní liteartha Uí Chiarmhaic féin. Is ábhar faoi chúrsaí farraige, bádóireachta agus iascaireachta cuid mhaith mhór den 2441 leathanach a scríobh an bailitheoir lánaimseartha Tadhg Ó Murchadha síos ón iascaire agus saor cloiche Seán Segersún, ón Rinnín Dubh, lámh leis an gCoireán. Mar a scríobh Ó Murchadha, bhí 'ana-chuid eolais aige i daobh na fairrge agus a ngabhann léi – na h-éisc agus cúrsaí iascaireachta; múr agus gach sórt fáis atá le fáil ar chóstaí na fairrge; na héin agus na róinte agus na piastaí mara; agus téarmaí, agus cainnteanna ag freagairt do gach cor agus gach cúntaráil 'á gcuireann an fhairrge dhi….'[12] Thosaigh Ó Murchadha ag triall ar Sheán Segersún sa bhliain 1937 agus tá an t-ábhar a bhailigh sé uaidh le fáil i 47 imleabhar éagsúla i gCnuasach Bhéaloideas Éireann (CBÉ). I bhfómhar na bliana 1949, d'fhéach an bailitheoir leis an ábhar faoi chúrsaí farraige agus iascaireachta a thabhairt le chéile 'i n-aon leabhar slachtmhar amháin.' D'fhill sé ar an Segersúnach leis na ceisteanna céanna a chuir sé air cheana agus bhreac sé an t-ábhar síos uaidh faoi cheannteidil éagsúla. Tá toradh na hoibre ar fáil in CBÉ 1188: 1-200, cuntas éachtach mionsonraíoch ar gach uile ghné de shaol na farraige, agus léaráidí ealaíonta le Tadhg Ó Murchadha féin ag gabháil le cuid den ábhar. B'fhiú go mór an saothar sin a fhoilsiú ina iomláine mar ba dheacair cuntas ní b'fhearr nó ní b'fhuinte a fháil ar an gcultúr farraige as ar fáisceadh Mícheál Ua Ciarmhaic.[13] Go leor de na téarmaí a bhí ag an Segersúnach, tá siad le fáil i scríbhinní Uí Chiarmhaic, agus iad fite go nádúrtha trína chuntais ar eachtraí farraige. Ceann de na rudaí is suaithinsí ar fad faoi shaothar Uí Chiarmhaic is ea an chaoi ar éirigh leis mórshaibhreas an chultúir ábhartha seo a chuimsiú, agus an stóras ábhalmhór teanga agus téarmaíochta a bhain le saol na farraige a choinneáil beo beathaíoch le linn tréimhse a raibh an Ghaeilge ag teacht faoi bhrú mór mar theanga phobail in Uíbh Ráthach.[14] Sna dréachtaí a bhaineann le cúrsaí farraige agus comhshaoil, tá cruinneas an eolaí ar fáil taobh le sleachta a fhanann sa chuimhne de bharr a fhileata is atá siad, a leithéidí seo, mar shampla:

> Ní raibh aon aoibhneas ach féachaint uait siar go bun na spéire. Bhí na pláinéid ar nós seoda loiscneacha ag dreapaireacht ins na spéartha agus solas na gealaí ag doirteadh anuas go drithleannach ar na hoileáin, Duínis agus an Scairbh, a bhí sínte go suanmhar in imeall Bhá na Sceilge. Ardchnoic Uíbh Ráthaigh agus na Cruacha soir uait mar a bheadh fathaigh ag seasamh le cuanta, agus mar bharr air sin an lánghealach ag lonrú anuas ag fágaint casáin ghil ar an bhfarraige mar a bheadh taibhsí soilseacha ag rince ar scáthán criostail (99).
>
> Siar le cliathán Charraig na Dallóige bhí Rinn an Bhealaigh á nochtadh féin go soiléir. Bhí cochaill dhúbalta na feamainne móire duibhe ag cur a gcinn de dhroim uisce fé mar a bhí an taoide ag ísliú. Ba chosúil le foraois fó thoinn é, cuid des na cochaill stractha, a thuilleadh des na feamanna ná raibh iontu ach maidí téagartha lomnochta. Déarfá, le féachaint orthu, gur slua daoine iad a bhí ag iarraidh éirí as an nduibheagán báite ag bagairt ort is ag déanamh comharthaí leat iad a shaoradh (116).

Cé a déarfadh nach bhféadfadh saothar Gaeilge Uí Chiarmhaic a bheith ina spreagadh arís do phobal an réigiúin agus ina acmhainn ag lucht pleanála teanga Uíbh Ráthaigh fiú?[15] Sa chomhthéacs sin, is fiú a chur san áireamh go raibh an litríocht agus na healaíona tábhachtach i gcónaí i bhféiniúlacht chultúrtha an cheantair agus go raibh siad lárnach i gcláir imeachtaí Éigse na Brídeoige, féile bhliantúil a tionscnaíodh sa bhliain 1992 d'fhonn oidhreacht Ghaelach an cheantair a cheiliúradh agus nascanna a shnaidhmeadh le ceantair Ghaeltachta eile.[16] Rinneadh ceiliúradh ar Ua Ciarmhaic féin ag Éigse na bliana 1996 agus is minic a bhí ábhair a bhí gar dá chroí mar théamaí na féile. Ba as obair choiste na hÉigse a tháinig Comhchoiste Ghaeltacht Uíbh Ráthaigh ar an saol mar eagraíocht forbartha pobail sa bhliain 1998, agus is faoi scáth an Chomhchoiste atá an próiseas pleanála teanga in Uíbh Ráthach á riaradh anois, faoi fhorálacha Acht na Gaeltachta 2012. Tá ábhar dóchais sa phlean teanga ilghnéitheach atá á chur i bhfeidhm faoi láthair, tá neart agus fuinneamh cruthaitheach nua le haireachtáil sa chur chuige bríomhar atá á chleachtadh, agus tá roinnt torthaí dearfacha le tuairisciú dá réir.[17] Dá mbeadh Ua Ciarmhaic ina bheatha, níl amhras ach go mbeadh sé bródúil as na hiarrachtaí atá ar siúl, agus réidh le tacú leo.

Mhaígh Dáithí Ó hÓgáin gur saothar 'idir dhá thraidisiún' nó 'idir dhá thréimhse' a bhí i gcéadleabhar Uí Chiarmhaic, *Cliathán na Sceilge*. Is cruinne fós an breithiúnas sin ach saothar Uí Chiarmhaic trí chéile a chur san áireamh. Is duine é a tháinig in inmhe nuair a bhí an Ghaeilge, agus an traidisiún béil a bhain léi, fós láidir in Uíbh Ráthach, ach bhí léamh agus scríobh an Bhéarla agus na Gaeilge aige, agus tá a rian sin le feiceáil sna tagairtí liteartha atá fite trína shaothar. Chonaic sé saol traidisiúnta an fhéinchothaithe ag géilleadh lena linn do nuashaol na dtráchtearraí agus na bhfionnachtana nua-aoiseacha, ach bhí urraim aige i gcónaí don timpeallacht nádúrtha agus spéis aige i mbuanú na luachanna cultúir frithábharaíocha lenar tógadh é féin. Samhlaím ilchumas agus iléirim reacaire an leabhair álainn le Timothy O'Grady agus Steve Pyke, *I could read the sky* (1998), le hUa Ciarmhaic. Cé gur bheag oideachas foirmiúil a fuair sé, níor staon sé de bheith ag cur lena chuid eolais agus lena thuiscint ar chúrsaí an domhain mhóir. Sílim go bhfuil go leor le foghlaim againn óna léargas gaoismhear, go háirithe más cás linn todhchaí na bpobal beag tuaithe agus cósta, agus folláine agus inbhuanaitheacht an duine agus an phláinéid, a chinntiú.

Teanga Uí Chiarmhaic agus cóiriú an ábhair

Tá an díolaim seo bunaithe ar an ábhar ó naoi gcinn de leabhair a foilsíodh idir na blianta 1984 agus 2006. Is ó na leaganacha foilsithe sin a roghnaíomar an t-ábhar ach, in ionad cloí le hord a mbunfhoilsithe, bheartaíomar na haistí a leagan amach go téamúil faoi cheithre cheannteideal: Eachtraí Beatha, Cultúr agus Féinchothú, Beatha agus Sláinte, agus Ealaín na bhFocal. Chuireamar teideal ar leith le gach fo-mhír ansin. Uaireanta is ionann an teideal sin agus an teideal a bhí air nuair a céadfhoilsíodh an mhír ach, i gcásanna áirithe, chumamar teideal nua chun idirdhealú níos cruinne a dhéanamh idir míreanna. Tugaimid foinse na míre i ngach uile chás.

Maidir le teanga na míreanna, chloíomar an oiread agus ab fhéidir leis an leagan foilsithe, ach b'éigean dúinn an litriú a leasú in áiteanna ar mhaithe le haontacht na díolama, tharla go raibh leaganacha canúnacha agus leaganacha caighdeánacha d'fhocail áirithe in úsáid in áiteanna éagsúla sna bunleabhair. D'fhéachamar le blas na canúna a choinneáil an oiread agus ab fhéidir ach, sa chás go raibh cinneadh le déanamh idir dhá leagan d'fhocal, roghnaíomar an leagan ba choitianta a bhí in úsáid i bhfoilseacháin Uí Chiarmhaic. Ní cruinnléiriú ar chanúint an údair atá sa leabhar seo, más ea. Mar shampla, cloímid leis an litriú caighdeánach 'éigin' agus 'áilleacht' tríd síos, mar gurb iad is minice a bhí sna bunleabhair, ach tuigimid go raibh 'éigint' agus 'áilneacht' sa chaint agus sa scríobh ag Ua Ciarmhaic. I gcásanna eisceachtúla a raibh dhá leagan d'fhocal in úsáid sa téacs, d'fhágamar an dá leagan gan athrú (*fé* agus *faoi*, mar shampla, *leog* agus *lig*). Agus an obair chóirithe idir lámha againn, cheartaíomar earráidí cló chomh maith le roinnt earráidí sna buntéacsanna a bhí Ua Ciarmhaic féin tar éis a thabhairt faoi deara. Leasaíomar an phoncaíocht d'fhonn brí abairtí áirithe a shoiléiriú, agus ar mhaithe le soléiteacht an téacs i gcoitinne. Maidir le logainmneacha aitheanta, leasaíomar aon litriú nach raibh ag teacht le litriú an Bhrainse Logainmneacha, ach amháin i gcás ainm an pharóiste inar mhair sé, is é sin An Phriaireacht. Sa chás sin, chloíomar leis an leagan atá in úsáid i bhfoinsí litríochta agus béaloidis Uíbh Ráthaigh agus atá fós ar bhéal Ghaeilgeoirí an cheantair. D'fhágamar blúirí beaga a bhí sa chéadleagan foilsithe de mhíreanna áirithe ar lár, ar mhaithe le leanúnachas na hinsinte agus chun athrá a sheachaint. Feictear sraith poncanna (….) aon áit a bhfuil a leithéid déanta againn.

Is fiú aird léitheoirí a tharraingt ar na bunlámhscríbhinní a bhfuil leabhair fhoilsithe Uí Chiarmhaic bunaithe orthu agus atá caomhnaithe anois mar bhailiúchán ar leith i Leabharlann Boole i gColáiste na hOllscoile, Corcaigh.[18] Creidimid gur foinse luachmhar léargais ar Ghaeilge Bhaile an Sceilg iad na lámhscríbhinní seo agus gurbh fhiú go mór staidéar teangeolaíoch agus canúineolaíoch a dhéanamh orthu, go háirithe ós rud é go bhfuil samplaí de chaint thaifeadta Uí Chiarmhaic ar fáil freisin sa bhailiúchán céanna. Agus na lámhscríbhinní á scrúdú mar chorpas teangeolaíoch, áfach, níor mhór dhá rud a chur san áireamh: i) go raibh léamh na Gaeilge ag Ua Ciarmhaic, agus teagmháil aige le hábhar foilsithe caighdeánach; agus ii) go bhfuil rian d'ortagrafaíocht an Bhéarla ar a chuid scríbhinní Gaeilge. Cé gur sna lámhscríbhinní atá céad-dréachtaí an ábhair fhoilsithe, is amhlaidh a chuaigh an t-ábhar trí chéimeanna éagsúla (athscríbhneoireachta, clóscríbhneoireachta agus cóirithe) agus é á ullmhú don chló. Níor fhéachamar leis na céimeanna sin a scrúdú, ach cheadaíomar na bunlámhscríbhinní aon uair ba ghá litriú nó brí focal ar leith a iniúchadh.

Tá mórshaibhreas teanga agus téarmaíochta ar fáil i scríbhinní Mhíchíl Uí Chiarmhaic agus ba mhór an chabhair dúinn foinsí áirithe foclóireachta, canúineolaíochta agus béaloidis chun teacht ar eolas faoi chuid de na leaganacha agus na saintéarmaí a bhí aige, ina measc: *Cnuasach Focal ó Uíbh Ráthach* (1989) le Caoilfhionn Nic Pháidín; *Linguistic Atlas and Survey of Irish Dialects Vol II: The Dialects of Munster* (1982) le Heinrich Wagner; *Leabhar Sheáin Í Chonaill* (1948) a chuir Séamus Ó Duilearga in eagar; ábhar eile a bhailigh Ó Duilearga i mBaile an Sceilg a foilsíodh san iris *Béaloideas*; agus ábhar neamhfhoilsithe a bhailigh Tadhg Ó Murchadha atá caomhnaithe i lámhscríbhinní Chnuasach Bhéaloideas Éireann. Ba mhór an chabhair freisin *Foclóir Gaedhilge agus Béarla / An Irish-English Dictionary* (1927) le Pádraig Ua Duinnín, ina bhfuil focail, leaganacha agus míniúcháin nach bhfuil ar fáil sna foinsí comhaimseartha foclóra; agus *Lane's Larger English-Irish Dictionary / Foclóir Béarla-Gaedhilge* (1915) le Timothy O'Neill Lane, foclóir a raibh cóip de ina sheilbh ag Ua Ciarmhaic. Bhíodh foclóir Lane in úsáid go rialta aige mar fhoinse eolais agus teanga, agus bhain sé earraíocht chruthaitheach as iontrálacha áirithe ann. D'úsáideamar féin na foinsí seo agus sinn ag plé le téarmaí atá ag Ua Ciarmhaic nach bhfuil ar fáil mar cheannfhocail nó mar leaganacha malartacha in *Foclóir Gaeilge Béarla* (1977) le Niall Ó Dónaill. I gcás téarmaí áirithe, scríobhamar nótaí mínithe atá ar fáil mar iarnótaí ar leathanaigh 191–195 ar chúl an téacs. Úsáidimid an córas nodanna seo thíos chun tagairtí a dhéanamh do na foinsí thuasluaite, agus do shaothair fhoilsithe Uí Chiarmhaic féin, sna hiarnótaí sin:

CFUR: Nic Pháidín, Caoilfhionn, *Cnuasach Focal ó Uíbh Ráthach* (1987).

CS: Ua Ciarmhaic, Mícheál, *Cliathán na Sceilge* (1984).

Dinn: Dinneen, Patrick S., *Foclóir Gaedhilge agus Béarla / An Irish-English Dictionary* (1927).

FGB: Ó Dónaill, Niall, *Foclóir Gaeilge Béarla* (1977).

GS: Ua Ciarmhaic, Mícheál, *Guth ón Sceilg* (2000).

GT: Ua Ciarmhaic, Mícheál, *An Gabhar sa Teampall* (1986).

ÍT: Ua Ciarmhaic, Mícheál, *Íochtar Trá* (1985).

Lane: Lane, Timothy O'Neill, *Lane's Larger English-Irish Dictionary / Foclóir Béarla-Gaedhilge* (1915).

LSÍC: Ó Duilearga, Séamus, *Leabhar Sheáin Í Chonaill* (1948).

RT: Ua Ciarmhaic, Mícheál, *Ríocht na dTonn* (1989).

Tá súil againn go mbeidh an t-eolas breise sna hiarnótaí sin ina spreagadh do scoláirí teanga breis taighde a dhéanamh ar Ghaeilge Uíbh Ráthaigh agus ar na foinsí béaloidis a chaitheann solas ar an gcanúint. Tá ábhar ón gceantar ó mhórbhailiúchán Chnuasach Bhéaloideas Éireann á dhigitiú de réir a chéile agus á chur ar fáil don phobal ar an suíomh gréasáin, dúchas.ie. Cé nach bhfuil digitiú déanta go fóill ar na míreanna a breacadh ó Sheán Segersún a dtagraímid dóibh in iarnótaí níos déanaí san fhoilseachán seo, is féidir blaiseadh den chanúint a fháil sna míreanna uaidh a bhí foilsithe agus an leabhar seo ag dul i gcló.[19]

Maidir le tagairtí litríochta nó tagairtí ón traidisiún béil i dtéacsanna Uí Chiarmhaic, mar áis do léitheoirí an leabhair seo, tugaimid eolas bibleagrafaíoch faoi fhoinsí foilsithe d'fhormhór mór na dtagairtí sin i rannóg ar leith dar teideal Tagairtí (196–200). Nílimid ag áiteamh gur úsáid Ua Ciarmhaic na foinsí ar leith sin agus é i mbun scríbhneoireachta, ach sílimid go dtugann an t-eolas ansin léargas ar raon agus ar chineál an ábhair litríochta agus chultúir a chuaigh i bhfeidhm air i gcaitheamh a shaoil.

Tá raidhse logainmneacha luaite sna scríbhinní sa leabhar seo, agus léiríonn an liostú a dhéanann Ua Ciarmhaic in áiteanna (ar lgh. 134–142, mar shampla) an t-eolas fairsing a bhí aige ar ghnéithe tíre agus farraige. Cé go bhfuil ainmneacha na n-áiteanna is aitheanta, agus go leor mionainmneacha freisin, cláraithe ag an mBrainse Logainmneacha agus ar fáil ar an suíomh gréasáin Logainm.ie, ba thionscnamh ar leith a bheadh ann mionmhapú cartagrafaíoch a dhéanamh ar an gceantar. Is ábhar é seo a bhfuil go leor den saineolas ina thaobh ar fáil cheana féin go háitiúil,[20] agus is léir ón gcnuasach aistí a chuir Seán Mac an tSíthigh in eagar, *Cóngar Chnoc Droinge: Ómós Áite agus Logainmneacha in Uíbh Ráthach: Éigse na Brídeoige 2006* (2008), gur ábhar é a mhúsclaíonn spéis agus samhlaíocht an phobail. B'iontach an rud é dá spreagfadh foilsiú an leabhair seo tionscnamh cartagrafaíochta a thiocfadh i dtír ar an spéis agus ar an saineolas sin, agus a dhaingneodh an gaol a aithníonn lucht labhartha na Gaeilge idir teanga agus tírdhreach na hÉireann.

Máirín Nic Eoin, Bealtaine 2024

Nótaí leis an Réamhrá

1 Do shonraí beathaisnéise Uí Chiarmhaic, féach: Diarmuid Breathnach & Máire Ní Mhurchú, 'Mícheál Ua Ciarmhaic (1906–2005)', www.ainm.ie: https://www.ainm.ie/Bio.aspx?ID=1875 (ceadaithe 22 Samhain 2023). Do chuntas níos pearsanta ar Mhícheál Ua Ciarmhaic, féach Dáithí Ó hÓgáin, 'An Iveragh Writer of Our Time' in John Crowley & John Sheehan (eds), *The Iveragh Peninsula: A Cultural Atlas of the Ring of Kerry* (Cork: Cork University Press, 2009), 345–349; Liz Curtis, 'Mícheál Ua Ciarmhaic: lán de chroí is d'aigne', *Beo!* 30 (Deireadh Fómhair 2003), ar fáil ag: http://www.beo.ie/alt-micheal-ua-ciarmhaic-lan-de-chroi-is-daigne.aspx (ceadaithe 22 Samhain 2023); 'Writer and artist who found inspiration in sea, land and nature', *The Irish Times* (15 April 2005), ar fáil ag: https://www.irishtimes.com/news/writer-and-artist-who-found-inspiration-in-sea-land-and-nature-1.432781 (ceadaithe 22 Samhain 2023). Tá beathaisnéis fhormhór na n-údar eile atá ar shlí na fírinne a luaitear sa Réamhrá seo ar fáil freisin sa bhunachar náisiúnta beathaisnéisí Gaeilge, www.ainm.ie. Sa chás go bhfuil iontráil ina dtaobh sa *Dictionary of Irish Biography*, tugtar é sin le fios ar www.ainm.ie.

2 Pádraig Ó Fiannachta, 'Réamhrá' in *An Gabhar sa Teampall* (Baile Átha Cliath: Coiscéim. 1986), 8.

3 Michael Cronin, *An Ghaeilge agus an Éiceolaíocht / Irish and Ecology* (Baile Átha Cliath: Foilseacháin Ábhair Spioradálta, 2019), 51–52. Féach freisin: Michael Cronin, *The Expanding World: Towards a Politics of Microspection* (Winchester, UK / Washington, USA: Zero Books, 2012).

4 Tomás Mac Síomóin, 'Réamhrá,' *Ríocht na dTonn* (Baile Átha Cliath: Coiscéim, 1989), gan uimhir.

5 Dáithí Ó hÓgáin, 'Réamhrá,' *Cliathán na Sceilge* (Baile Átha Cliath: Coiscéim, 1984), 11–12.

6 Féach: Tascfhórsa Uíbh Ráthaigh, 'Filíocht in Uíbh Ráthach' ag: www.liveworkiveragh.ie/cultr-ubh-rthaigh#fili (ceadaithe 22 Samhain 2023). File agus úrscéalaí é Ó Siochrú atá ina chónaí le fada an lá i gContae Luimnigh agus é ag scríobh sa Ghaeilge agus sa Bhéarla. Tá a chnuasach filíochta *Scáil an Scéil* (Baile Átha Cliath: Coiscéim, 2019) bunaithe ar an ábhar scéalaíochta i *Leabhar Sheáin Í Chonaill*. File, aistritheoir, eagarthóir agus gníomhaí ealaíne agus éiceolaíochta é Paddy Bushe. Féach: Paddy Bushe (eag.) *Voices at the World's Edge: Irish Poets on Skellig Michael* (Dublin: Dedalus Press, 2010); 'Forógra éiceolaíochta Aimhirghin,' *Comhar* (Meán Fómhair 2022), 6–8.

7 Is cineál comhrá idir Ua Ciarmhaic agus a chairde liteartha atá sa chnuasach *Duanaire Mhaidhcí* (2006) ina bhfuil dánta leis féin agus dánta a cumadh ina ómós ó na filí seo a leanas: Michael Davitt, Pádraig Ó Fiannachta, Pádraig Ó Snodaigh, Mícheál Ó Siochrú, Tomás Mac Síomóin, Liam Prút, Aogán Ó Muircheartaigh, Paddy Bushe, Michael Hartnett, Dáithí Ó hÓgáin, Pat Butler, Gabriel Rosenstock, Pádraig Mac Fhearghusa agus Bríd Ní Mhóráin.

8 Féach *Duanaire Mhaidhcí*, 38–42. Díol spéise gur thiomnaigh Hartnett ceann de na dánta is cáiliúla dá chuid, an dán 'An Muince Dreoilíní' arb é bua na filíochta is ábhar dó (*Duanaire Mhaidhcí*, 42), d'Ua Ciarmhaic.

9 Derek Hill, *Tory Island Painters* (Dublin / Belfast: Arts Councils of Ireland, 1982); Jim Hunter, *Tory Island and its artists* (Coleraine: University of Ulster, 2003); Matthew Gale & Richard Ingleby, *Two Painters: Works by Alfred Wallis and James Dixon* (London: Merrell Holberton Publishers, in association with Irish Museum of Modern Art and Tate Gallery, St Ives, 2000).

10 Catherine Marshall, 'An File, Mícheál Ó Gaoithín (1904–74): The Making of an Artist' in Maria Simonds-Gooding, *An File Mícheál Ó Gaoithín: The Blasket Painter* (Dublin: Lilliput Press, 2022), 45.

11 A.J. Hughes (eag. agus aistr.) *Rí Thoraí: Ó Chathair go Creig – Patsaí Dan Mag Ruaidhrí* (Béal Feirste: Clólann Bheann Madagáin, 2018), 185–240.

12 Tadhg Ó Murchadha, 'Scéalaithe dob aithnid dom', *Béaloideas* 18 (1948 / 1950), 34. Féach freisin Seán Mac an tSíthigh, 'Nach deas é? Nach tú an deilgín deamhain?' (Tuairisc.ie 1 Nollaig 2015). Ar fáil ag: https://tuairisc.ie/nach-deas-e-nach-tu-an-deilgin-deamhain/ (ceadaithe 1 Nollaig 2022).

13 Tá ábhar den chineál céanna, a bhailigh Tadhg Ó Murchadha i mBéarra, ar fáil faoin teideal 'Slí Bheatha na nDaoine' i leabhar Mháirtín Verling, *Mioscais na gCumar: Béaloideas agus Seanchas ó Bhéarra* (An Daingean: An Sagart, 2010), mar aon le nótaí fíorluachmhara Verling féin, a bhí oilte mar bhitheolaí agus mar bhéaloideasóir. Bhí Verling ag obair ar an ábhar luibheolaíochta a bailíodh ón Segersúnach nuair a cailleadh go hanabaí é féin. Féach: Mícheál Briody, 'Máirtín Verling, 1946–2007,' *An Linn Bhuí* 11 (2007), 210. Cur chuige trasdisciplíneach, mar a chleacht Verling, ab fhearr a d'fheilfeadh d'ábhar farraige an tSegersúnaigh freisin.

14 Brighid Ní Mhóráin, 'Seachtó Bliain ag Meath 1922–96,' in *Thiar sa Mhainistir atá an Ghaolainn Bhreá* (An Daingean: An Sagart, 1997), 155-203; Seán Mac an tSíthigh, 'Uíbh Ráthach and the Irish Language' in John Crowley & John Sheehan (eds), *The Iveragh Peninsula: A Cultural Atlas of the Ring of Kerry* (Cork: Cork University Press, 2009), 332–342.

15 Áiríodh Gaeltacht uile Uíbh Ráthaigh mar chuid de Chatagóir C (ceantar Gaeltachta ina bhfuil faoi bhun 44% dá dhaonra os cionn trí bliana d'aois ina gcainteoirí laethúla Gaeilge) sa mhórstaidéar le Conchúr Ó Giollagáin, Seosamh Mac Donnacha, Fiona Ní Chualáin, Aoife Ní Shéaghdha & Mary O'Brien, *Staidéar Cuimsitheach Teangeolaíoch ar*

Úsáid na Gaeilge sa Ghaeltacht (2007). De réir an staidéir sin, bhí Baile an Sceilg, a raibh 31% den daonra os cionn 3 bliana d'aois ina gcainteoirí laethúla Gaeilge, ar an bhfo-cheantar is láidre Gaeilge in Uíbh Ráthach, toradh atá le feiceáil arís (ach an céatadán tite go dtí 27%) sa nuashonrú ar an staidéar sin a rinne Conchúr Ó Giollagáin & Martin Charlton, *Nuashonrú ar an Staidéar Cuimsitheach Teangeolaíoch ar Úsáid na Gaeilge sa Ghaeltacht: 2006–2011* (2015). Do chur síos ar na dúshláin a bhaineann leis an bpróiseas pleanála teanga de bharr leochaileacht shocheacnamaíoch agus theangeolaíoch an réigiúin trí chéile, féach: Shane Grant, 'Anailís ar chomhthéacs, ar spriocanna, agus ar thorthaí réamhphróisis na pleanála teangan i Limistéar Pleanála Teanga Chiarraí Theas (Uíbh Ráthach)', *Léann Teanga* (2019). Ar fáil ag: https://doi.org/10.13025/6h10-vx16 (ceadaithe 22 Samhain 2023). Do phlé ar ról na litríochta i bhforbairt na féiniúlachta cultúrtha agus teanga, féach Shane Grant, *Cothú agus Cleachtais na Filíochta: Cás-staidéar ar Fhilí Comhaimseartha Chorca Dhuibhne agus Uíbh Ráthaigh* (Tráchtas dochtúireachta neamhfhoilsithe, Coláiste Mhuire gan Smál / Ollscoil Luimnigh, 2020), ar fáil ag: https://dspace.mic.ul.ie/handle/10395/2921 (ceadaithe 22 Samhain 2023).

16 Féach: https://www.eigsenabrideoige.com/fuinn-eigse/; do chláir na hÉigse thar na blianta, féach: https://www.eigsenabrideoige.com/broisiuir-sios-trid-na-blianta/. Bhí Paddy agus Fíona Bushe lárnach in obair na hÉigse ón tús, agus chuir Seán Mac an tSíthigh eagar ar thrí leabhar a d'eascair as imeachtaí na féile.

17 Féach: *Brí Uíbh Ráthaigh: Plean Teanga Chiarraí Theas*. Ar fáil ag: https://www.uibhrathach.ie/ga/language-plan-south-kerry; agus ag https://www.briur.ie/ (ceadaithe 26 Aibreán 2024). Is fiú an tionscnamh cruthaitheach a cuireadh ar siúl sa réigiún le tacaíocht scéim na Comhairle Ealaíon, Ceantair Ildánacha, a lua anseo freisin. Féach: tuairisc ar líne le Marina Ní Dhubháin, 'Cumas Ceantar Uíbh Ráthaigh – Research and Development Award 2021': https://www.artscouncil.ie/blog/cumas-ceantar-uibh-rathaigh-marina-ni-dhubhain/.

18 Michael Kirby Collection / Bailiúchán: Mícheál Ua Ciarmhaic (Collection Reference / Tagairt Bailiúcháin: IE BL/L/MK), Bailiúcháin Speisialta agus Cartlanna, Leabharlann Boole, Coláiste na hOllscoile, Corcaigh.

19 Féach: https://www.duchas.ie/ga/daoine/315684207. Do ghrianghraf den fhear, féach: https://www.duchas.ie/ga/cbeg/27412?HighlightText=Sigerson&SearchLanguage=ga. Don eolas faoin tionscnamh digitithe, gabhaimid buíochas le Ailbe van der Heide, CBÉ, agus le hÚna Bhreathnach, Fiontar & Scoil na Gaeilge, Ollscoil Chathair Bhaile Átha Cliath.

20 Chomh maith leis an ábhar atá foilsithe sa leabhar *Cóngar Chnoc Droinge*, tá taighde ar logainmneacha déanta freisin ag Tadhg Ua Ciarmhaic (Tim Kirby), Mícheál Ó Leidhin, Mike Palmer agus Holger

Lonze (féach: https://meitheal.logainm.ie/ga/u2580/); tá tráchtas a dhíríonn go sonrach ar pharóistí áirithe scríofa ag Eibhlín Ní Chonmhaí, *Logainmneacha Pharóistí na Prióireachta, Chill Imleach agus Dhairbhre* (tráchtas neamhfhoilsithe, Coláiste Phádraig, Droim Conrach / Ollscoil Chathair Bhaile Átha Cliath, 2003); agus tá taighde fíorluachmhar déanta ag Diarmuid Ó Dálaigh ina bhfuil mionlogainmneacha an cheantair forleagtha aige ar íomhánna satailíte Google Maps. Foinse luachmhar i gcónaí freisin is ea Pádraig Ó Siochfhradha (An Seabhac), 'Uí Ráthach: Ainmneacha na mBailte Fearainn sa Bharúntacht', *Béaloideas* 23 (1954 [1956]), 3–70.

Eachtraí Beatha

Céadcheachtanna an tsaoil

ó *Cliathán na Sceilge* (1984), 15–20

Dúirt mo mháthair liom ná raibh liaigh ná ollamh leighis láithreach an oíche a rugadh mé. Bean chabhartha áitiúil a threoraigh, a dhírigh, agus a sheol go cneasta mé thar thairsigh na broinne anall. Oíche dheireadh Bealtaine 1906 is ea a tharraing mé mo chéad anál. De mhórsheisear clainne b'ea mé, an duine deireanach den scata beag, cúigear buachaillí agus beirt chailíní. In aois cúig bliana dom cuireadh ar scoil mé. Is cuimhin liom bheith gléasta go gleoite le sciorta gorm bréide agus bib bhán ceangailte le téip tharam aniar. Ní raibh treabhsair ná bróga ach ar an mbeagán an uair sin. Chuir an máistir, Conchubhar Ó Seancháin, m'ainm ar an rolla agus thug pingin dom. Faraoir an lá céanna, agus sinn ag súgradh sa chlós, thit mé isteach go poll salach lathaí. Chailleas mo phingin agus do bheir mo dhriofúr Síle abhaile ar láimh mé. B'in deireadh lem chéad lá scoile.

Diaidh ar ndiaidh bhíos ag dul i dtaithí na scoile, cé ná rabhas i ngrá leis an léann go fóill. Bhí nathair nimhe de shlat chaol cuilinn ag an máistir a bhí gnóthach go leor. Bhíos féinig mall san uimhríocht agus ar mh'anamsa gur minic do bhogtaí na maotháin agam leis an slat chéanna. Níor lú liom an diabhal ná an *long tot* ar an gclár dubh. Is le fadhbáil cuilinn a shroistí barr an *tot* go minic.

Bhíodh na buachaillí fásta ag imirt peile sa pháirc in aice na scoile, an liathróid déanta de cheirteacha ar fad, fuaite agus fáiscithe le cordaí de gach sórt. Ní bhíodh bróga ar aoinne agus cuid des na buachaillí ag caitheamh sciortaí plainnín. A leithéid de ghleo fairí agus cliotarainse a bhíodh le clos le déineacht na himeartha, ní lá fós é. Bhíodh cuid des na gaiscígh leonta i ndiaidh an chluiche. Chífeá scealbhóga feola agus craiceann ag sileadh le hordóga na bpeileadóirí tar éis iad a ropadh i dtalamh nó i gcoinnibh chloch thalún sa pháirc! Bhí an máistir dea-chroíoch cineálta. Fear ab ea é ná téadh an mhaith amú air. Aon chneá ná créacht a bheadh ar bhuachaill chuireadh sé cóir leighis air, go minic le hungadh a chur ar an áit bhascaithe agus ceansacht ina theannta san.

Tógadh Scoil Náisiúnta Bhaile an Sceilg sa bhliain 1867. Scoil scairte a bhí sa cheantar go dtí san. An chéad lá d'Iúil 1909 glacadh leis an scoil a bheith dhátheangach. Bhí an ceantar sluamhar lán de dhaoinibh roimh an gCéad Chogadh Domhanda 1914. Chloisfeá Gaelainn bhlasta ghonta ag cách. Cigirí gallda a bhíodh ag déanamh scrúdú na laethanta sin: Daly, Welply, Lehane, Alexander agus Cussen. Bhíodh an máistir ag cur dathanna de rompu. Bhíodar seo, mar chigirí, dian díograiseach; ní bheadh súil ag an máistir le haon truamhéileacht uathu.

Dheintí scrúdú ar chúrsaí creidimh uair sa bhliain. Cigire sagairt go mbíodh an scrúdú seo féna chúram. Is trí Bhéarla a dheintí é a threorú go minic. Is cuimhin liom ceist amháin do chuir an sagart ar dhalta: '*Did God create the Devil, my child*?' An freagra: '*He warn't any divil when he made him, Father*!' Ceist eile: '*When were you born, my child*?' Freagra: '*The night of the Biddy, Father*!' Bhí eolas maith againn ar an dteagasc Críostaí agus ar gach gné dár gcreideamh. Thugadh an sagart marcanna maithe dhúinn.

Níor thug sagart ná bráthair, athair ná máthair, ná fiú an máistir féin, aon eolas dúinn mar gheall ar na héanlaithe agus na beacha. Níor cheart trácht ar chúrsaí gnéis. Ní raibh a fhios agam cad as go dtánga. Nuair a bhí mo cholainn ag fás agus gléasanna an ghnéis ag múscailt cheapas go raibh rud éigin bunoscionn ag tarlú dom. Tuigeadh dom gur rud peacúil ab ea an gnéas. Peaca ab ea trácht thairis, smaoineamh air, féachaint air, cuimilt leis, léamh mar gheall air, clos mar gheall air. An gnéas céanna a bhí ag cur na n-anamacha go hIfreann gach uile neomat. Chuala seandaoine a rá: 'Is mór an trua daoine dalla!' Bhí an gnéas go léir coinnithe fé cheilt agus fé rún uainn. Ní mar sin inniu, saol nua-aimsireach ar fad. Mo thrua don té a thitfeadh in iomar an ghnéis, bhí a mhuintir fé scannal go brách. Ní fios dom inniu cé acu is fearr aineolas ná breis eolais, nó an raibh an ceart ag an seanduine, 'Is mór an trua daoine dalla!'

Is cuimhin liom an chéad uair a leagas mo shúil ar bhean óg cholainn-nochtaithe a bhí ag snámh di féin lá samhraidh. Do las gach féithleog dem chorp le dúil inti. Bhí áilleacht éigin am tharrac, áilleacht a bhí á coimeád fé cheilt uaim go dtí seo. Do ghabh eagla mé. Arbh é seo Peaca an tSinsir, an síolpheaca? An é an diabhal a thug an craos agus an dúil dom? Peaca marfach os mo chomhair amach. Ó, is mór an trua daoine dalla!

Iascach le m'athair

Nuair a bhí aos beag ag teacht dom agus na cnámha ag síneadh, do bhris an Chéad Chogadh Domhanda amach. Is mór go deo an tsóinseáil a tháinig ar an saol. Do cheannaigh m'athair báidín beag rámhaíochta i gcomhair iascach doraí agus potaí gliomach. Bhí iasc flúirseach na blianta sin. An chéad bhreac a thug mé ar bord ab ea pollóg timpeall ocht bpunt meáchana. Cheapas go raibh sé chomh mór le capall. Bhíos an-sásta liom féin mar thug m'athair moladh dom dá bharr. Bhí mé ocht mbliana anois. Bhíos ábalta ar rámhaíocht go maith leis na paidilí gairide san am go rabhas deich mbliana. Bhíodh baraillí pollóga ar salann ag m'athair. Dheintí iad a dhíol ar thrí pingine an punt. Is mó lá a théimis siar leis na failltreacha mar a raibh áthanna dóchúil chun iascach ó thóin. Ní túisce sinn ar ród agus baoití maicréil nó iascáin curtha ar dhuáin ná go mbíodh troisc á dtraochadh ag an mbeirt againn gan staonadh go dtí go mbeadh an báidín doimhin le gach saghas éisc.

Lá dá rabhamar siar faoin mbá agus sinn ag iascach ó thóin, do chuaigh ionadh de bhreac trom ar dhoraí m'athar. D'aithin sé gan mhoill gur leathóg Mhuire a bhí aige á phlé. Ní túisce a bhíodh an breac tugtha go barr toinne aige ná go dtumadh sé é féin le ruathar fuinnimh, mar a ghearrfá an t-uisce le sleá na mbeann, ag dul go doimhinghrinneall na farraige arís dó. Uair eile, léim sé glan as an uisce agus do thit ina throist ar a dhrom ag cur síocóir[1] sáile sa spéir. Do lean sé seo mar únfairt agus gríosacht ar feadh tamaill mhaith. M'athair ag díol doraí don bhreac agus ag baint uaidh nuair ba ghá leis. Ní raibh aon deiseacht ach féachaint ar an slí gur láimhsigh m'athair an doraí. Ní raibh ach aon riail amháin le comhlíonadh: gan ligint don bhreac an briseadh a chur air. Sa deireadh do labhair m'athair liom: 'Faigh an gatha,' a dúirt sé, 'agus fair amach dó!' D'aithneofá go raibh moilliú ag teacht ar a chuid fuinnimh agus go raibh an cath beagnach thart. An leathóg bhocht, bhí a chroí uasal a chruthaigh Dia ag lagú agus ag tabhairt. D'ainligh m'athair go cneasta isteach le cliathán an bháid é, go bhfuaireas lom ar ruthag an ghatha a chur go doimhin ann. Ansan do thóg an bheirt againn an leathóg ar bord. 'Ó a mhuirisc,' a dúirt m'athair, 'nach breá an t-iasc é!' Bhí suas le naocha punt meáchana ann, agus duán beag faoitín agus baoite maicréil fé ndeara é ar fad.

Chloisinn m'athair á rá gur tháinig mórán daoine go dtí an cósta le linn an Ghorta. Bhíodh slua le feiscint ar na tránna ag baint bairnigh, ag piocadh péacán,[2] iascán, nó aon iasc sliogáin a bhuaileadh leo. Bhíodh an duileasc, an sleaidí, an méabhán[3] agus an carraigín acu á mbeiriú agus á n-ithe. Bhí iasc ballaigh flúirseach, agus duine ar gach carraig is pointe ag cuardach na ndóigheanna[4] is na n-áthanna ab fhearr chun iascaigh. Bhí colmóirí móra an-iomadúil i mbéal an chuain, mar ní raibh trálaeirí gail Shasana tagtha fós. Thugadh iascairí na gainéid leo ón Sceilg, agus chuirtí ar salann iadsan chomh maith. Dúirt m'athair go raibh léithreach colmóirí ar urlár an tí ag Daid críonna lá gur tháinig an t-*agent* isteach ag lorg an chíosa. Dúirt sé go mb'fhéidir go gcaithfí an cíos d'ardú dá mbeadh fios ag an dtiarna talún ar an méid a bhí le feiscint. Ní fios dom cad a tharla ina dhiaidh sin. De réir mar a chuala, níor cailleadh an oiread daoine leis an ocras in aice an chósta de bharr an iascaigh.

Bhí seanbhean go raibh cáil uirthi le linn an Ghorta. Thugaidís 'cailleach an iascaigh' uirthi. Bhíodh na ballaigh curtha ar salann ar a drom aici le heagla go ngoidfí iad, mar bhíodh na sluaite ag siúl rompu an uair sin. Insa tigh gur rugadh mé is ea a fuair sí bás. Na comharsain agus mo mhuintir do chuir comhra uirthi. Le titim na hoíche a chuireadar i reilig Mhainistir Mhichíl a corp tar éis na comhra a thabhairt trasna na bpáirceanna. Le solas na scolb giúise a chuireadar an fód deireanach ar a huaigh. Bhí áit in aice na reilige, Bearna na gCorp a thugtaí air. Bhí an oiread á chailliúint leis an nGorta ná féadfaí iad go léir a adhlacadh in aon lá amháin; leis sin d'fhágtaí ag an mbearna iad go dtí an chéad lá eile.

Tráthnóna breá go raibh gaoth lag ón raithnigh ag séideadh anoir ar Bhaile an Sceilg ní raibh cuma fuar ná geimhriúil ar an uain, cé go raibh cáithníní agus lomóga sneachta ag gluaiseacht go fánach le gaoith. Chuala m'uncail Seán Ó Creimín á rá go raibh fuinneoga gorma sa spéir thoir thuaidh agus spitheoga de shneachta cruaidh mion ag titim anois agus arís. Ní raibh súil ag aoinne go ndéanfadh sé síobadh ná brúcht de thromshneachta, agus ar an intinn sin chuaigh muintir an bhaile chun suain go sonasach dóibh féin mar ba dhual dóibh.

Chuala mórchuid daoine á rá gur fada leo go raibh breacadh an lae ag teacht agus ná raibh an coileach ag ligint scread na maidne uaidh ach chomh beag. Bhí gach tigh chomh dorcha le pic gan solas trí fhuinneog, poll ná pluais. Nuair a bhí deireadh na foighne caite is ea d'éirigh m'athair agus, ar oscailt an dorais dó, do thit port mór sneachta in aon léithreach amháin isteach ar urlár an tí chuige. Do líon sé an chistin bheag suas go lic an iarta. Bhí aoirde sé troithe de shneachta curtha i ndiaidh na hoíche. Dúirt m'athair go raibh an t-ádh leis an tsluasad do bheith insa chistin an oíche sin, mar gur thosnaigh sé ag tóch gan mhoill chun gur nocht sé na fuinneoga ar dtúis chun solas an lae do scaoileadh isteach. Thug sé an mhaidin go léir agus smut maith den lá ag sluaisteáil sneachta, ag baint cosán go dtí an iothlainn, go cró na mbó agus, fé dheireadh, go tobar an fhíoruisce. Ní raibh le feiscint ach cuma na dtithe beaga ceann tuí agus deatach gorm na móna ag éirí as gach simné. Ní raibh orlach amháin de thalamh glas ach an tír go léir fé bhrat gléigeal an tsneachta agus ba dheas go léir an pictiúir é.

Lá aonaigh stoic i gCathair Saidhbhín ab ea é go raibh muintir an bhaile ag gluaiseacht abhaile dóibh féin tar éis gnó an mhargaidh a chur trí chéile. Tá deich míle slí idir Baile an Sceilg agus Cathair Saidhbhín, ach is ar éigean sioc an tseaca a thugadar an t-anam leo, mar ní raibh aon rian den bhóthar le feiscint ach na páirceanna agus an bóthar ar aon leibhéal le chéile. Bhí múchadh de shneachta tirim ar nós min choirce ag titim chomh dlúth san nárbh fhéidir leo teacht níos sia, cé go rabhadar i ngiorracht míle dá mbaile féin. Dob éigean dóibh na capaill agus gach ainmhí a scor amach agus na trucailí a fhágaint ar thaobh an bhóthair agus pé earraí a bhí ceannaithe acu a iompar ar a ndrom leo an chuid eile den tslí abhaile.

Dúirt Mícheál Ó Siochrú liom go raibh a athair féinig, Seán Ó Siochrú ó Bhuaile Uí Chuill, ag teacht ón aonach an oíche chéanna, agus gurbh é an rud a dheineadar ná srian fada a chur ar an miúil a bhí acu, agus í a scaoileadh ar an mbóthar rompu amach. Do choinnibh sí uirthi go cruinn san áit go raibh lár an bhóthair agus dhein sí meabhrú isteach ina clós féin. Níl aon amhras ná gur thug an mhiúil na daoine saor ó thubaist an oíche sin. Bhí fear eile go raibh air an míle deireanach a mheabhrú tríd an stoirm le banbh fé gach ascaill aige. (…) Ba é deonú Dé nár tharla tubaist d'aoinne an oíche chéanna, mar bhí cuid mhaith díobh a déarfadh gur ar éigean a thugadar a gcosa leo, bhíodar chomh traochta tugtha san.

Dúirt m'athair gur chuir an sneachta isteach go mór ar bheatha na n-éanlaith. Aon áit go mbeifeá ag baint nó ag tochailt bheadh scuaine éanlaithe éagsúla timpeall ort ag lorg bídh agus piastaí. Bhí na céadta naoscach, feadóga an tsléibhe agus pilibíní a bhí go maith len' ithe. Bhí m'athair cliste mar shealgaire nó iascaire agus fuair sé smut de líon scadán agus dhein gaiste as. Chuir sé an líon trasna ar an ndíog go mbíodh na naoscaigh ag dul isteach ann ag lorg bídh. Gach uile lá bheadh potaí naoscach i gcomhair dinnéir acu. Is olc an ghaoth ná séideann maith do dhuine éigin. Do lean an aimsir fhuar ar feadh tamaill mhaith an bhliain sin. Bhí sé chomh fuar sin gur cailleadh mórán des na héanlaithe fiáine. Gach uile oíche bhíodh scata druideanna bailithe ar shimné an tí ag lorg teasa ón tine oscailte.

Bhí mórán eachtraí mar gheall ar chaoirigh a d'fhan beo fén sneachta ar feadh laethanta fada ina dhiaidh sin. Chuala gur fhan rian an tsneachta ar chruacha Chorrán Tuathail go dtí lár Iúil na bliana san, agus go raibh Carraig an Mhadra agus Cnoc an Ghaillscígh (sin sean-ainm a bhí ar Chnoc Ceannúch, an cnoc is airde i mBaile an Sceilg) fé bhrat sneachta go lár Mheitheamh na bliana san. Chuala, leis, gur lean bliain agus samhradh breá an sneachta mór.

Ollscoil oscailte na trá

ó *Ríocht na dTonn* (1989), 52–56

'Ní théann stoirm thar Domhnach ná rabharta thar Céadaoin.'

'Téanam, a mhic,' arsa m'athair liom. 'Beidh tráigh ar Charraig na hEascann inniu.'
Ba é seo rabharta rua na hInide.
'Tabhair leat an tslat fhada chuilinn atá ar lochta an chró.'
'Ach a Dhaid,' arsa mise, 'níl aon doraí ar an slat sin le fada an lá.'
'Nach cuma duit,' ar seisean, 'tagann laethanta, a mhic, gur féidir béile éisc a fháil leis an slat féinig.'

Dheineas mar a dúirt sé. Thugas liom an tslat chruaidh righin stálaithe. Bhí an tslat timpeall ocht dtroithe ar fhaid ag teacht chun bioréis chaol chruaidh ar a barr. 'Tabharfadsa liom an gatha,' ar seisean 'agus b'fhéidir máilín beag agus scian; ní fios cén áit a bhfaighfeá gliomach.'

Bhí eití áthais orm ag dul ag cuardach an chuain ina theannta. Nuair a shroiseamar an bréitse bhí an Rinn Dhubh go léir nochtaithe agus Lochán an Duilisc triomaithe gan braon ann, an duileasc milis ina shlaoda sínte ag gealadh fén ngréin. Ós rud é go rabhas coslomnochta dúirt Daid liom a bheith aireach gan satailt ar chnagán carraige. Ba é an chéad uair riamh agam bundún leice a fheiscint. B'ait liom siní a bheith ag fás ar charraig. Bhí cuid acu chomh dearg le fuil, a thuilleadh díobh liathghorm agus a gcuid eití caola clúmhacha ag oscailt is ag dúnadh. D'fhiafraigh mé de cad iad féin nó an raibh aon mhaitheas iontu. Is é an freagra a fuaireas uaidh ná feadair sé cé acu. B'fhéidir go dtiocfadh a lá féinig orthu, go raibh an fharraige is an talamh tirim lán d'fheithidí agus ainmhithe go raibh anam iontu agus ná fuil fios fós ná fiú amháin buille faoi thuairim maidir leo. Léigh mé ó shoin fén dtéama *Lesser forms of life*, ach tuigim go bhfuil mo dhóthain mhór le déanamh agam ag iarraidh mé féin a thuiscint. Níl fágtha agam ach creideamh simplí gur ag an gCruthaitheoir atá tuiscint ár maitheasa.

Thug m'athair trasna mé chun clais na ruacan fáirbreach a thaispeáint dom, mar a raibh leaba bheag, chaol, fhada, gharbh, ghainmheach, ghairbhéalach. Thosnaigh sé ag tóch fén ngrean. Is róghearr go raibh dosaen ruacan fachta aige. Ina dhiaidh sin bhí mé féin ábalta ar roinnt díobh a aimsiú. Chuireamar cuid mhaith díobh sa mhála. 'Ní ar thóir na ruacan is mó a thángamar,' arsa m'athair. 'Gluais ort agus tabhair dom an chleath go gcuardóm na leacacha, nó b'fhéidir go bhfuil sé luath fós i ndiaidh an gheimhridh don ghliomach a bheith istigh, mura mbeadh seanchollach i seilbh na fuachaise.'

Thosnaigh sé ag cuardach roimis ag ropadh na slaite isteach fé aon leac go gceapfadh sé a bheith dóchúil gliomach a bheith ann. Thaispeáin sé dom na comharthaí ar cheart féachaint amach dóibh, is é sin go mbeadh poll fé fhaobhar na lice, an ghaineamh agus an grean tochailte amach uaidh díreach mar a dhéanann coinín. Chonac féin leac a bhí istigh i gcorplár locháin go raibh timpeall troigh d'uisce timpeall air. Ós rud é ná raibh bróga orm, thug sé dom an chleath á rá liom í a ropadh isteach sa bhfuachais. Ní túisce a dheineas ná a mhothaigh mé gur rug rud éigin ar bharr na cleithe. 'Tá sé istigh,' arsa Daid, ag baint a bhróga de agus ag filleadh a threabhsair suas go dtína ghlúine. 'Tabhair dom an tslat,' ar seisean, 'agus cuirfeadsa deabhadh amach air siúd.'

Shiúil sé timpeall na lice á rá: 'Is minic a bhíonn doras iata leis ag an ngliomach,' ag ropadh na cleithe isteach fén dtaobh eile den lic. Ba róghearr gur tháinig gliomach maith ag cliotaráil i ndiaidh a eireabaill amach as an bpoll. Bhí na géaga in airde aige á chosaint féin ach rug Daid air, agus bhain amach a scian ag cur gearradh beag ins gach ordóg leis a chuir díomhaoin é. Cuireadh isteach sa mhála é i dteannta na ruacan. Fuaireamar gliomach eile i gcúinne thiar na Reanna Duibhe sarar shroiseamar Rinn Orlach[5] atá fé bhun Mhainistir Mhichíl. Tamall gearr siar uaidh bhí Carraig na hEascann nochtaithe in íochtar trá. Is fánach riamh a bhí an charraig gan tionónta, eascann dhubh na mara, a bheith fúithi. Bhí eascann ná raibh rómhór ann an lá seo i dteannta cúpla portán mór dearg. Chuir m'athair na portáin ar chorda mar dhéanfaidís na gliomaigh a bhascadh dá gcuirfeadh sé sa mhála iad. Cuireadh suas mé go dtí teach Sheáin Uí Shé fé dhéin iasacht sluasaide chun sceana con, a bhí flúirseach go leor, a bhaint.

Bhaineamar dorn maith díobh, cuid acu chomh ramhar agus chomh fada le dola. Bhí breallacáin meascaithe leo sa bhanc. Sa lochán taobh liom bhí donnán mór rua i dteannta mórán ceanna cruaidh agus deilgíní deamhain, luathóga agus portáin bheaga 'sróil' ag rith thall is abhus. Bhí na portáin bheaga ghlasa flúirseach go leor. Tá siad go maith i gcomhair baoite troisc chun iascach ó thóin. Bhí na cnagáin charraige chorcra, go bhfuil na clibíní atá istigh iontu ar nós ranna an oráiste, go deas len' ithe amh. Níl an cnagán mór dearg chomh hiomadúil leis an gcnagán corcra. Bhí focheann de na dragain ghorma sna locháin, cé gur iasc doimhinuisce é chomh maith. Tá ainm eile air, 'scairp na ndeilgne fada,' go bhfuil pioc nimhneach uaidh agus ní iasc oiriúnach len' ithe é. Thaispeáin m'athair na hoisrí carraige dom den chéad uair. Ba dheacair iad a aimsiú mar bíonn siad greamaithe ar na fleaigí sleamhna go mbíonn fás clúmhach de mhionmhúr orthu. Tá an sliogán uachtair go gleoite agus dath péarlach gorm air. Ní mór is fiú an méid bídh a bhíonn iontu. Bhí na 'cúcumair farraige' le fáil sna locháin. Tá dealramh gránna dubh donn spíonach orthu. Tá a thuilleadh acu bog, chomh dubh le súgha. Ní dóigh liom go bhfuil súile acu ach mothú éigin atá chomh géar le súil ar bith mar tá siad in ann dul fé dhéin an bhaoite chomh maith le haon chréatúr eile. Is féidir leo tointí caola snátha a chur uathu mar chosaint orthu féin. Thugadh m'athair 'smúrthannaigh ghránna' orthu.

Tá portán dearg na spág cam le feiscint ag piardáil i measc na feamainne ar íochtar trá. Chuir mé aithne níos fearr ar an gcrúcálaí nuair a bhí mé ag iascach gliomach. Bhí camóga móra, 'camóga na banríona,' le fáil sa chuan. Phiocfá suas iad le píce nó bogha lá scáileach in uisce tanaí. Bhí a chuid bídh milis agus an teanga dhearg ar fheabhas. Bhí an fhaochóg chapaill le fáil go flúirseach. Tugann a thuilleadh faochóg an mhadra orthu. Níor deineadh iad a úsáid mar bhia ar nós na bhfaochan dubh a bhí á mbailiú don mhargadh an t-am sin. Tá ganntannas faochóg ar an dtráigh inniu. Tá an fhaocha bhuí bheag agus an fhaocha leathan phéarlach le fáil ach ní ábhar bídh iad. Déanann an portán sligreach síolú agus fás istigh i sliogán folamh faochóg chapaill. Is ait féachaint ar na portáin bheaga seo ag rith timpeall, agus a shliogán féinig ar dhrom gach ceann acu.

Bhí an taoide ag filleadh agus b'éigean dúinn ár n-aghaidh a dhíriú ar na mbaile arís. Bhí taoscán maith d'iasc sliogán meascaithe sa mhála againn. Is fada a d'fhan cuimhne thaitneamhach an lae sin i mo cheann. Tuigim anois agus mé i mo dhuine críonna gur fhoghlaimíos níos mó an mhaidin sin in ollscoil oscailte na trá ná mar a cheapas. Bhí an bhunchloch leagaithe ag m'athair dom, máistir a bhí nádúrtha grámhar suáilceach, nár thuig b'fhéidir go raibh sé ag fágaint bhronntanas a chuid eolais agus a eagnaíochta ag a mhac.

Eachtra raice

ó *Ríocht na dTonn* (1989), 57–63

Bhí gaoth aniar is aneas ar feadh an Aibreáin go léir agus cóir raice ag teacht anuas thar dheangacha na Scairbhe isteach go Bá na Scealg. Bhí ráfla go raibh truibilí agus railsí den ghiúis dhearg ag teacht ar dtír. Dar ndóigh is fíor an seanrá gur fearr an cú a bhíonn sa tsiúl ná an cú a bhíonn sa lúib. Bhíodh an fear aosta – b'é sin m'athair – éirithe roimh bhreacadh an lae agus na tránna ba dhóchúla cuardaithe aige. Ba mhinic é ag únfairt ina aonar ag iarraidh stumpa adhmaid a chur i bhfolach sa mhuiríneach fhada cois trá. Bhí *peelers* na Corónach dian ar chúrsaí raice. Bhí fógra ar fhallaí gur le lucht Custaim agus Máil aon raic a thiocfadh ar dtír. Bhí mórchuid smiotraíl d'adhmad briste ag gluaiseacht sa tsruth an lá áirithe seo. 'Ragham siar leis an gcarraig inniu ag iascach pollóga,' arsa m'athair, ach thuigeas féin gur fuadar raice a bhí faoi. 'Dul siar leis an dtalamh' ab ea dul siar leis na faillteacha arda go Ceann Bhólais a bhí trí mhíle siar ó phointe Oileán na gCapall. Bhí an lá ar ár dtoil againn. In ionad gabháil siúnta an Bhealaigh siar, ba é timpeall phointe Oileán na gCapall a thugamar orainn féin, amach le faobhar Leac an tSaighne go Leac na bPiachán thar Chuas an tSéideacháin agus Cuas na Leacach. Bhí an dá bhoilg ar dhrom an oileáin á nochtadh féin, briseadh beag bán cúránach gealgháireach ag teacht anois is arís orthu mar a bheidís ag taispeáint éadach an chnis dúinn, scriosradharc anois agus arís ar leathach agus 'ar dhúlamán fada,' mar a dúirt an file, 'a bheadh tagaithe bliain.'

Bhí stríoc bhán ag éirí ón dtalamh agus is ansiúd a bhí an sruth aniar ag gabháil. D'éirigh m'athair beagán eile ó dheas chun gur aimsigh sé an chuilithe. 'Is anseo amuigh a bheadh aon raic throm fé chumhacht na dtaoidí,' ar seisean. Níor bhuail oiread agus cipín amháin linn ach ní duine gan seift ba ea an fear aosta. Dar liom go mbíodh sé i gcónaí ag smaoineamh roimis pé gnó a bheadh aige á dhéanamh. Dhírigh sé an bád ar an bhfaill arís. 'Scaoil amach na doraithe!' ar seisean. Bhí cúpla eascann gheal srutháin curtha ar na duáin aige. Dá dteipfeadh orainn aon raic a aimsiú bheadh an tarna dul suas againn. 'Cuardóimid Cuas an Chlaí ar dtúis, tarraing isteach na doraithe go fóill,' ar seisean.

Cuas caol atá ag rith isteach fé thalamh is ea Cuas an Chlaí. Níl puinn thar leithead fiche troigh ina bhéal, cuas dainséarach nár mhór duit é a mheá go maith. Bhí píosa fada adhmaid istigh ann i dteannta haiste trom go raibh fáinní iarainn ar gach ceann de. Cé gur fear dána ar an bhfarraige é m'athair ní thógfadh sé riamh léim chaorach i nduibheagán. D'ordaigh sé dom dul siar amach go cuntar deiridh an bháid agus an gatha a bhreith liom. Tháinig trí réasaca i ndiaidh a chéile a líon an cuas go barr a bhí suaiteánach tarracúil eaglach. 'Féach,' ar seisean, 'dá mbéarfadh sé sin orainn is sinn istigh ann dhéanfadh sé bloghtracha dínn i gcoinne na faille.' 'Tá seift amháin eile agus má theipeann air sin caithfimid bailiú linn. Bain an doraí den ghlinne,' ar seisean. 'Bain de an duán ach fág air an luaidhe.' Bhí timpeall ceathrú puint meáchana sa luaidhe. 'Anois cúláil suas an doraí i do láimh chlé ina lúbacha gairide, agus coimeád an luaidhe i do láimh eile. Nuair a thiocfaidh an ciúnas i ndiaidh gach tríú tulcadh déanfadsa an bád a chúlú isteach duit chomh cóngarach is gur féidir liom dul. Bain luascadh as an luaidhe chun an doraí a chur trasna an truibil fhada. Ná bíodh aon deabhadh ort. Nuair a thabharfadsa ordú duit is féidir leat triail a bhaint as.'

Theip orm den chéad luascadh ach chuir m'athair cloch bheag mar thaca leis an luaidhe chun luascadh níos fearr a bhaint aisti. Leis an tarna hiarracht d'éirigh níos fearr liom.

Chuir mé an doraí trasna an dá phíosa adhmaid. 'Seo anois, tarraing chugat an doraí an-socair chun go mothóidh tú go bhfuil an luaidhe agus an chloch ag breith greama ar fhaobhar an adhmaid.' Bhíomar ag tabhairt na bpíosaí linn orlach agus troigh ar éigean i ndiaidh a chéile gur thugamar saor as béal an chuais iad amach go huisce oscailte. Bhí m'athair thar a bheith sásta leis an mbiaiste a bhí déanta againn mar ná raibh ann ach seift, ach d'éirigh leis. Bhí an truibil seacht n-orlaí fé thrí orlaí agus ocht dtroithe déag ar fhaid. Bhí an chomhla haiste ocht dtroithe ar fhaid, dhá phíosa naoi n-orlaí ar leithead agus trí orlaí ar téagar, boltáilte le chéile.

'Féach ar an bhfaill,' arsa mise. 'Tá fear le gloine fhada ag féachaint orainn.'

Bhí duine des na *peelers* i mullach Chloigeann an Chrainn.

'Is dócha go mbeidh sé romhainn ar an dtráigh anocht,' arsa mise.

'Is beag an chabhair dó sin,' arsa Daid. 'Táimse róghlic dó.'

Thógamar léi siar thar Chuas na Móna mar ná raibh puinn maitheasa riamh ar thaobh na Cráití. Bhí Cuas na gColúr, Cuas an Chapaill, Cuas na Gaoithe, Cuas na hIallaite agus na Suíocháin sa lúib sin ná raibh coimeád na raice inti, a deireadh na seandaoine, agus an ceart acu. Scaoileamar an Bealach Beag ó thuaidh í le hais an Mheadair agus na Gamhnaí. Chonac féin mórán faoileán go hard ar Leac na mBeathach. 'B'fhéidir go bhfuil rud éigin fúthu,' arsa Daid.

Bhí truibil briste ag gluaiseacht anuas le cóir, timpeall dosaen troigh de slán agus gríos beag pilibíní ag fás air. Thógamar ar bord é agus leanamar orainn siar thar Charraig an Scéalaí isteach go Cuas an Daimh agus thairis siar go Lúb na Leacach mar a raibh smiotraíl d'adhmad briste bailithe sa taoide: píosaí áisiúla d'adhmad maith ó chúpla troigh go dosaen troigh, cuid de dearg cruaidh ná fásann sa tír seo. Bhí an lá calmúil agus tháinig ísliú ar pé friochadh suaiteán a bhí taobh leis an gcloch. Tharraic m'athair na paidilí trasna an bháid, á rá go raibh sé in am againn rud a ithe. Bhí buidéal mór tae a bhí fós te mar bhí stoca d'olann dhúbalta i dteannta páipéar casta timpeall air ag mo mháthair. Bhí slisneacha d'arán agus im sa mháilín chomh maith agus muga stáin ag an nduine againn. Bhí na mugaí seo flúirseach go leor san am sin, iad déanta den stán gléigeal ag lucht taistil a dtugadh daoine tincéirí orthu. Bhídís á ndíol is á ndéanamh ar láthair an ordaithe.

Tar éis an lón a chaitheamh, dúirt Daid go raibh cuas amháin nó dhó gur mhaith leis a chuardach fós. 'An bhfeiceann tú an cuas sin ar ár n-aghaidh isteach, is é sin Cuas Bhun an tSrutha, tá boilg mhór greamaithe sa scoilteán atá sa bhfaill de dhroim an chuais. Tá sé mar a bheadh droichead. Tá cuas fada fé thalamh uaidh sin isteach, áit ná fuil mórán solais ach tráigh bheag chaol bhoilgeach thuas ina cheann i dteannta mórán clocha móra scaipithe trína chéile go bhfuil na tonnaí meáchana iontu, áit achrannach go dtéann raic isteach ann ar ghaoth aneas agus taoide ard. Ar mhaith leat dul suas isteach ann, nó an mbeadh faitíos ort?' arsa Daid. Bhí a fhios agam go raibh sé do mo bhrath, ach bhí a fhios agam leis ná cuirfeadh sé isteach go dreap baolach go deo mé. 'Seo linn!' arsa mise ag baint mo bhróga díom, mar bhí tairní ceannleathana agus iarainn fúthu. 'Maith an fear!' ar seisean. 'Is fearr greim na hordóige fós ar an lic shleamhain.'

Rámhaigh sé an bád isteach fén ndroichead sa bhfaill. Bhí an béal istigh fairsing agus leac ag teacht anuas go himeall an uisce a raibh sé éasca dom preabadh i dtír uirthi. Chomhairligh sé arís mé. 'Féach os do chionn. Tá poll in airde sa bhfaill go bhfuil solas ag teacht anuas as. Tóg mall ar dtúis é go rachaidh do shúile i dtaithí an tsolais lagdhorcha. Seo duit an gatha agus má bhuaileann aon rud trom leat, fág ann é. Ná bí do do bhascadh féin leis.'

Bhíos i m'aonar istigh i mbéal an tseomra a bhí ag leathnú agus ag oscailt romham. Bhí macalla greannmhar ann. Dheineas casachtach chun triail a bhaint as. Cheapas go raibh duine, beirt nó triúr, ag déanamh aithrise orm ón saol eile. Tháinig saghas fuachta i mo chraiceann agus istigh fé mo chaipín. Fén am seo bhí radharc níos fearr agam ar mo thimpeallacht a thug misneach dom. Bhí mé imníoch ar dtúis le heagla teacht tapaidh ar rón nó ar mhadra uisce, ach bhíos ag brath is ag bualadh na gcloch. Chonac uaim isteach cúl an tseomra agus an grean. Ní raibh thar fiche troigh trasna ann. Bhí clár leathan fada de dhair dhubh an bhráicín sínte trasna ann. Bhí sé dhá orlach go leith ar naoi n-orlaí trasna ar chúig troithe déag. Phreab mo chroí le háthas. Ní turas in aistear agam é. Chonac tortáin nó neadacha éigin sa bhfaill os mo chionn. Chuir mé an gatha in airde ach ní túisce a dheineas ná geall leis gur sciotadh na cluasa díom ag scuaine colmán gorm creige a bhí ag iarraidh teitheadh leo féin ón té a bhí ag cur isteach ar a n-áitreabh. Ar mh'anam gur gheit mo chroí an neomat sin! Chuireas ceann an chlár daraí fé m'ascaill. Ó a mhuirisc, bhí sé trom, ach bhíos á tharrac liom le fánaidh i ndiaidh a chéile. Sa deireadh fuaireas radharc ar an mbád agus ar m'athair a bhí á chosaint féin ar an bhfaill ar gach taobh de. Ba ghleoite mar a dheineadh sé í a ainliú.

Ar thug tú fé ndeara faoileán aonair riamh ag snámh istigh i lochán beag sa bhfriochadh mar a ligeann sí don taoide í a thógaint isteach is amach is í ag casadh timpeall, ach í i gcónaí sa láthair chéanna? Is mar an gcéanna a bhí an báidín fé smacht lámh an fhir aosta. Is ar éigean a thugas liom go bruach na lice é, áit a bhfuair sé an únfairt dheireanach uaim a chuir amach sa pholl é. Thóg m'athair ar bord mé féin agus an píosa daraí.

'Is deas an t-ábhar meadair atá ann dá mbeadh gá ag soitheoir[6] dá leithéid,' arsa mo Dhaid.

'Seo, a mhic, táimid i bhfad siar. Beimid ag cur sáile dínn agus ag caolú linn soir. Beidh an oíche titithe agus é ina bharra taoide.'

'Ach,' arsa mise, 'cad mar gheall ar an *peeler* leis an ngloine fhada, a bhí ag faire orainn inniu ó Chloigeann an Chrainn?'

'Racham suas an Chos Bhaoth ar dtúis agus cuirfimid an raic go léir i bhfolach sa mhuiríneach fhada. Fágfaimid an bád mar a bhíonn sí riamh. Ná dúrt leat inniu go mbeinnse róghlic dos na *peelers*!'

Pósadh Thomáis

ó *Guth ón Sceilg* (2000), 29–33

Ní mar a chéile ceiliúradh féasta pósaidh an lae inniu agus nuair a bhíos óg. Ní raibh gluaisteáin tagaithe go Baile an Sceilg fós ná súil leo ach chomh beag. Trucailí comónta is carráistí a dtugtaí *jaunting cars* orthu a bhí in úsáid san am san. Is ag baile a bhíodh an bhainis á ceiliúradh le flúirse bídh agus dí, rince, ceol agus amhráin agus ar ghaibh leis an ócáid. Nuair a phós gaol dom, Tomás Ó Fiannachta ón gCom, Mairéad Nic Cárthaigh ón nGleann, ní rabhas féin ach seacht mbliana slán agus roinnt míosa éigin. Má bhí m'inchinn úr fós, d'fhan cuimhne an phósaidh scríofa go doscriosta ins na cealla go dtí an lá atá inniu ann.

An mhaidin san, chuir mo mháthair faoi chúram fhear an phoist, Neid Breathnach, mé a thabhairt leis suas go tigh Uí Fhiannachta, mar a mbeadh sise ag teacht sar i bhfad chun cabhrú leis na mná eile bia d'ullmhú dos na cóisirí. Fear grámhar, caoin, cineálta ab ea fear an phoist. Chuir sé in airde ar iallait an rothair mé. Bhíos corraithe le háthas ó thaobh an rothair mar ná raibh a leithéid comónta. Bhí bóthar an Choma clúdaithe le clocha garbha scaoilte agus dhá mhíle i gcoinnibh an chnoic, ach má bhí féin thug Neid slán go tigh mo ghaolta mé. Bhí cuireadh fachta cheana féin aige de bharr gur cheoltóir den scoth é chun bosca na gcnaipí a sheinm. Ba bhreá éisteacht leis ag seinm na seanphort ar nós 'Bean ag baint duilisc gur fliuchadh a léine,' 'Gairdín na nóiníní,' 'Boney's retreat' agus a lán eile.

Bhí scata mná tí go dícheallach ag fáilt bia ullamh dos na daoine a raibh súil leo teacht ón séipéal i dteannta an lánú phósta. B'ábhar misnigh dom féin mo mháthair a fheiscint i measc na mban eile, iad ag obair as láimh a chéile. Bhí bean amháin ag tabhairt aire do chorcán mór iarainn cois na tine a raibh ailp mhór mairteola ag snámh ann mar a bheadh oileán istigh i gcorplár lochán anraith. Nuair a thóg sí an clúdach den phota d'éirigh balaithe milis méith as a chuir cíocras ocrais im phutóga. Bhí birdeog slat lán de chnapáin phlúrach prátaí a bhí ag pléascadh a gcasóga tar éis iad a bheiriú, iad clúdaithe le braitlín bán cois an iarta ná leogfadh dóibh fuaradh. Bhí flúirse feola, cúpla gé róstaithe, muiceoil, caoireoil, agus fiú amháin crúibíní chun cíocras a chur ar an té a mbeadh dúil sa mbraon aige. Thug mo mháthair tomhaisín biotáille do Neid i dteannta gloine mór pórtair a raibh orlach de chúrán gléigeal air. Tar a éis sin, chuir sí an bheirt againn inár suí chun boird le feoil, gabáiste, prátaí agus súp bríomhar. Thug Neid fé ndeara go rabhas féin ábhar scáfar. Thugadh sé cogar dom anois agus arís. 'Ith suas an bia, a bhuachaillín. Mura n-íosfair ní bheidh tú mór go brách; ná bí scáfar, a bhuachaill.' Mo ghraidhin tusa, a Neid, a fhir na féile, ní raibh do chroí ná do intinn cúng, ná greim ar scilling riamh agat.

Dhein na mná na boird a chur i ndiaidh a chéile ar fhaid na cistine. Boird déanta den chlár bán bog déil, iad scriosta gléigeal. Ní raibh gá le héadach boird, ach amháin, le hómós don lánú phósta, cuireadh éadach ornáideach ag clúdach a mboird san a bhí suite istigh i lár an fhéasta. Bhí gach ní réidh agus in ordú i gcomhair muintir an bhaile a raibh cuireadh fachta acu idir chomharsain agus uile, gaolta ó gach taobh den cheangal agus, le heagla aon dearmaid, caithfidh mé a chur san áireamh go raibh cístí milse, arán rísíní, builíní bána, subh agus tae go leor le fáil.

Bhí tigh na bhFiannachtach suite os cionn an bhóthair ar thaobh an chnoic a raibh radharc álainn siar síos uaidh. Ach an radharc is mó a raibh na mná tí ag feitheamh leis ná an chóisir a fheiscint ag teacht timpeall chasadh na lúibe isteach sa Chom. Bhí carráistí agus trucailí comónta i dteannta roinnt marcach ar chapaill iallaite ag teacht faoi dhéin chlós an tí cheana féin. Is gearr gur líonadh an chistin le clann na seanmhuintire agus eile, roinnt díobh cuibheasach súgach tar éis stad beag ag an dtigh tábhairne. Bhí an bhrídeog ag féachaint go hálainn ina gúna gorm ag titim go feor léi agus gan ach scriosradharc ar éigean le fáil ar a slipéirí. Bean dhathúil ab ea Mairéad Nic Cárthaigh a thug tréimhse i Meiriceá ach ba dheise inniu ná ariamh í. Bhí biorán ornáideach greamaithe i mbrollach a gúna ghoirm a bhí ag spréacharnaigh le splancacha solais.

Scafaire fada, díreach, cuisleannach, láidir: b'é sin fear na bainise, Tomás Ó Fiannachta. Nuair a bhí an féasta thart tógadh an troscán amach as an gcistin d'fhonn slí a thabhairt dos na rinceoirí. Bhí ceigeanna leanna duibhe ar bhord cois an dorais iata agus duine de mhuintir Fhiannachta agus na Mac Cárthaigh, beirt ná raibh fonn óil orthu, ag féachaint chuige go riarfaí an deoch le heagla cúis tormais a bheith ar dhuine ar bith. Thosnaigh an rince le sean-seiteanna i dteannta coranna agus port. Thugas fé ndeara go raibh Neid, fear an phoist, ag seinm ar a dhícheall, a mhuinchillí trusálta, deora beaga allais ar a éadan, ach ní dóigh liom gur fágadh aon tart air mar, taobh leis, bhí muga lán leanna duibhe gach uair dá bhfaca é. Bhí duine des na comharsain, Paddy Beag Leathlobhair, a bhain cnagarnach as fleaga an iarta nuair a rincigh sé cornphíopa an mhairnéalaigh; bhí sé ina fhear óg an uair úd. Glaodh air go minic chun poirt agus coranna agus ba mhaith an sás chun a dhéanta é.

Faoi mar a bhí an oíche á caitheamh agus sos idir na rincí bhí amhráin álainn Gaelach á gcanadh. Do chan Muiris Ó Fiannachta 'An buachaill caol dubh' agus Pádraig 'Aréir is mé go huaigneach.' Chan Seán Mac Gearailt ó Oileán na gCapall 'Bean dubh an ghleanna' agus chan Áine Ní Fhiannachta ó Chathair Dónall 'Siúil, a rún.' Bhí guth an smólaigh oíche aici, bhí sé chomh binn sin. Bhí duine críonna de mhuintir Mhic Cárthaigh a bhí go maith ábalta ar amhrán sa tsean-nós; chas sé 'Seoladh na ngamhna faoin bhfásach' agus 'Éamonn Mhágáine.' Bhí greim ag duine ar láimh leis a bhí á luascadh anonn is anall. Sin nós a bhí ag ár sinsir, b'fhéidir, chun cabhair misnigh a thabhairt don té a bheadh ag casadh.

Is gnách nuair a bhíonn braon óil breise ar bord ag a lán go n-éiríonn an fhuil uasal in uachtar. Dóbair do bheirt chomharsan an tigh a chur trína chéile nuair a thosnaigh argóint amaideach eatarthu ar an slí ab fhearr chun gamhna tairbh a choilleadh. Beirt iad seo a bhí pósta le mná tréana áitiúil, mná ná raibh i bhfad ag cur cosc leis na gaiscígh; chuireadar d'fhiachaibh ar na laochra lámh a chroitheadh le chéile agus leogaint don bhruíon feasta.

Bhí coinnle ar lasadh ins an pharlús mar a raibh na mná ag ól tae agus fíona. Bhíos ann i dteannta mo mháthar agus mé ag éirí an-thuirseach go deo. Gach uair dá bhféachfainn ar sholas na gcoinneal is cuimhin liom go soiléir boghaisín mór ildathach a fheiscint mórthimpeall an bhuaicis. Bhí fabhraí na súl ag dúnadh agus cuirtíní an tsuain á dtarrac trasna ar phósadh Thomáis Uí Fhiannachta.

Bás seanmháthar

ó *Cliathán na Sceilge* (1984), 68–72

Imeoidh an seanóir atá cráite liath,
Imeoidh an fhuiseog is áille ar shliabh,
Imeoidh an duine óg is an chiall ina dhiaidh,
Imeoidh a bhfuil beo is a dtáinig riamh …

An chéad uair gur chuir mé aithne ar an mbás ab ea an tráthnóna gur éag mo sheanmháthair, Máire Uí Chreimín (Nic Gearailt), ar an seachtú lá déag de Mheán Fómhair, 1915. Bhí tigh Mham Chríonna gearr don tigh seo againne, cúpla páirc bheag siar uainn. Bhí mé ann i dteannta mo mháthar an lá san. Bhí Mam Chríonna naoi mbliana agus ceithre fichead agus bhí foirfe na haoise á rá gur crínbhean a bhí inti feasta, cé go raibh loinnir na hainnire le feiscint fós ina héadan snoite uasal. Bhí an sagart tar éis an ola dhéanach a chur uirthi agus bhí crot liathdhorcha an bháis mar a bheadh púicín de sheanphár liath á chur mar aghaidh fidil uirthi. Bhí scaimh ghruama fhear na speile le feiscint go soiléir ar cheannaithe mo sheanmháthar.

Bhí scata ban des na comharsain timpeall ar leabaidh an bháis. An Choróin Mhuire acu á rá os ard agus iad ag coimeád choinneal bheannaithe ina láimh. Ní raibh aon solas eile ach luisne bhog na gcoinneal ag caitheamh scáilíochta go haerach ar fhallaí aolbhaigh an tseomra. Istigh ina lár bhí gnaoi mo sheanmháthar le feiscint agam. Bhí a haghaidh mar dhealbh uasal mharmair, dath dorcha an bháis imithe di, crot an tsuaimhnis agus an ghrásta tagtha ar a gruanna agus ar a leicne. Bhí siosarnach na hanála ag dul i ngiorracht. Ní raibh glothar,[7] srannán ná cróilí an bháis le clos ná le feiscint, ach d'éag Mam Chríonna mar a bheadh leanbh ag dul chun suain.

Bhí m'uncail, Aindí Fada, agus ár gcomharsa, Tadhg Phats, ag crochadh braitlíní ar an dtaobhfhalla thíos cois an dorais iata. Ansan socraíodh dhá bhord as a chéile chun an corp a leagaint ar clár. Do dhein na mná an corpán d'ullmhú i gcomhair a leagaint amach. Bhí braitlíní bána agus pilliúir go flúirseach, cuid díobh go raibh lása ornáideach fuaite leo. Bhí corpán Mham Chríonna cosúil le banríon éigin as ríocht na bhFarónna. Bhí m'aintín Neil tar éis teacht abhaile ó Mheiriceá agus deirtear go raibh púdar agus cóiriú péinteála á chur ar bheoibh agus ar na mairbh insa tír sin le fada an lá. Ar aon bhóthar, le féachaint siar dom anois, caithfidh mé a admháil, nuair a bhí gach ní réidh agus na coinnle is eile lasta, go raibh aer na scéimheolaíochta ag baint le sean-nósanna thórramh na marbh sa tír seo.

Tar éis tamaill, chuala na mná ag cogarnaigh le chéile. Bhí fuadar olagóireachta fúthu gur dhruideadar in aice an choirp agus, d'aon ghuth, leogadar scread truamhéileach ghoil nárbh fhearrde dhuit éisteacht leis. Déarchaoineadh dólásach go mothófá dubhrón folamh an uaignis ins gach nóta de, siar, siar síos go dtí ná beadh fágtha ach cneadanna beag d'osnaíl dhólásach. Ní rabhas ach naoi mbliana fós agus bhaineadar mo mheabhair chomh mór san díom gur scrios mé an doras amach ar nós splanc solais. Níor stad Dia liom go rabhas slán sábháilte ar thinteán m'athar arís. Bhí m'athair istigh sa chistin romham. Chonaic sé go rabhas cuíosach scanraithe, agus dúirt sé liom go cneasta gur sean-nós ab ea bheith ag caoineadh na marbh agus go mb'fhéidir ná raibh cuid des na mná sin fé bhuairt in aon chor, ach ag olagóireacht tirim d'fhonn fuaim a bhaint amach gan deoir ar bith acu á sileadh.

Dob ait liom an míniú san, ach ní mórán eile de bhlianta gur thuigeas go raibh an ceart ag m'athair.

Tháinig mo mháthair fém dhéin arís agus thug sí thar n-ais go tigh an tórraimh mé, mar a bhfuair mé muga mór té, arán bán, im agus subh. Bhí Aindí Fada agus Tadhg Phats tar éis baraille mór pórtair a thabhairt leo, bosca píopaí[8] bána cré agus bloc tobac. Bhí buidéil bhiotáille dheirg i mbosca leo féin. Bhí bosca mór eile ann go raibh arán báicéirí, buillíní bána agus prócaí suibh dheirg ann. Bhí fearaibh eile ag cur suíochán sa chistin le stóil agus truibilí adhmaid. Bhí na comharsain ag líonadh isteach go dtí go raibh an chistin lán go doras. Bhí beirt bhuachaillí ag gearradh is ag brú tobac, ag líonadh píopaí cré agus á riar ar gach aoinne gur róghearr go raibh néaltacha deataigh ag teacht as beolaibh a raibh istigh.

Tar éis tamaill, tháinig Aindí agus Tadhg Phats isteach le dhá bhuicéad mhóra pórtair go raibh caipíní cúráin orthu. Bhí gloiní piúint á riar ar na fearaibh, agus ba bhreá mar a scaoilidís siar é ag fágaint féasóga cúráin ar chuid acu. D'éirigh dúil mhallaithe ionam féin chun braon de a bhlas, mar cheapas go raibh balaithe cumhra na n-úll uaidh. Bhí té, arán bán, im agus subh dos na mnáibh agus dos na fir chomh maith. Ní raibh focal Béarla le clos i dtigh an tórraimh an oíche sin. Bhí na mná óga agus críonna ag caitheamh sciortaí fada agus seálanna dubha. Chífeá fo-sheál buí ina measc, iad go léir gléasta le stocaí fada dubha olna go glúinibh.

Is cuimhin liom bheith ag éisteacht le hAindí Fada agus Tadhg Phats ag cur is ag cúiteamh ar a chéile. Bhí an-dúil sa bhraon ag an mbeirt acu, agus is dócha gur bhaineadar a gcuid féin as na buicéadaí; mar sin féin má bhíodar súgach bhíodar an-ghreannmhar. Bhí an bheirt acu tar éis cur síos ar churadóireacht, iascach agus aon imeachtaí eile toipiciúil a bhain le saol na háite, agus nuair a cheapas féin go raibh deireadh ráite, do lig m'uncail Aindí osna dhubhach dhoimhin as go ndéarfá gur aníos as putóig íochtair a imleacáin a ghluais sí.

> 'Ochón,' a dúirt sé, 'ní fheadar cé a bheidh ann chun sinne do thórramh!'
> 'B'fhéidir, a Aindí,' arsa Tadhg, 'ná beadh aon ghá le tórramh ort!'
> 'Conas san?' a dúirt Aindí.
> 'Bhuel,' a dúirt Tadhg, 'cuir i gcás go mbáfaí tú agus ná beadh do chorp le fáil. B'fhéidir gurb iad na muca mara agus na madraí glasa a bheadh ar do thórramh!'
> 'Éist, anois, a Thaidhg, dá mbeifeá id Chríostaí ceart ní báfaí go deo thú agus níor bhaol duit na muca mara ná na madraí glasa.'
> 'Conas mar 'tá an Chríostaíocht ceangailte leis?' arsa Tadhg.
> 'Tá,' a dúirt Aindí. 'Bhí Peadar ábalta siúl ar an uisce an fhaid is a bhí muinín aige as Críost!'
> Le scairteadh gáire d'fhreagair Tadhg:
> 'Ar mh'anamsa, a Aindí, pé ní a dhein Peadar gur fada go bhfeicfear tusa ag siúl isteach ón Sceilg!'

Bhí a raibh i dtigh an tórraimh ag gáirí fén mbeirt acu, agus leis sin d'ordaigh mo mháthair go raibh sí chun an Choróin Mhuire a rá. Bhí sé an dá uair déag an chloig. Do threoraigh mo mháthair muintir an bhaile trí gach deichniúr agus an liodán, ag achainí ar 'na naoimh cabhrú le hanamacha na marbh.' Bhí an oíche ag dul i ndéanaí. Bhíos féinig ag fáil tuirseach agus thug m'athair abhaile mé ó thigh an tórraimh agus deirimse leatsa gur fhan bás Mham Chríonna im chuimhne go dtí an lá atá inniu ann. Leabaidh i bParthas duit, a Mham Chríonna!

Tá a lán scríofa mar gheall ar an mbás céanna, ins gach teangain, beagnach. Ní bheidh orainn dul i bhfad chun píosa filíochta d'fháil, mar shampla 'Caoineadh Airt Uí Laoghaire' le hEibhlín Dubh Ní Chonaill. Deir sí i ndeireadh an dáin:

Stadaigh anois d'bhúr ngol,
A mhná na súl bhfliuch mbog,
Go bhfaighidh Art Ó Laoghaire deoch
Roimh é dhul isteach sa scoil —
Ní hag foghlaim léinn ná poirt
Ach ag iompar cré agus cloch!

Filleadh ar an dúchas mara

ó *Guth ón Sceilg* (2000), 12–14

Ní rabhas ach ag iarraidh socrú síos arís i measc mo sheanmhuintire san timpeallacht inar rugadh mé tar éis aistear idir bhailte móra Shasana Nua ar feadh blianta beaga éigin. Le féachaint siar anois, b'in iad blianta an ghátair domhsa féinig ó thaobh easpa airgid agus cairdeachais. Bhí orm filleadh ar an seanghnáthóig ar nós aon 'ghiorria a bheadh ó mhaidin ag madraí tabharthá,' mar a dúirt an file Tomás Ó Fiannachta as an gCom. Ba mhaith ann é an botháinín ceann tuí agus do ghabháltas beag féin i ndeireadh na scríbe. Tar éis cúpla seachtaine bhíos ag fáilt cortha,[9] tollaithe[10] den tsaol. Lá dá rabhas ag féachaint uaim ar an bhfarraige mhór a bhí ag síneadh faid radhairc siar uaim, do ghlac cíocras obann mé, cíocras a bhí ag ithe poll as íochtar mhála mo ghoile. Bhí súlach an amplóra ag bailiú ina lochán faoi leaba mo theanga. Labhair guth santach im chluasa: 'Nár dheas é béile iasc úr, ballach beirithe le práta nua, cnapán ime agus gráinne salainn, seachas na *prunes* agus na *novelties* beaga a bhí le fáil ós na *Yanks* agat?'

Ní túisce smaoineamh ná gníomh.

Bhí liathróid chorda tarraic, agus doraithe nach iad, fós i ndiaidh mo Dhaid agam: an seaniascaire ná raibh riamh in easnamh téad ná trealaimh. Bhí ceaintín stáin ina sheasamh fós i mbarr an driosúir, ceaintín cócó uair éigin, a bhí anois ag éirí meirgeach smúiteánta, ach má bhí féin, ansúd istigh a bhí na seoda i dtaisce romham: duáin éagsúla de gach sórt idir mhion agus mhór, seasamh dílis déanta ag an seancheaintín meirgeach i ndiaidh na mblianta mar is fada dhó ráite:

Maireann an crann ar an bhfál
ach ní mhaireann an lámh a chuir.

Ba róghearr go raibh doraí gléasta ar ghlinne agam agus siúd faoi dhéin na trá ar sodar mé, feac beag rámhainne ar mo ghualainn lenar bhaineas dorn lugaí i gcomhair baoite. Bhí gach coiscéim róghairid gur shroiseas Faill na Cráití, agus Carraig an Staighre le fánaidh mar a bheadh dréimire nádúrtha ag rith síos go bruach na caise mar a bhfuil áth doimhin dorcha a bhí nótáltha chun ballaigh. Ghabh Micí Raidí agus Pooch an Bhairille siar tharam cóngarach cois na gcloch le báidín rámhaíochta ag iascach pollóg le baoití dearga déanta de ruibéir éigin. Chuala duine acu ag rá leis an nduine eile: 'Th'anam 'on diabhal, féach istigh an Yank ag iascach ballach; is é atá ann ar mh'anam!' Sin ar chuala uathu, ag scaoileadh formhór den doraí anuas den ghlinne ag cur lúibe de timpeall ar charraig a bhí in aice liom. Chuireas luga deas méith ar an nduán, ag baint spriúchaidh as an gcloch cúil amach fén gcuas. Leog mé dó suncáil go grinneall sarar bhaineas stoitheadh as chun an doraí a theannadh. Bhíos tamall beag ag feitheamh sarar mhothaíos faic. Ansan thosnaigh an t-iníor agus an priocadh suarach. 'Droch-chrích ortsa ach go háirithe,' a dúrt liom féin, mar cheapas gurbh í an móirín millteach, 'Máthair na mBallach,' a bhí dom chrá.

Ní bhfuair an smaoineamh aimsir ar sheilbh a thógaint im chealla nuair a baineadh stoitheadh uafásach as an ndoraí. As san amach chaitheas a bheith cúramach gan mo bhreac a chailliúint. Ar aon bhóthar, thugas liom sáfach de bhallach trom bricneach a raibh spotaí móra cróndearga ar a bholg agus práisléad de mhála diúilicíní coganta ag sileadh óna imleacán. D'éirigh go maith liom an tráthnóna san. Bhíos sásta ag dul abhaile lem stropa ballach. Bhronnas cúpla ceann ar shean-Mháire Dhonn agus mé ag gabháilt thar doras aici agus is í a scaoil an guí fial fairsing liom dá bharr: 'Mhuise go méadaí Dia do stór, a Mhaidhc, agus ádh fónta an bhallaigh ort i gcónaí.'

Lá arna mháireach chuireas cóir ar na ballaigh leis na putóga a bhaint astu i dteannta na gainní a fheannadh dhóibh agus iad a ní. Dheineas an sciléad beag, an t-áras ab ansa liom, a scriosadh chomh geal le scilling mar is ann istigh a bheiríos mo chéad bhéile iasc úr tar éis dom filleadh ar mo dhúchas. Bhí súilíní méithe le feiscint ar anraith an bhallaigh, agus balaithe cumhra ón iasc beirithe. Tar éis gráinne salainn, cnapán ime, cúpla práta agus cupán bainne a chur leis an *menu,* sa deireadh shuigh mé chun boird ag breith buíochais do Rí na nDúl as a thabhartaisí a bhí le fáil saor in aisce. Ní dóigh liom go bhfuaireas an blas so-bhlasta sin im bhéal le fada an lá ná a fuaireas ón mballach úr úd a thugas liom ó Charraig an Staighre a chneasaigh mo ghoile agus a cheansaigh mo chíocras.

Cuairteoirí chuig Sceilg Mhichíl

ó *Cliathán na Sceilge* (1984), 44–51

Tagann mórchuid cuairteoirí, cuid díobh ó thíortha thar lear, chun Sceilg Mhichíl a fheiscint: daoine go mbíonn spéis acu sa chultúr Ceilteach, agus ó thaobh creidimh de spéis i mbunús an mhóid mhanachais in Éirinn, mar aon le daoine le suim san ailtireacht agus b'fhéidir in éaneolaíocht na farraige.

Is cuimhin liom lá gur thugas féin agus Séamas Mac Gearailt beirt bhan go dtí an Sceilg. Do dheineadar an bád a ghabháil ar thuarastal. De mhuintir Barclay, na baincéirí, ab ea na mná seo, máthair agus a hiníon. Bhí ardshuim go deo insa tseandalaíocht acu araon. Bhíodar tar éis turas a thabhairt mórthimpeall na cruinne ag féachaint ar sheanoibreacha. An lá áirithe seo bhíodar tar éis teacht ó Iostanbúl ar a slí abhaile dóibh arís go Meiriceá. Dúirt an mháthair liom go raibh sí tar éis éisteacht le léacht a thug an tOllamh Séamus Ó Duilearga, ná maireann, i gcathair Chicago. Ag caint dó, dhein sé tagairt d'ársaíocht agus áilleacht Sceilg Mhichíl. Luigh an léacht a thug sé chomh mór san uirthi go raibh sé buailte isteach ina haigne an turas go Sceilg Mhichíl a thabhairt isteach lá éigin. Ar sroisint na carraige dúinn d'fhan Séamas i bhfeighil an bháid. Chuas féin i dteannta na mban. Bhíomar ag cur na slí suas dínn gan puinn stró, ag déanamh amach fé bhun na mainistreach nuair a stad an mháthair go hobann agus dúirt sí liom ná féadfadh sí dul níos sia, go raibh niamhaireacht éigin ag cur uafáis uirthi. Dúirt sí leis an mbean óg dul chun cinn agus an áit a fheiscint. D'fhanas féin i dteannta na máthar;

bhíomar inár suí ar fhleaige den staighre go raibh faid agus leithead ann, tráthnóna breá gréine sa bhfómhar. Ansan is ea d'inis sí dom go raibh sí lá amháin blianta éigin roimhe sin i Meicsiceó, i dteannta a fear céile ag dul suas staighre cloch go dtí teampall gréine nuair a fuair a fear bás de thapaigean le taom croí. Bhí, mar a dúirt sí, an chosúlacht chomh trom idir an dá áit agus go mórmhór ó thaobh ailtireacht an staighre de, gur cheap sí go bhfaca sí an dráma a bhí thart ag titim amach arís. Pé scéal é, bhain an bheirt acu an-taitneamh as an dturas. Mná caoine cineálta a bhí iontu araon. Tamall ina dhiaidh sin fuaireas beartán tríd an bpost, féirín uathu chugam féin, an leabhar álainn *Islands of Ireland* le T. Mason. Tharla sé seo roimh bhriseadh amach don Dara Cogadh Domhanda.

Tháinig bean eile go Baile an Sceilg, sa bhliain 1938, dochtúir léinn as ollscoil áirithe sa Ghearmáin. Bhí cead fachta aici gabháil timpeall ag lorg seanchais, ag caint le muintir an bhaile ag bailiú béaloidis agus ag tógaint pictiúirí. Chuir sí fúithi insa tigh go bhfuilim im chónaí ann fé láthair. Theastaigh uaithi dul ar thuras go Sceilg Mhichíl, cé go raibh sí ag déanamh ceap magaidh den Chríostaíocht ar fad. Dúirt sí liom gur chreid sí ná raibh aon Dia ann agus gur míchéille ab ea an scéal ar fad. Ach ar an dtaobh eile den scéal bhí íol beag práis aici ina póca, miondreach práis go raibh cuma an mhoncaí air. Cheap sí go dearfa go raibh cumhacht draíochta ins an ortha seo chun í a thabhairt saor ó bhaol. '*My talisman will keep me from harm*', a deireadh sí liom.

Bhí an aimsir briste suaitheanta agus tarrac cois na gcloch chun dul i dtír insa Sceilg agus dob éigean di fanúint ar feadh coicís go dtí gur ghlan an uain. Idir an dá linn thug sí cuairt ar Thobar Mhichíl mar ar thóg sí pictiúirí des na daoine a bhí ag tabhairt turais ann lá an phátrúin, iad ag rá na coróineach timpeall an tobair. Cheap sí go raibh na daoine seo imithe glan dá meabhair. Sa deireadh do ghlan an aimsir agus chuamar go dtí Sceilg Mhichíl an Domhnach a bhí chugainn. Bhí sí an-chorraithe agus gríosta[11] chun an mhainistir a fheiscint mar ar mhair na díthreabhaigh. Bhí an ceamara gléasta aici chun pictiúirí a thógaint agus a peann ullamh aici chun breacadh ar phár.

Bhí mórán cuairteoirí linn an lá céanna. Seán Mac Gearailt, captaen an bháid, mé féin agus Bríd Ní Fhiannachta, oide scoile Scoil Náisiúnta Bhaile an Sceilg a bhí i dteannta bhean na Gearmáine. Thosnaíomar ag siúl suas go dtí na cealla, ach ba ghearr dúinn go bhfaca mo dhochtúir léinn ag ísliú go talamh. Thógas féin agus Seán Mac Gearailt suas í agus chuireamar ina suí í ar chéim chompordach den staighre. Dúirt sí linn go raibh óna dhá glúin síos gan aon rian anama. Do ghlaomar ar dhuine eile d'fhoireann an bháid, agus bheireamar eadrainn síos go dtí an bóthar í. Ní raibh orainn dul i bhfad, agus ní túisce thíos sinn ná gur tháinig an beo arís ins na cosa aici. D'ól sí deoch, agus ba ghearr go raibh sí chomh maith agus a bhí sí riamh.

Tar éis di suaimhneas beag a thógaint, 'scíth bhuachaill an ghabha ó na boilg[12] go dtí an inneoin,' chuir sí in iúl dúinn go dtabharfadh sí fé dhul suas go dtí an mhainistir arís. Siúd linn suas, agus bhí ag éirí go maith linn gur shroiseamar an áit gur thit sí cheana. Bhí greim agam féin agus ag duine eile ar láimh uirthi nuair a d'ísligh sí go talamh á rá linn í a thógaint síos, go raibh pairilís ina cosa ón dá ghlúin síos. Agus dob fhíor di, mar ní raibh ina dhá spáig ach maidí fuara. Thógamar eadrainn síos go dtí an bóthar arís í, áit gur tháinig sí chuici féin gan mhoill. Cúrsa gáire dúinn ab ea cad a dúirt seaniascaire ina taobh: 'Ná fuil a fhios agaibh ná ligfeadh na manaigh atá ins na flaithis don bhits sin dul suas go dtí an mhainistir!'

Thángamar abhaile an tráthnóna sin. Bhí dochtúir an eolais gan smiog le rá aici mar gheall ar thuras na Sceilge. Bhí sí gan pictiúir, gan nótaí. B'fhéidir ná raibh an moncaí práis ag obair ina cheart an lá sin di. Dúirt an dochtúir liom ná raibh sí ag dul thar n-ais go dtí an Ghearmáin, gurb é a barúil go raibh cogadh domhanda buailte linn. D'fhág sí slán againn ar an Luan tar éis turas na Sceilge.

Tamall ina dhiaidh sin fuair Bríd Ní Fhiannachta litir ó chara di go raibh cónaí air i gcathair mhór Toronto i gCeanada. Iniata ann bhí leathanach speisialta as nuachtán go bhfuil mórcháil air sa tír sin. An teideal a bhí scríofa trasna ar bharr an leathanaigh fé ainm an dochtúir léinn: *The Land of St. Patrick as it is today – a land of devilry and laughter.* Bhí grianghraf de mháthair Bhríde ann, Nóra de Róiste (a bhí aosta an t-am sin), agus í ag rá an Choróin Mhuire di féin sa ghairdín: *This old woman carries a rosary beads and utters the words of a spell!* Bhí pictiúir de Thobar Mhichíl ann agus na daoine ag tabhairt turais lá an phátrúin: *They still worship water in a so-called Christian land* agus *Young barefooted maidens laugh easily* na teidil a bhí fúthu. Agus, mar fhocal scoir, ní theastaíonn uaimse bheith ag doirteadh uisce ar luchaigh báite, ná bheith ag múscailt saol an dochtúra léannta go raibh ceadúnais fachta ó údaráis aici siúl i measc mhuintir mo bhaile dhúchais chun cur síos go héagórach orthu. Ach tá súil agam gur dhein sí staighrí na bhflaitheas a dhreapadh gan sceon gan eagla agus manaigh naofa na n-ancaireach ag fáiltiú roimpi, agus b'fhéidir ar a slí suas di gur chaith sí uaithi le fánaidh miondreach an mhoncaí phráis!

Tá an Sceilg Bheag idir an Lomán agus an Sceilg Mhór. Carraig choimhtheach,[13] spíceach,[14] splinceach; carraig achrannach le leacacha sleamhaine agus faillltreacha scaoilteacha ag titim le fánaidh. Is mó lá agus oíche a thugas ag iascach gliomach agus méardáin dearga[15] i dteannta na nGearaltach, Seán agus Séamas. Is ann a chonaic mé an scoil phollóg is mó dá bhfaca riamh lá dá raibh scáil ar an uisce.

Bhíos ag féachaint fúm de dhroim ghunail an bháid. Bhí an t-uisce chomh glan go bhfaca an scoil mhór éisc fén mbád. Bhí pollóga móra agus beaga ann. Bhí na glasáin meascaithe leis na pollóga geala. Is fadó a chuala seaniascaire: 'Dá mbeadh 'fhios ag iascaire an duáin an méid éisc a bhí timpeall ar a bhaoite, ní bheadh an fonn céanna air chun iascaigh a thuilleadh.' Ní mór aimsir bhreá chun iascach gliomach timpeall ar an gcarraig seo. Ar an dtaobh thiar thuaidh de tá talamh cuíosach salach, boilgí éadroma agus fochaisí fiaclacha. Ritheann sruth láidir le taoidí rabharta ar na pointí. Tá tréada iomadúla róinte le feiscint ins gach cuas. Aon lá grianmhar bíonn na leacacha clúdaithe le róinte, idir bheag agus mhór, nuair a bhíonn sí ina lán trá.

Ach ní cur síos ar iascach is mó atá im aigne an neomat seo ach a mhalairt ar fad. Conas a chuir mé aithne ar éanlaithe farraige ar dtúis, cuid díobh ar aon nós? Tharla gur tháinig bean ó rialtas Shasana chun meastóireacht nó comhaireamh a dhéanamh ar éanlaithe farraige timpeall ar oileán na hÉireann. Bean gur shloinne di Humphreys, a bhí oilte san éaneolaíocht. Bhí sí gléasta le gach saghas ceamara idir scannáin agus phlátaí agus í tar éis suirbhé Oileáin Fharó a chríochnú nuair a tháinig sí go Baile an Sceilg. Theastaigh uaithi dul i dtír sa Sceilg Bheag, áit ná fuil ró-oiriúnach, mar ná fuil caladh ná staighre romhat ach faill sleamhain chealgach mheallacach. An lá áirithe seo chuaigh Séamas Mac Gearailt, ár gcaptaen, Seán Pheadair Uí Shé, atá i nGairdín Pharthais le fada an lá, mé féin agus bean na héaneolaíochta amach. Nuair a shroiseamar an charraig bhí an aimsir ag sóinseáil go tapaidh. Bhí bearradh caorach le feiscint sa spéir, an ghaoth ag beathú aneas agus crot na báistí ag teacht ar shúil na gréine. Do tharraicíomar inár ndiaidh bád rámhaíochta timpeall fiche troigh – ceathair-rámhach – chun ainliú isteach sa bhfriochadh ag dul i dtír dúinn. Dúirt an captaen gur ormsa a bheadh sé dul i mbun birt chun dul in éineacht léi suas i measc na n-éan. Deirimse leat le fírinne ná rabhas ródhúthrachtach ná aon scleondar orm a bheith ag tabhairt fén bhfaill suas.

Bhí *haversack* mór ar mo dhrom go raibh seasca punt meáchana ann agus ordú dian fachta agam gan titim mar gurbh fhiú saibhreas beag na giúirléidí a bhí istigh ann. Ansin thug sí teagasc dom ar conas mé féin d'iompar i measc na n-éan agus do ghléas sí í féinig le bróga speisialta i gcomhair na dreapadóireachta. Chuireamar an bád mór ar ród in uisce doimhin saor ón gcarraig, agus siúd linn isteach sa chuas ag cuardach an áit ab fhearr chun dul i dtír. Deir an tseanabairt: 'Breithnigh an abha sar a dtéir ina cuilithe.' Comhairle mhaith nár theip riamh air. Sa deireadh fuaireamar áit go raibh cliathán doimhin leis agus leac leathan os a chionn. Bhí an bhean sé troithe ar airde nó níos mó agus téagar dá réir inti, bail ó Dhia uirthi: stáca mná. Bhí á mhaíomh liom dá mbeadh sí óg arís go rithfeadh sí amach tríd an gcarraig go barra na stuaice. Bhí an bheirt againn inár seasamh i ndeireadh an bháid ag feitheamh le hordú ón gcaptaen an bád d'fhágaint go tapaidh. Bhí an foláireamh sin tugtha aige agus bhí an bheirt againn inár seasamh ar an gcarraig.

Thosnaíomar ag dreapadh suas ón bhfarraige go dtí leibhéal na n-éanlaith. Bhí an dul chun cinn an-mhall. Bhí sé soiléir don bheirt againn go rabhamar i ndraib cheana féin. Bhaineas díom an *haversack*, mar bhí leac mhór ag síneadh amach os ár gcionn. Ní raibh áit ar bith chun dul níos sia suas ach trí ghlota beag caol sa bhfaill in airde. Bhí an leac go rabhamar inár seasamh air sleamhain agus an-thitim le fánaidh ann. Bhí péire de bhróga *wellingtons* orm féin; bhaineas díom iad agus chuaigh mé ag lamhancán ar mo bholg suas go dtí an áit a raibh an phluais sa bhfaill. Thugas liom an mála agus chuireas isteach thar an nglota é. Bhíos féin i dtalamh sábháilte sa phluais. Ansin dúirt mé léi snámh agus lamhancán ar nós an linbh aníos fém dhéin. Dhein sí amhlaidh go bhfuair mé greim ar láimh léi. Bhíos ag tabhairt cúnamh di orlach ar orlach gur thugas isteach sa phluais liom í. Uair amháin d'iarr sí orm i gcuntais Dé gan a lámh do bhriseadh. Bhí talamh cuíosach réidh againn as san amach agus ba rógearr go raibh an bheirt againn thuas i measc na n-éan. Bhí na mílte gainéad, nó súlairí, ar na neadacha timpeall orainn. D'fhanamar inár suí gan corraí ar feadh tamaill bhig, agus is iontach go deo nár chuir na héanlaithe móra fíochmhara seo aon suim ionainn. Is é a deireadh sí: '*Just ignore them, and move very slowly*.' Ghléas sí na ceamaraí agus ar feadh uair an chloig dhírigh sí ar gach sleas den charraig iad. Bhí léarscáil den charraig aici, chomh maith. Ba gheall le hollscoil domsa an lá úd fadó i mbarr na Sceilge istigh i measc na n-éan.

Thug sí léacht dom ar gach saghas éan farraige ar chósta na hÉireann. Bhí sí ag míniú dom agus ag caint an fhaid is a bhí sí ag obair. Ba mhaith so-thuigthe líofa an teagascóir í. D'inis sí dom mar gheall ar fhaoileáin ar dtúis agus na gnéithe éagsúla díobh, mion agus mór: súlairí, crosacháin, faireoga, failceanna, foirchir,[16] cánóga, guairdill dubh agus liath, an scua, an lóma, coiligh farraige, seagaí mion agus mór. Mhúscail sí fiosracht agus deismireacht chomh mór san ionam gur dhein mé leabhair a cheannach agus ábhar staidéar a dhéanamh ar na héanlaithe céanna. Bhí gach fuachais lán de thuar na n-éan agus balaithe saibhir sa ghaoth. Bhí sicíní marbh agus beo, clúmh éan agus uibhe go flúirseach ar gach taobh dínn agus glagarnach na n-éan ag baint fuaime as ár gcluasa. Nuair a bhí deireadh déanta bhailíomar chugainn ár gcip is ár ngiúirléidí; an mála thar n-ais ar mo dhrom agus siúd linn le fánaidh gur shroiseamar an strapa achrannach sa bhfaill. Leagas mé féin síos go cúramach i ndiaidh mo chúil, greim ar éigean agam ar an nglota os mo chionn, go bhfuaireas mo chosa arís ar an leac féna bhun. Dúrt léi teacht anuas fé mar a dheineas féin go réidh socair. Do shín mé suas mo ghéaga go bhfuaireas mo bhasa fé chlár a tóna agus fé mar a bheadh sí suite i gcathaoir thugas liom go mall anuas í. Ba toil le Dia nár thit sí i mullach a cinn orm, mar chuaigh ceann dá bróga i ngreim sa ghlota; strac sí a cos amach as agus d'imigh sé de dhroim mo chinn amach sa chuas. Chuireas orm mo bhróga *wellingtons* arís, agus dheineamar fé dhéin an bháid. Thug Séamas Mac Gearailt agus Seán Pheadair an bád go cneasta in aice linn agus nuair a d'ordaigh Séamas teacht bhíomar ar bord aige ar neomat na baise.

Tar éis gach beart a thuigtear. Má bhíonn tú go deo chun dul ag dreapadóireacht beir leat téad. Bhí tuairim ag an mbean seo go raibh os cionn fiche míle súlaire sa Sceilg an bhliain sin gan bac le héanlaithe eile. Bhí an t-ádh linn go raibh turas na carraige thart mar do las an tráthnóna agus d'éirigh tarrac gléigeal cois na gcloch. Fuaireas féin dhá phunt breise mar shíntiús uaithi. Ba mhór go deo an méid airgid é an uair sin. Bhíos dólásach mar gheall ar an slipéir báite, mar dúirt sí gur deineadh speisialta iad chun dreapadóireachta. Bhí a mhalairt de bharúil agam féinig ina dtaobh.

Tá mo bhaile dúchais ceangailte go deo le Sceilg na Scál, Baile an Sceilg agus paróiste na Priaireachta. Bhí cáil ar an bPriaireacht ar fud na hÉireann mar scoil léinn. Deirtear na trí scoileanna ab fhearr in Éirinn ab ea Caiseal Mumhan, Cluain Mhic Nóis agus an Phriaireacht, b'é sin Mainistir Mhichíl. Tá seanráiteas atá chomh haosta leis an mainistir féin, gur fearr seachtain sa Phriaireacht ná bliain ar scoil. Is é an bhrí a bhí leis seo mar abairt gur fearr a bheith ar feadh seachtaine sa Phriaireacht ná bliain in aon scoil eile. B'iad canónaigh Naomh Agaistín na cléirigh dheireanacha a bhí i seilbh na mainistreach. Den sloinne Blowick ab ea an tAb deireanach a bhí orthu, sloinne ná raibh le fáil timpeall na mball seo.

Dúirt an tOllamh Séamus Ó Duilearga gur chuardaigh sé ollscoileanna na Mór-Roinne ag lorg eolais faoi Mhainistir Mhichíl, an Sceilg agus an caisleán cois trá. Ní bhfuair sé ach mion-tuairiscí. Táimid ag brath ar eolas an bhéaloidis le cianta fada. Níl fágtha againn ach na fothraí fuara agus bearna bhalbh ó thaobh scríbhneoireachta de.

Níl aon dabht ar domhan ná go raibh saol cruaidh ag Críostaithe na ré sin. Is cosúil gur minic iad ag teitheadh ón namhaid thall agus abhus, agus, i ndeireadh na dála, nuair a tugadh cumhacht don ridire Sasanach Richard Harding na mainistreacha agus na tithe Críostúla a chosc, do scrios sé na mainistreacha agus na clochair gan trua gan taise. Bhain sé feidhm as an gclaíomh, an dóiteán agus an phianpháis. Níl aon tuairisc chinnte fágtha cathain a tháinig na manaigh i dtír i Sceilg Mhichíl. Ní fios cé mhéid blianta a thóg sé an mhainistir a thógaint. Bhí mórchuid seomraí, séipéil srl., i dteannta sráideanna beaga agus tithe cónaithe, go bhfuil na boinn le feiscint fós. D'imigh an oiread eile den fhoirgneamh le creimeadh na farraige. Tá ceist gan freagra fágtha anseo. Cad ina thaobh ná raibh uaigheanna na manach le feiscint i gclós na mainistreacha seo, ach amháin insa Sceilg? An amhlaidh a deineadh iad d'adhlacadh fé cheilt? Cár imigh na manaigh, cár imigh muintir na háite? Cad a deineadh leis na leabhair a bhí scríofa? Cad a deineadh leis na hárthaí beannaithe ná fuarthas dul ar aon ghiota d'ealaíona na ré? Tá bearna fágtha anseo. Is róbhaolach go bhfuil an freagra seo fé chlúid na lice go deo, ó thaobh Mhainistir Mhichíl de ach go háirithe. Bhí plásóg tamall siar ó Chaisleán Bhaile an Sceilg i ngiorracht dhá chéad slat d'fhalla na mainistreach go raibh an ainm 'an Coinigéar' nó 'an Bréitse' air.

Maidin tar éis stoirme dúirt m'athair liom gur nochtadh trinse fada leathan tamall suas ó bharra taoide tar éis chreimeadh farraigí móra na hoíche sin. Bhí an trinse sin lán de chreatlaigh fir go raibh gach cloigeann scoiltithe i gclár an éadain mar a dhéanfaí le claíomh nó le tua. Dúirt m'athair go raibh na fichidí cloigeann ann. Is cosúil gur deineadh marú trom anseo gur cuireadh an oiread san corp in aon uaigh chomónta amháin. Arbh iad seo na manaigh a fuair bás ar an láthair gur mhaireadar air? Cé a chuir chun báis na daoine seo go léir? Níl tuairisc fágtha i dtaobh catha ná áir. Níl ach giotaí de stair na Sceilge agus Mhainistir Mhichíl in *Annála Inis Faithleann*.

Aois agus óige

ó *Guth ón Sceilg* (2000), 54–56

Tháinig Pól agus a mháthair go Baile an Sceilg an samhradh seo caite. Bhíodar ag fanúint sa tigh beag béal bóthair in aice an tsrutháin atá ag rith siar trí lár Bhaile an Sceilg. Leanbh ab ea Pól. Ní raibh sé bliana slánaithe fós aige. Bean ar aon pháiste ab ea máthair Phóil. Ní raibh driofúr ná driotháir aige. Bhí cuma an aonaránaigh ar an leaidín beag, dar liom. Thugadh sé an uile lá ag srúmáil sa tsruthán. Chuir mé ceist air lá amháin cad a bhí á dhéanamh aige. Ní bhfuaireas uaidh ar dtúis ach sracfhéachaint dáiríre ach bhí sé soiléir gur droichead de chlocha beaga agus cipíní a bhí á thógáil aige. Bhí péire bróg dearg, *wellingtons*, air. Ní raibh ach cúpla orlach uisce sa tsruthán i ndiaidh thriomacht an tsamhraidh.

Lá amháin ligeas mo dhrom le claí an bhóthair in aice leis an áit ina raibh Pól beag ag súgradh dó féin. Níor chuir sé puinn spéise ionam, ach lean sé lena chuid oibre, ag tógaint clocháin bheaga púróga agus ag cur slata agus cipíní trasna chun droichead a dhéanamh díobh. Bhí sé le feiscint agam go raibh an leanbh beag ag fáil mórán de dhua na hoibre a bhí idir lámha aige mar, gach uair, bheadh rud éigin bunoscionn: na cipíní róghairid, nó thiteadh na clocháin púróga i mbun bharr a chéile. Sa deireadh labhair mé leis go deas ciúin. Dúrt leis go rabhas féin ábalta ar aon saghas droichid faoi luí na gréine a thógaint agus gur mhaith liom cabhrú leis chun an droichead a dhéanamh. Diaidh ar ndiaidh d'imigh an fhéachaint fhuar dháiríre dá aghaidh agus tháinig mionghháire bog i súile an linbh. Dheineamar araon droichead beag álainn trasna an tsrutháin. Bhris mé craobhacha sailí agus dhein mé na slata díreach, á ngearradh le mo scian. Chuireamar cliath de na slata ar na clocha agus grean mín an tsrutháin anuas air go léir. Dheineamar muintearas le chéile agus bhí rilleadh aighnis ag an leaidín liom, ach bhí tuin na cathrach ar chuid mhaith de nár thuigeas. Sa deireadh thugas liom ar láimh é go dtí tigh a mháthar. Ghabh sí buíochas liom de bharr muintearas do dhéanamh le Pól agus thug mé geallúint don leanbh go dtiocfainn arís amárach: go ndéanfaimis cuan beag chun báid bheaga.

An lá dár gcionn dhein an bheirt againn cora bheag agus lúb bheag cuain ar chliathán den tsruthán. Dhein mé báid bheaga pháipéir agus báid bheaga feileastraim; na tairní a chuireamar iontu ná deilgní an aitinn fhrancaigh. Nuair a bhí gach ní ullamh againn bhí sé gleoite le feiscint. Ní raibh sa droichead ach cúpla troigh ar fhaid agus ocht n-orlaí ar leithead, ach i mo shúile anois agus i súile Phóil bhig, déarfainn go raibh sé chomh mór agus chomh breá le droichead Brooklyn. Chonaic seanchomharsa mé féin agus Pól ag srúmáil an uisce agus dúirt sé: 'An diabhal, a Mhaidhc, go bhfuil tú id leanbh arís!' Agus is é a dúirt Ted Aindí gur dhóigh leis go rabhas ag dóiteáil. D'aithneofá go raibh lonradh an áthais ag lasadh ar leicne an linbh nuair d'fhág mé slán aige go fóill. Thug sé an chuid eile den lá ag súgradh dó féin ag cur na mbád ar snámh agus ag féachaint le hiontas ar an obair a dheineamar araon.

An oíche sin tharla stoirm thoirní agus clagar trombháistí gur ghluais tuile uisce de dhroim tíre anuas as na cnoic. Chuas féin síos go dtí an sruthán ar maidin timpeall a deich a chlog. Ní sruthán a bhí ann ach abhainn bheag chuilitheach chúránach. Bhí gach rian den chuan beag agus den droichead scuabtha le fánaidh. Ní raibh fágtha i ndiaidh na hoíche ach an fuaruisce agus an t-uaigneas. Bhí Pól beag ina sheasamh taobh liom. Thugas fé ndeara na deora móra ramhra ag sleamhnú go mall anuas le gruanna an linbh. Cad a tharla? Bhí a Thír na nÓg go léir ina fhásach. Mhothaigh mé láithreach go raibh cnapán i mo scornach féin ag fágaint slán dom le Pól agus a mháthair agus iad ag dul ar ais go Baile Átha Cliath. Bhíos i mo leanbh arís ar feadh dhá lá. Dhá lá go raibh droichead tógtha ag Pól beag idir fuardháiríre an tsaoil seo agus saol simplí na neamhurchóide.

Cultúr agus Féinchothú

An tigh ceann tuí

ó *Cliathán na Sceilge* (1984), 25–26

Tithe ceann tuí ar fad a bhí i mBaile an Sceilg le linn m'óige. Bhíodh na comharsain ag tabhairt cúnamh dá chéile chun an díon a bhaint, é a thabhairt abhaile agus é a chur suas. Is mó saghas dín go mbainidís úsáid as. Bhí díon an tsléibhe go raibh 'tarrac dearg' mar ainm air; bhí sé seo torthúil gairid. Bhí an tseisc ghorm chruaidh righin le fáil ins na corcacha gainmhe cois na farraige. Bhí ceithre shaghas luachra ann: na geatairí glasghorm, an ghall-luachair, an triopall agus an biríneach cruaidh ag fás ar na dumhcha cois trá. An biorrach an díon ab fhearr ach é a bheith gann. Cuirtí tuí an choirce agus an tseagail suas chomh maith. Dá mbeadh ceann nua le cur ar thigh is mar seo do dheintí an obair: na cúplaí ar dtúis, an maide droma, na maidí snaidhme agus na taobháin; b'é sin an méid adhmaid. Cuirtí scraith an tsléibhe anuas ar na taobháin agus cóta de fhraoch fada ón gcnoc. Lasmuigh go léir do bhíodh brat de thuí buailte i dteannta seisce nó luachra. Nuair a bhíodh an díon go léir in airde, comáintí staiceanna adhmaid fé bhun faobhar an dín isteach sa bhfalla ar fad: falla an tí go léir. Bhíodh téad mhaith ramhar ceangailte ar na staiceanna adhmaid seo chun na súgáin a bhíodh trasna ar an dtigh a cheangailt air. An cailleach[17] a bhí mar ainm ar an dtéad san. Is d'fhionán bán fada a bhíodh formhór des na súgáin déanta, ceirthlíní móra díobh á gcasadh gach uile bhliain. Ina dhiaidh san is ea a tháinig na téada rua isteach. Cuirtí súgáin trasna; traisníní a bhí mar ainm orthu. B'é seo an buille deireanach, agus bhí traisníní an-thábhachtach mar fheisteas i gcoinnibh na stoirme. Bhí na tithe seo an-chluthar sa gheimhreadh agus go deas fionnuar sa tsamhradh.

Oícheanta stoirmiúla chloisfeá na taobháin ag cnagadh agus an t-adhmad ag gíoscán le fórsa na roisteacha tréana gaoithe móire. Is mó hairicín[18] gaoithe a ghluais ón Sceilg aniar a dhein scrios ar na tithe céanna. Bhí leaba in airde ar an gcúl-lochta agam, agus is minic a dhúisigh m'athair mé i gcorplár na stoirme á rá liom brostú anuas ar eagla go leagfaí an tigh. Chloisfeá na séideáin mhóra ag gluaiseacht i ndiaidh a chéile mar a bheadh tonnta na mara móire. Bhíodh fuaimeanna aeracha le clos istigh i gcolainn na gaoithe. Is minic a d'airítí glór uaigneach fé mar a bheadh scata cránta ag stolladh a chéile. Is minic a chuala seandaoine ag cur síos ar iontaisí den tsórt seo.

Bhí mo mháthair, Máire Ní Chreimín, an-dheabhóideach. Chím anois í, ar nós easpaig, ag croitheadh uisce coisricthe ar na fallaí. Is minic a chuir sí d'fhiachaibh orainn dul ar ár nglúinibh agus an Choróin Mhuire a rá ag guí chun Dé maolú do theacht ar an stoirm. In uair na hachainí níor eitigh mo mháthair riamh paidir a rá na daoine go léir a thabhairt slán ón uain.

An tigh seo againne

ó *Guth ón Sceilg* (2000), 98–101

Bhí an tigh inar rugadh mé chomh cluthar, chomh ceangailte le nead an dreoilín agus cad ina thaobh ná beadh? Bhí sé suite ansiúd ag déanamh ar trí chéad bliain dó ag féachaint amach ar radharc álainn Bhá na Scealg agus ar na hoileáin. Tá cuid des na sean-fhallaí le feiscint fós, cé gur sciobadh an ceann de i dteannta mórán botháin ceann tuí dá shaghas Oíche na Gaoithe Móire. Bhíodh gach súgán agus traisnín go gleoite feistithe mar a chuirfí an riail leo. Ní fhágfadh m'athair sop, geataire ná brobh gan bearradh, gan socrú ón gcailleach go maide droma; ní bhíodh plispín ná craobhábhar le feiscint.

Ar thaobh na beatha dhe, bheadh cóir agus críoch curtha ar gach earra i gcomhair an gheimhridh ón móin go dtí an práta, is ón bpráta go dtí an tor gabáiste, ón mbó go dtí an bainne, ón mbainne go him agus ón im go dtí an bhláthach; an coileach ag fógairt máistreacht ar a thréad agus an circín rua ag maíomh go hardghlórach as gaisce bhreith na n-ubh dúinn; mo mháthair agus a scata géanna le díol agus gan dabht beadaí ramhar i gcomhair na Nollag. Bhíodh soitheach lán le maicréil mhéithe ó bharraois mhór an fhómhair i dtigh beag leis féin in aice an tí a dtugtaí an *linny* mar ainm air. Tagann súlach lem fhiacla fós nuair a chuimhním ar an mblas so-bhlasta a bhí le fáil ón maicréal leasaithe úd. Bhíodh stropaí iasc garbh, pollóga agus troisc, i gcónaí ar crochadh le staic ar bhrollach an tsimné leathain taobh le teas na tine. Bhí an t-iasc triomaithe seo ar nós na meala len' ithe. Seo cuid bheag amháin de chrích agus cnuaisciún, beatha agus saol na ndaoine ná raibh raidhse na n-acraí acu agus ba mhór iad san.

Nuair a bhíodh doras na bliana ag dúnadh isteach, cad ba dheise ná oíche fhuar sheaca go gcloisfeá fuaim crúite agus tairní na mbróg ag baint macalla as an mbóthar reoite mar a bheadh clog ag tomhas na hoíche? B'in an uair chun druidiúint in aice na tine, le birdeog de chaorthann cruaidh as íochtar an phortaigh chun adú leis an ngríosach dhearg timpeall le cúl agus aghaidh an iarta. Is róghearr go mbeadh tine chreasa ag cur goradh ar cholpaí na ngarsún agus na ngirseach.

Thagadh na comharsain 'ag máirseáil' nó ag bothántaíocht gach oíche, agus ba dheas, cineálta na daoine iad. Bhí a scil féin ag gach duine díobh. Bhíodh Mícheál Ó Corráin, a bhíodh ag iascach i dteannta m'athar, ag cur síos ar leabhair. Bhí dúil sa léann aige. Bhíodh Micí Ó Gogáin ag cur síos ar phúcaí. Ba dhóigh leat le héisteacht leis gur istigh i liosachán éigin a saolaíodh é féin. Ní raibh madra dubh ná samhail shoilseach ó Bhéal na Méine go Bólas ná go raibh cur síos aige orthu. Bhí a stíl féin ag Jackie Ó Creimín. B'é ab fhearr chun srathair fhada a dhéanamh d'asal as tuí an choirce. Ba dheas cliste mar a dheineadh sé sráideog a fhí trína chéile. Ní baol go gcuirfeadh na húmacha ná an droichead adhmaid riasta ná feannadh ar chraiceann aon asailín a bheadh gléasta le mata de dhéantús Sheáin Uí Chreimín. Bhí Seán Ó Sé ábalta ar chliabhanna d'aon saghas a dhéanamh. Ach oíche amháin, ar urlár na cistine seo againne, chum sé pota mór chun gliomaigh a choimeád i gcomhair margaidh. Nuair a bhí an pota stóir ullamh, déanta aige féin is ag m'athair, bhí sé rómhór chun dul amach trí dhoras an tí. B'éigean do m'athair comhla an dorais a bhaint des na bacáin i dteannta cliathán den fhráma chomh maith. Is cuimhin liom gur b'in oíche na ngáirí agus, ní nach ionadh, do leath an scéal ar an mbaile. Le gach insint, bhí an pota stóir ag dul i méid. Faoi dheireadh, bhí ráfla ag dul timpeall gur chaith m'athair smut d'fhalla an tí a leagadh chun an pota a ligint amach sa chlós.

Má bhí srathair na hainnise ag baint leis an seanshaol féinig, bhí solas na síochána agus an chreidimh ann chomh maith. Bhí dhá thaobh ar an gclaí, faoi mar a deir an seanchas. Níl fios ag an ndream óg ar anró na ré úd agus is dócha gur fearra dhóibh é. Bhí bochtanas go leor ins an cheantar idir Cathair Saidhbhín agus Bólas, an áit álainn sin go raibh aithne agamsa air: mé ag fás suas idir chomharsain fíoruasal Gaelach a raibh cáil orthu a bheith fial lena ngannchuid féinig. Ní raibh dul as ón mbochtanas a bhfuilim ag trácht thairis. Bhí na gabháltaisí suarach, cúng. Ní raibh i ndán dúinn ach, b'fhéidir, idir rogha madra beag bán, mála, bata agus bóthar, nó scilling an rí a thógaint is liostáil sa *militia*:

In Denny Street in sweet Tralee
One day in the month of August
Who should I meet upon the street
But the bold recruiting sergeant.

Agus b'fhearr an mála féinig ná gunna an rí in arm an tSasanaigh an uair úd. Mar sin féin bhí na daoine ag déanamh a ndíchill chun an deoir dheireanach a thál as beatha na caolchoda. B'in é an saol as ar fáisceadh mise.

Bothántaíocht

ó *Guth ón Sceilg* (2000), 75–80

An t-am sin den bhliain nuair a bhíodh an fómhar déanta, na prátaí bainte, móin sa chruach cois na binne, na ba leogaithe isteach ins na cróite ó fhuacht agus fearthainn an gheimhridh, an tigh díonaithe, na súgáin agus na traisníní fáiscithe, feistithe, ceartaithe, ullamh chun seasamh i gcoinnibh roisteacha gaoithe móire a bheadh ag séideadh ón Sceilg aniar, an iothlainn tirim teann le lánchuid féir agus coirce mar aon le feoil muice agus mairt ins na baraillí i dteannta roinnt iasc leasaithe, tigín cluthar faoi leith dos na cearca agus folaigh dos na lachain is na géanna.

Bheadh seacht seachtaine ramhra ó Shamhain go Nollaig is go tosach Eanáir sara dtosnófaí ar shaothar na ngarraithe, ag déanamh riastáil le rámhainní fada iarainn agus seanleasú i gcomhair churadóireacht an earraigh. B'é sin an uair a raibh sé caothúil ag muintir gach baile teacht i gcomhluadar a chéile chun na hoícheanta fada a chiorrú. Bhíodh ár gcomharsain féinig ag teacht go coitianta go dtí an tigh seo againne. Iascairí agus feirmeoirí beaga, lucht na ngabháltaisí suaracha ar ár nós féinig ab ea an chuid is mó díobh. Ba dheas suí ar an raca sa chistin chluthar the, béiltheach tine mhóna faoi lánlasair ar lic an iarta a bheadh ag cur splancacha solais suas trí bhrollach an tsimné. Bhíodh Tomás Ó Siochrú ag cur síos ar thiarnaí talún bliain an Ghorta Mhóir, ar Chogadh na mBórach, ar Eibhlís agus Cromail. Bhí gráin speisialta inbheirthe[19] i dTomás dos na tiarnaí talún. 'Scrios nimhe orthu siúd ach go háirithe', a deireadh sé.

Bhí duine eile Mícheál Ó Gogáin a thugadh laintéir leis gach oíche dhorcha chun é a threorú thar ghlaise ná raibh cliath ná droichead fós air. Cé nár phós Mícheál riamh, bhí a thigh agus a ghabháltas thar cháineadh ó thaobh feabhais agus feisteas. Bhí smut de gach saghas ceirde ann, ón saor cloiche go dtí an siúinéir, fear a chomáinfeadh crú faoi chapall nó taoibhín a fhua go slachtmhar ar bhróg. Leogadh sé air go raibh eagla na bpúcaí air ach, má bhí, is é meánoíche na gcoileach a bheireadh abhaile é féin i gcónaí thar an sliabh ó thuaidh. Bhí sé thar a bheith áiféiseach, scéal éigin greannmhar i gcónaí aige ná creidfeadh aoinne. 'Bail ó Dhia ar an scéal gan dath,' a deireadh Tomáisín. 'Tá do chomharthaí cruinn agus aghaidh do phoill ó dheas.' Is é sin go raibh Mícheál ag tarrac na gaoithe.

Bhí iarracht de dhronn bheag air ó rugadh é ach thugadh Mícheál na mionna is na móide gur faillí a deineadh air as a óige gur cuimhin leis féin go maith cad ba chúis leis. An chéad phéire bróg nua a fuair sé gur thug sé trí seachtaine ag féachaint síos orthu, bhíodar chomh deas sin, agus ná dúirt duine ar bith leis é féin a dhíriú go raibh an díobháil déanta. Ach tar éis sin is uile, ní raibh comharsa ab fhearr ná é. Bhí sé lán de chlis neamhdhíobhálacha. Oíche amháin, thug sé luch leis a bhí istigh i mbosca folamh lasán agus thug dom dhriotháir é nuair a lorg sé lasán air. Bhí gach aoinne ins na sceitimíní ag gáirí as an ngeit a baineadh as mo dhriotháir Diarmaid ar oscailt an bhosca dhó ach is cuimhin liom Diarmaid aniar aduaidh air nuair a líon sé faoi cheilt pócaí chasóg mhór Mhichíl le roinnt portáin ghlasa ón dtráigh. Bhí suíochán ag Jackie Ó Creimín ar cheann an raca. Fear ciúin macánta ab ea Jackie a raibh sméideadh de mhiongháire ag lasadh thar a leicne dathúla i gcónaí. Ba bhreá leis éisteacht leis an gcomhrá agus lán na pípe tobac á chaitheamh. Bhí eagnaíocht agus macántacht ag baint le Jackie.

Thagadh duine eile ar cuairt oícheanta anois is arís. Fear fada lom agus Gaeilgeoir den scoth. Ba ghonta an cainteoir é, fuaim na bhfocal go híseal ceolmhar a chuirfeadh suan ar leanbh le ciúineas. Bhí leasainm air, Seán na Meaisíní, mar deireadh sé go raibh seift níos fearr aige chun gach ní a dhéanamh. Duine críonna de mhuintir Shúilleabháin nó Cárthach éigin; ní fios dom i gceart an sliocht ná sloinne ar díobh é. Bhí ainm eile air, Seán na Cuilte. Is cuimhin liom scéal a chuala aige á insint is mé im gharsún óg. Lá dár chuaigh Seán amach sa chuan lena bháidín beag bídeach – *An Dreoilín* a thugadh na hiascairí eile ar bhád Sheáin – an lá áirithe seo, agus é ag iascach pollóga i mbéal an chuain, d'éirigh stoirm obann agus b'éigean dó tabhairt faoi theacht saor abhaile. 'Ní raibh agam ach an dá mhaide rámha gairid,' ar seisean, 'agus neart mo chuisleanna, ach faoi dheireadh, do scuabadh síos in aice Oileán na Scairbhe mé. Bhí *An Dreoilín* á mhúchadh agus ag tógaint uisce agus bhí a fhios agam mura bhféadfainn dul i dtír ar an oileán go raibh mo chóta bán deisithe agus gurb iad na muca mara agus na róinte a bheadh im shochraid. Faoi dheireadh ní raibh idir mé agus an tsíoraíocht ach aon fiche buille maide rámha chun cinn, agus thugas tréaniarracht ar an mbearna sin a laghdú idir mé agus foithin an oileáin. Ní raibh ach cúpla faid an bháid agus ó, Dia liom is Muire! An buille deireanach: dheineas dhá lom-leath de cheann dem mhaidí rámha ach, lena linn sin, bhuail *An Dreoilín* cliathán na lice agus léimeas amach ar an leac shleamhain. Tharraingíos an báidín a thug saor mé aníos thar bharra taoide. Bhí tinneas im ghéaga ón straidhn bhreise, ach ba chuma san! Bheadh aimsir mo dhóthain agam teacht chugam féin. Ní raibh aoinne ina chónaí ar an oileán. Bhíos im Chrusoe ceart. Ar an gcéad dul síos ní raibh blúire len' ithe agam, ach ná ceapadh aoinne gur duine gan seift riamh ab ea Seán na Meaisíní. Bhí ceaintín beag stáin sa bhád mar thaoscán agus dheineas na bairnigh a bhí iomadúil timpeall orm a bhaint, cléitigh[20] de bhairnigh leathana méithe a raibh blas an ime uathu. Líonas an ceaintín díobh. Bhailíos liathróid de fhionnán feoite, craobhacha aitinn agus fraoch a bhí ag fás go flúirseach ar bhruach na faille. Bhí bosca lasán fós tirim, cé go raibh mo bhalcaisí ré-fhliuch go fóill. D'aimsíos pluais fhoithiniúil faoin bhfaill, áit ar fhadaíos tine. Bheiríos mo chuid bairnigh le braon sáile. D'itheas na bairnigh agus d'ólas an súp ba dhóigh liom a bhí chomh milis le hanraith sicín. Ní raibh agam anois ach maide rámha slán agus maide rámha bascaithe ach, mar a dúrt cheana libh, níor dhuine gan seift riamh mé. Bhailíos a thuilleadh den fhionnán righin glas a bhí ag fás go dlúth ar fhaobhar na faille. Dheineas é a chasadh le buaircín adhmaid go dtí go raibh mo dhóthain de théad chaol righin casta agam. Chuireas siúnta lem scian ar an dá smut den mhaide briste chun go raibh an dá shliast ag líonadh thar a chéile go socair. Tar éis sin a dhéanamh, dheineas iad a cheangal go docht cruaidh leis an dtéad fionnáin. Faoin am seo bhí an stoirm thart agus chuireas chun farraige ó thuaidh arís. Le luí an tráthnóna shroiseas cé Bhaile an Sceilg lem mhaide bacach agus *An Dreoilín* go beo ag rince ar bharr na dtonn.'

Nuair a bhí deireadh ráite ag Seán, d'fhiafraigh Tomáisín de:

> 'Nach diail nár thug an ceangal ar shiúnta an mhaide bhriste, a Sheáin?'
> 'Á,' arsa Seán, 'bhí an baol sin ann, ach ná tuigeann tú, a dhuine, gur le cneastacht mo rámhaíochta a thugas liom í.'
> 'Mura mbeadh go raibh scian agat, ní fhéadfá an maide bascaithe a leigheas,' arsa Mícheál Ó Gogáin leis.
> 'An ceart ar fad,' arsa Seán na Meaisíní, 'iascaire gan scian nó cú gan eireaball. Ach níorbh iascaire gan scian mise!'

Tá ré na bothántaíochta thart. Ní fheictear an bhothóg aolbhach lena díon tuí gléineach ar shliast an tsléibhe ná ar shleasa maolchnoic a thuilleadh. Aníos as umar doimhin an chultúir san is ea d'eascair agus d'fhás scéith mo mhuintire agus síol mo chairde agus mo chomharsan uasal. Tá ré na dtiarnaí agus na dtíoránach thart. Ní mór liom d'aos óg nua-aimsireach na linne seo an tsaoirse agus an bheatha níos fearr atá i ndán dóibh.

Pálás Mham

ó *Cliathán na Sceilge* (1984), 59–65

Oícheanta fada an gheimhridh, ba dheas é suí le hais an iarta oscailte. Insa sean-thigh seo againne bhí simné mór leathan sa chistin. Bhí *hob* ar gach cliathán den iarta agus do bhí bíoma mór adhmaid trasna os cionn na tine mar mhaide cladhartha.[21] Dúirt m'athair gur isteach leis an dtaoide a ghluais sé go tráthúil, nuair a bhí an tigh á thógáil. Ba chuma cad as go séidfeadh gaoth, ní raibh puf anuas riamh insa tsimné sin. Bhí a rian san ar an gcistin, mar bhí na fallaí aolbhaigh agus mórthimpeall na tine chomh geal le sneachta gach lá sa bhliain. Is minic le sóinseáil na haimsire go mbíodh liathróidí súiche ag titim anuas as brollach an tsimné, ach bhí súil ghéar á coimeád ag mo mháthair ar ghnótha den tsórt seo. Bhí Mam an-imníoch i dtaobh an tigh go léir a bheith ina phálás beag.

Bhíomar go léir bródúil as an dtigín ceann tuí. Bhí seomra leapa suas ón gcistin agus seomra leapa síos ón gcistin. Bhí leaba eile in airde insa chúl-lochta agus dréimire chun dul suas ann. Bhí deighilt le cláracha faiseanta in íochtar na cistine. Bhí driosúr le gréithre de gach saghas ar crochadh air: cupáin, prócaí, plátaí, crúiscíní agus potaí ornáideach. Mo thrua go deo an té a bhrisfeadh pláta nó cupán! Bhí an driosúr san mar phíosa seoigh ins gach cistin an uair úd. Bhíodh pictiúirí deasa ar crochadh ar fhallaí an tí, agus ní raibh aon tigh tuaithe gan pictiúr Chríost agus an Mhaighdean Mhuire i dteannta bhrainse den phailm bheannaithe ar crochadh ar an bhfalla ó Cháisc na bliana san.

Bhíodh ciseán mór móna thíos in aice an dorais iata in íochtar na cistine i gcomhair na hoíche, mar is gnách go mbíodh béiltheach tine dhearg ar gach iarta i dteannta smután giúise i gcomhair thine na Nollag. Fear mór chun giúis a bhaint agus a ghearradh i gcomhair thine an gheimhridh ab ea m'athair. Ba dheas go léir an t-ábhar tine cnapán giúise agus go mórmhór sail ghiúise i gcomhair thine na Nollag. Bhíodh balaithe cumhra óna cuid deataigh. Gach oíche thugadh duine éigin den líon tí buicéad mór fíoruisce isteach i gcomhair bhricfeast na maidne, agus chun é d'ól chomh maith. Fíoruisce ó phortach an stacáin, bhí scáil dhubhghorm an chriostail ann. Bhí leigheas ann don ghoile. Ní heol dom gur bhlais mé riamh deoch chomh fionnuar leis.

Bhí staic adhmaid sáite sa bhfalla thuas istigh i gcúinne an tsimné go mbíodh stropa troisc leasaithe ar crochadh leis. D'fhágtaí ansan iad chun go mbeidís chomh tirim le clár. Bhí an t-iasc seo chomh milis folláin sláintiúil go mbíodh blas deas neamhghnách uaidh. Dheineadh mo mháthair anlann le plúr, glasraí mionaithe agus oinniúin. Ceapaim go bhfuil an blas so-bhlasta sin im charball fós.

Ag féachaint siar dom anois ar laethanta m'óige, is beag go léir an méid feola a bhlaiseamar in aghaidh na bliana, cé go raibh muiceoil saor agus crúibíní le fáil ar phingin an ceann, ach ba dheacair an phingin sin d'fháil. Bhí ceann muice agus pota mór gabáiste agus turnapaí maith a dhóthain do rí, dar liom féin. Bhí tarrac againn ar gach saghas éisc. Bhíodh soithigh mhóra de scadáin go bhfágtaí na heochracha iontu, gan bac le hiasc bán, troisc, pollóga agus deargáin. Ba mhinic leis an *clam chowder* againn – breallacáin, sceana con, camóga agus ruacain – iad gearrtha, nite, meascaithe trína chéile le sailleadh spíosraí éagsúla gan bac le piobar agus salann. An cníopaire dealbh nó an séithleach searbh go mbeadh cos leis san uaigh a d'ólfadh cupán den tsúp sin mhothódh sé an feabhas láithreach!

Bhíodh scata géanna ag a lán na blianta san; cúpla gé i gcomhair na Nollag, agus b'fhéidir gé um Cháisc. Bhíodh margadh géanna i gCathair Saidhbhín i gcomhair na Nollag. Praghas an-mhaith ab ea gé ar thrí réalacha, mar bhí an banbh á dhíol ar choróin, ach, mar a dúirt mé cheana, ba dheacair an choróin a chur le chéile sa ré sin. Choinníodh mo mháthair suas le daichead cearc, agus ní raibh sí riamh gan dosaen lacha agus bardal. Leis sin, bhí uibheacha flúirseach nuair a bheidís go léir ag breith. Ní baol go gcloisfear an coileach ag fógairt an lae feasta, mar a dúirt Tomás Ó Cróinín nuair a chuala sé ag glaoch é tar éis oíche fhada ar thórramh dó: 'Tar slán, a mhic na circe!'

Níl mac na circe ná iníon an choiligh le clos ná le feiscint ar fud na tuaithe inniu. Ní raibh thar seacht n-acraí ag m'athair na blianta gátaracha san. Bhíodh cúpla bó bainne againn agus cúpla gamhain i dteannta asailín duibh chun na móna a thabhairt abhaile. Ní bhíodh mórán talaimh spártha i gcomhair inír san am go mbíodh prátaí, féar agus coirce i gcomhair chothú an gheimhridh bainte amach as na seacht n-acraí. Is cuimhin liom gur trí phunt deich scillinge cíosa a bhí ar an ngabháltas in aghaidh na bliana. An Mary O'Mahony Estate a bhí ina thiarna talún. Bantiarna is dócha a bhí inti siúd, Máire Ní Mhathúna ón Drom Mór. Bhí sé seo á dhíol go dtí blianta gearra ó shoin le Coimisiún na Talún.

Bhí Baile an Sceilg agus an ceantar máguaird riaraithe idir na Mathúnaigh agus na Gearaltaigh. Bhí cuid de thalamh Cheannúch fé láimh Ollscoil na Tríonóide agus cuid de fé smacht an Marquis Lansdowne go dtí gur thóg Coimisiún na Talún orthu féin an cíos a bhailiú. Ní raibh aon an-cháil ar an gcuid ab fhearr díobh. Muna mbeifeá ábalta díol, is é díog an bhóthair a bhí i ndán duit gan trua gan taise. Tá seanscéal mar gheall ar Choláiste na Tríonóide. Do cuireadh an sirriam chun baintreach bhocht go bhfuil rian a botháin le feiscint fós ar thaobh an bhóthair in aice Cheannúch. Tháinig an sirriam lena chuid camthaí, agus chaitheadar amach an bhean bhocht as an ngabháltas beag anacrach. Bhí na báillí i dteannta an tsirriam. Chuir an bhaintreach eascaine ar an mbáille, agus mar seo a dúirt sí: 'Go raibh sochraid diabhail ag tionlacadh d'anama go hIfreann!'

Tugadh an íde shalach chéanna ar mo chomharsain ghrámhara uaisle, muintir Laoghaire, a dhíbir an choróin le fuacht is le fán ar feadh tamaill. Tháinig platún de Chótaí Dearga le gunnaí is le *bayonetí* anuas ó Thrá Lí chun díoltas a bhaint amach mar gheall ar scillingí beaga suaracha a bhí in easnamh sa chíos. Do bhuaileadar is do bhascadar Donncha Ó Laoghaire, a thriúr mac, agus a iníon, toisc gur sheasaíodar an fód agus gur chuireadar cath ar na saighdiúirí. Bheir na Cótaí Dearga Donncha Ó Laoghaire go príosún Thrá Lí an oíche sin fé iarannaí ar a ghéaga, é ceangailte acu mar a bheadh ainmhí fiáin, an duine bocht brúite bascaithe, ach gurb é deonú Dé gur tháinig sagart na paróiste ar láthair an chur amach. Bhí Donncha sínte ar an dtalamh acu agus iad timpeall air mar a bheadh cearcall mactírí ag gabháil le ceap na ngunnaí air, nuair a dhein an sagart cosc a chur leo.

Bhí talamh Bhaile an Sceilg gearrtha go mion le gabháltaisí beaga. Bhí an réigiún seo cláraithe fé Bhord na gCeantar Cúng. Ní raibh insa pharóiste sa ré úd ach timpeall deichniúr ar fad go raibh lán dhá cheann déag de bhuaibh acu. Feirmeoirí láidre ab ea na daoine seo. Bhí toirt agus neamhspleáchas ag baint leo. *Squires* beaga a bhí iontu. Bhí deighilt mhór shóisialta idir iad agus an fear lag. Oícheanta fada an gheimhridh tagtha, an tinteán scuabtha glan, lán dá háprún de mhóin dhubh ó Ghob an Dá Chaol curtha le cúl an iarta ag Mam. Deireadh curtha le crích agus gnóisciún an lae go dtí lá eile. Tar éis aimsir shuipéir, sin í an uair go raibh sé de nós ag muintir an bhaile teacht ar cuairt chun a chéile. An ainm a bhí ar an gcuairteoireacht san ná bothántaíocht nó máirseáil oíche. Slí dheas chaitheamh aimsire agus scíth á thógaint ó thrioblóidí an tsaoil.

Thagadh Tomáisín go minic ar chuairt oíche chun an tí seo againne. Fear dea-mheabhrach dob ea Tomáisín. Cé ná raibh sé ach ar scoil scairte, bhí sé ábalta ar léamh agus ar scríobh agus é ina dhuine críonna. An phíop chré dob fhearr leis chun tobac a chaitheamh. Bhí sé den bharúil gur deise agus gur milse an gal é ná as an bpíop adhmaid. Is cuimhin liom go mbíodh Tomáisín ag lorg seanbhiorán cniotála ar mo mháthair chun cos na pípe a réiteach. Níor lú lem mháthair aon ní ná balaithe shúlach an tobac, agus nuair a chífeadh sí na fir ag cuimilt bhiorán cniotála dá dtreabhsair tar éis cos na pípe a réiteach, deireadh sí leo: 'Fuil is gráin oraibh, a rudaí salacha!'

Fear eile a thagadh gach oíche ná Aindí Gabha Ó Súilleabháin. Bhí Aindí ina dhuine críonna nuair a chuireas aithne air. Bhí tigh beag ceann tuí aige timpeall caoga slat siar ón dtigh seo againne. Ní raibh oiread clóicín dreoilín de thalamh na hÉireann ina sheilbh ach an cosán caol cúng go dtí doras an tí. Duine des na spailpíní fánacha dob ea é, fear gurbh iad uirlisí a cheirde an rámhainn, an corrán agus an tsluasad. Is minic a chuala Aindí ag cur síos ar mheithil an bhuainte, conas an úsáid ab fhearr a bhaint as corrán nó as an rámhainn ag riastáil, ag rómhar, ag baint, ag socrú leadhb i ndiaidh leidhbe nó fód ar fhóidín nó conas teilgean a dhéanamh.

Bhí na spailpíní oilte ar obair na rámhainne. Bhíodh cáil ar fhear na rámhainne le slacht agus deiseacht a chuid oibre. Bhí cuimhne mhaith aige ar ré na spailpíní. Théidís ó Bhaile an

Sceilg go Trá Lí ag siúl rompu, rámhainn ar ghualainn cách mar chomhartha ceirde. Dá dteipfeadh orthu obair d'fháil i dTrá Lí ní stadfadh leo go sroisfidís margadh mór chathair Luimnigh nó Thiobraid Árann. Go minic tar éis turas fada le drochbhróga agus drochbhalcaisí agus an chaolchuid len' ithe, dob fhuirist leis an bhfeirmeoir teann go mbeadh fonn haidhreáltha air teacht chun téarmaí leis an spailpín bocht a bhí, mar a dúirt an file, 'ina scaoinse ar leataobh sráide' le laethanta éigin roimis sin.

Bhíodh Aindí ag cur síos ar áilleacht na dtithe móra agus ar na capaill a bhí ag na huaisle ar thóir an mhada rua. De réir a thuairisce, bheadh an t-ádh leat a bheith haidhreáltha mar bhall d'fhoireann an tí mhóir. Ní nach ionadh, ach nádúrtha, nuair a bheadh braon fén stiúir ag Aindí, ba mhaith leis cur síos ar na mná breátha a thit i ngrá leis, agus ar an dtaobh eile na mná gur thit sé féin i ngrá leo. Gan aon amhras, bhí sé ina scafaire scaoilteach dathúil ar feadh tamaill dá shaol agus bhí bean amháin, cócaire mná ó Shasana anall, insa tigh mór go raibh Aindí ag obair ann i gcontae éigin thar cnoc soir. Ailp de bhean mhór ghroí a bhí inti. Dheineadh sí an bia d'ullmhú dos na sclábhaithe is, ní nach ionadh, thit sí i ngrá le hAindí. Is cosúil go raibh an bhean seo ag obair mar iomrascálaí sa sorcas nó san amharclann i Sasana sarar chuaigh sí le cócaireacht. Dá chomhartha agus dá bhrí sin bhí buaite aici ar na sclábhaithe eile go léir a bhí ag obair ann, agus geallta buaite aici chomh maith. Ach bhí duine amháin nár fhéad sí aon cheart a bhaint de, b'é sin Aindí Gabha. Is mó an oíche a deireadh Aindí go dtugadh sé féin agus í féin uair an chloig amuigh sa ghairdín ag iomrascáil fén ngealach agus ná féadfadh aoinne díobh an duine eile a threascairt. Bhíodh an gairdín ina chosair easair i ndiaidh na hoíche. Agus an lá seo nár thug an máistir fé ndeara an phasáilt go léir sa talamh.

Tharla oíche amháin go raibh Aindí agus an cócaire ag iomrascáil sa ghairdín ar nós gaiscíoch. Bhí lámh thíos agus lámh thuas acu ar a chéile, nuair a bhain Aindí na bonnaibh sa deireadh ón gcócaire. Agus bhíodar chomh traochta san go raibh Aindí sínte anuas uirthi agus bhí sé á pógadh, nuair a chonaiceadar cé bhí ina sheasamh os a gcionn ach máistir an tí mhóir agus gunna ina láimh aige. 'Éirígí,' arsa é sin, agus thug sé leis isteach an bheirt acu ar phointe an ghunna. Ar maidin amáireach díbríodh Aindí bocht mar gheall ar a chuid iomrascála le bean an tsorcais. Bhíodh na buachaillí ag fiafraí de cad ab ainm di, ach is é a deireadh Aindí leo go raibh a hainm agus a sloinne chomh fada san nár thug sé leis ach cuid de: Marcellina Agatha Julie Mary Maria Skillet. Agus mar a dúirt an file:

> Ba dheas an bhean í an cócaire,
> Do róstadh sí an banbh bán!

Tá a fhios agam go raibh Aindí ina spailpín fánach ar feadh blianta agus ná raibh i scéal an chócaire ach aislingíocht duine bhoicht chríonna ag smaoineamh go raibh sé óg arís. 'Mo chreach gan mé óg arís,' a deireadh sé, 'agus is mó cupán súip a thug sí dom i ngan fhios do chách!'

Ós rud é go bhfuilim ag breacadh mar gheall ar na spailpíní fánacha, tá sé chomh maith agam cur síos ar an méid eolais a fuair mé óm mháthair féin. Chuaigh mo mháthair, Máire Ní Chreimín, agus Eibhlín Ní Chonaill síos go Contae Luimnigh. Thugadar seal, leis, i dTiobraid Árann. Insa bhliain 1877 d'fhág an bheirt acu Baile an Sceilg i dteannta spailpín fír ag siúl na gcos ag lorg oibre. Thugadar trí ráithe ag obair go cruaidh sarar shroiseadar Baile an Sceilg arís. Ní raibh mo mháthair ach ocht mbliana déag agus Neil Ní Chonaill naoi mbliana déag. Do ráinig leo gur daoine maithe a thóg an bheirt acu as margadh na haidhreála i gcathair Luimnigh. Feirmeoirí saibhre a bhí iontu go raibh na réigiúin acraí fé bhólacht acu. Bhí na cailíní seo i dteannta cailíní eile fé bhainistíocht mná, ag codailt i dteach leo féin ar cheann des na feirmeacha móra seo. Tigh Bainne a bhí mar ainm ar an dtigh seo. Bhí saol cruaidh ag na cailíní. Chaithfidís bheith ina suí agus ag obair ar a cúig a chlog, iad ag síorchrú na mbó agus ag pleancadh cuigeannacha troma gach lá gan staonadh. Bhí orthu gach saghas d'obair throm a dhéanamh, bia a bheiriú do mhuca, prátaí a phiocadh, níocháin srl. Ba mhar a chéile an Domhnach ná aon lá eile. Ní raibh sos ar bith, a dúirt mo mháthair. Ba mhinic í chomh tuirseach san gur dheacair léi cuimhneamh go raibh lá eile oibre roimpi. Ní chaithidís bróga ach ar an nDomhnach ag dul ar Aifreann d'fhonn na bróga a spáráil i gcomhair na bliana. Chuala mo mháthair á rá gur shiúil sí féin agus Neil Ní Chonaill na mílte bóthair trí shneachta ar an slí abhaile dóibh go Baile an Sceilg. An tuarastal a fuaireadar don trí ráithe ná hocht bpunt.

Sin cuid den chur síos agus cuntas a thug mo mháthair dom ar shaol na spailpíní, agus dúirt sí gur mó fear maith a chuaigh thar cnoc soir go buacach le rámhainn ar a ghualainn nár fhill riamh. Fir bhochta gur bhuail an droch-ionad leo, iad ag codailt ins na stáblaí fuara ar lochtaí os cionn na gcapall. Bhí an rian san orthu, mar gur mó spailpín a dhein liostáil in arm an Rí. Ba chuma leis dul ó thigh an diabhail go tigh an deamhain ach a bheith scartha go brách ó ainnise agus anró na spailpínteachta. Ní raibh puinn rogha idir slí bheatha na spailpíní, saighdiúir an ghunna agus bacach an mhála.

Ceardaíocht

ó *Cliathán na Sceilge* (1984), 31–40

An táilliúireacht agus ceirdeanna gaolmhara

Bhí cúigear táilliúirí tamall beag de bhliantaibh ó shoin i mBaile an Sceilg agus a dhóthain oibre le déanamh acu. Ní raibh na daoine corraithe chomh mór le faisean agus atáid inniu, ach a gcuid balcaisí a bheith scaoilteach compordach. Is dócha go bhféadfaí a rá go raibh nósanna áirithe a cumadh chun galántacht na n-uaisle a shásamh, cuir i gcás an tiarna talún, an sagart, an dochtúir, lucht gnótha srl. Ach níor bhain faisean leis an bpobal comónta ná raibh togha na córach san acu.

Bhí casóg bréide á caitheamh go raibh 'eireaball fáinleoige' mar ainm air agus dhá chnaipe mhóra ar gach taobh den eireaball i gcaol an droma. *Brookers* a bhí mar ainm ar na cnaipí sin. Casóg duine uasail ab ea an *swallow-tail* ar feadh blianta. Bhí vástchóta na muinirtlí, cóta beag gairid bréide go raibh muinirtlí plainnín ar dhath difriúil leis an gcóta air. Cnaipí bána íomóige mar bhí íomóg flúirseach an t-am sin, agus saor chomh maith. Ní raibh aon bhóna ar vástchóta na muinirtlí. Bhí cuid des na casóga bréide, leis, gan bóna. Bhí na treabhsair fada agus leathan le pócaí an tseanduine, pócaí ar fiar sceo, agus flapa an mhairnéalaigh, cnaipí trasna chun an flapa a scaoileadh anuas. 'An leathdhoras' a thugtaí air seo. Thugadh Béarlóirí an *ready come out* ar fhlapa an mhairnéalaigh.

Bhí cáil ar tháilliúirí bheith scléipeach agus greannmhar, ina bhfearaibh suilt a bheadh in ann scéal d'insint. Bhíodh an táilliúir ag taisteal ó áit go háit ag obair aon lae nó aon tréimhse fé mar a bheadh gnó dá leithéid. Fir shingile is mó a bhíodh ag siúl rompu ó bhaile go baile, uaireanta b'fhéidir cáil orthu bheith i ngleic leis na mná, mar a deir an sean-amhrán: 'd'imigh mo bhean leis an táilliúir aerach!' Chuir na hinnill fuála deireadh go deo leis an *journey man.* D'imigh an bhréid agus an ceaileacó diaidh ar ndiaidh. Bhí na faiseantóirí ag dul i ngéire. Tháinig an *sariste* nó an *serge* isteach sa tír, agus ba róghearr go raibh culaith ar gach aoinne den *serge* gorm agus, b'fhéidir, hata cruaidh.

Bhí seanphiseog á coimeád beo suas go dtí na triochaidí. B'é sin, dá bhfaigheadh duine de mhuirín an teaghlaigh bás bhéarfaí éadach an duine mhairbh go dtí an séipéal trí Dhomhnach i ndiaidh a chéile. Uaireanta chífeá buachaill óg agus é ag caitheamh chulaith a athar idir hata cruaidh is eile, go minic an bríste agus an chasóg i bhfad rómhór nó róbheag don té go mbíodh air an chulaith a chaitheamh. Bhíodh eagla orm féin go dtarlódh a leithéid dom, mar cheapas go mbeinn ar nós Charlie Chaplin in éadach m'athar leis an hata cruaidh. Ach buíochas le Dia don sagart paróiste, chuir sé deireadh leis an sean-nós piseogach seo a bhí chomh haosta le Naomh Pádraig féin.

Níl mórán eolais agam ar fhaiseanta na mban. An seál dubh a bhíodh ar chailíní óga an bhaile agus ar na mná críonna chomh maith; sciortaí fada ag scuabadh an urláir, *petti*cótaí de phlainnín dearg. Ní bheadh aon bhaol go bhfeicfeá colpaí ná glúine na hóighe ná na mná pósta go deo. Bheadh seans agat ordóga na mná a fheiscint anois is arís. Bhíodh an seál dubh olla an-oiriúnach chun cúirtéireachta, mar an cailín óg go mbeadh smighe aici,[22] thugadh an seál dubh foithin agus scáth don bhuachaill. Is cuimhin liom go dtugadh an sagart paróiste fo-ruathar lena mhaide draighne ar na bóithre istoíche chun na cúplaí sin a ruagairt ó chéile.

Bhíodh seál buí ornáideach ar mhná chomh maith (agus chuala mo mháthair á rá go mbíodh mná fuála go dtugaidís *mantle-makers* orthu): clóca fada trasna na nguaillí agus caidhp le fillltheoga timpeall an éadain. Ní raibh sé seo mar fhaisean timpeall Uíbh Ráthaigh ach ins na Déise. An t-amhrán sin 'Eochaill,' tá cur síos ann ar na clócaí agus ar an *high caul cap.* Tháinig na *hoops* isteach le ré Victoria. Is cuimhin liom scéal a d'inis cóisteoir dom a bhí ag obair don tiarna talún áitiúil. Bhí sé lá amháin, agus cóiste ceithre chapall agus seisear de mhná uaisle fé *hoops* aige ag tiomáint mórthimpeall an Ghleanna ag féachaint ar áilleacht Bhá Fhíonáin nuair a shéid an lá ina ghála. Ar a gcasadh ó dheas go Baile an Sceilg dóibh, tá géarchúinne cúng sa bhóthar in uillinn an Choma Bhig. Mar a dúirt an scéalaí liom: 'Bhí orainn na capaill do scor, agus le cúnamh na mban agus duine bocht a bhí ag gabháil an bhóthair, tharraicíomar an cóiste ar éigean timpeall an chúinne. Ach b'é ba thoil le Dia gur tógadh na mná in airde sa spéir leis na roisteacha tréana gaoithe móire! Bhí na fonsaí á mbriseadh agus na mná bochta á dtógaint tóin thar ceann agus na síodaí á stracadh! Ní raibh aon scathalach ach an droch-úsáid gur chuamar tríd ag gabháilt is ag gléasadh na gcapall arís, agus bhí áthas orainn bogadh ó dheas trí mhullach an Choma, an bóthar le fánaidh go Baile an Sceilg, gur shroiseamar sos agus deochanna beag teo sarar bhogamar an bóthar soir abhaile go tigh mór Cheann Aithe.' Is cosúil gur faisean deas do mhná uaisle na ré úd ab ea fonsaí bambú agus crinilín, ach ní raibh an éide sin oiriúnach le caitheamh lá gála chun féachaint ar áilleacht Ghleann Orcáin. Chuala é seo mar scéal ó sheanduine a bhí i ngiorracht naocha bliain. Tá san níos mó ná fiche bliain ó shoin. Mícheál Ó Fiannachta as Ceann Aithe ab ainm dó.

Bhí mo dhriofúr Máire oilte sa táilliúireacht agus bhain sí amach slí bheatha dá bharr ins na Stáit Aontaithe. Dúirt sí liom, nuair a bhí sí ag déanamh a printíseachta i gCathair Saidhbhín, an chéad ghnó a múineadh di ná conas poill chnaipí a dhéanamh. Tháinig an múinteoir isteach sa tseomra lá éigin ina dhiaidh sin chun scrúdú a dhéanamh ar obair na bprintíseach. Tar éis di féachaint ar shampla phoill chnaipí Mháire, dúirt sí: 'Caithfidh tú déanamh níos fearr a chailín, mar is minic a chonac poll cnaipe níos fearr fé eireaball muice.' Bhí Máire ar feadh bliana ag fuáil is ag cumadh gúnaí i gcomhair ilrince do chlann na Rockefellers ins na Stáit Aontaithe agus do dhaoine saibhre eile. Is trua liom go bhfuil ré an táilliúra thart. Tá ré an innill mhóir istigh. Tá na hinnill seo in ann fuáil agus gearradh, poill chnaipí agus cnaipí d'fhuáil agus gach a oileann chun culaith a dhéanamh i gcomhair an mhargaidh, agus tá na mílte balcaisí éagsúla ag teacht amach as aon mhonarcha amháin in aghaidh an lae. Ní daoine a bheidh i mbun gnó táilliúireachta feasta ach na ríomhairí. Mo shlán leat, a tháilliúir tuaithe, ní bheidh do leithéid i measc an phobail a thuilleadh!

Dá bhfeicfeadh ár seanmháithreacha cailíní na ré seo ag dul ar Aifreann leis an *mini,* gan bac le puinn éadaigh thíos ná thuas, níor mhór dochtúir a bheith i láthair chun friotháilt orthu. Admhaím go bhfuil aer, uisce agus solas na gréine folláin don chorp agus ná fuil gá le breis éadaigh ná faisin ag an anam. Is é mo bharúil gurb é an grásta an éide choirp agus anama i ndeireadh na dála, nó an bhfuil cosc ar dhaoine nochta dul ins na flaithis? (....)

Timpeall na bliana 1875 bhí mo mháthair in aos sé bliana déag. Dúirt sí liom go raibh síol an rois á chur go flúirseach na blianta san agus ná raibh amharc níos deise ná féachaint ar na páirceanna agus na goirt bheaga lín fé lánbhláth gorm. Thug sí mórán cuntas dom mar gheall ar líon agus mar a bhain sé lena saol féin. Tá cuid den eolas sin caillte agam, faraoir, mar nár cheapas riamh go mbeadh cuil am phriocadh chun é a bhreacadh ar phár go deo.

Is fuiriste an líon a chur ag fás. Níl gá le breis leasú le heagla go mbeadh an barr róshaibhir agus go mbeadh breis bonnaigh agus coilg ann. Tá líon eile go dtugtar 'líon na mban sí' air: an míosach nó an *fairy-flax.* Líon an-mhín ab ea é seo, líon bréagach. Ní bheadh aon bhaint acu le líon na mban sí agus droch-chomhartha ab ea é a fheiscint i measc an lín eile. Is as an líon a thagann an chnáib. Nuair a bheadh an bláth gorm feoite den líon chaithfidís fanúint go mbeadh an síol aibidh chun é a bhaint. Bhí an ola go maith d'ainmhí go mbeadh triomacht chliabhlaigh air nó ceangailt gontachta. Chuirfí piúnt d'ola rois ar bhó nó ar chapall chun na putóga a fhuascailt. Tar éis an líon a bhaint, dheintí punannacha de i gcomhair é a bhualadh chun an síol a bhaint as. Dheintí an síol a bhrú mar chothú do ghamhna óga chomh maith. Tá an t-eolas seo fós in úsáid ag an ndathadóir mar ábhar péinteála agus ina lán slite eile.

Bhíodh poll déanta i dtalamh ag gach feirmeoir agus é lán d'uisce – poll maothais a thugtaí air – chun na punannacha lín a chur ar bogadh ann. Níor mhór ábhar uisce ghlain a scaoileadh isteach go poll an mhaothais gach lá le heagla truaillithe agus go mbeadh an líon a bhí ar bogadh ag lobhadh. Is gnách gur in aice sruthlán fíoruisce a dheintí na poill seo. Uaireanta bheadh líon an phobail in aon pholl amháin. Nuair a bhíodh craiceann lín bog a dhóthain, dheintí gach punann a bhualadh le tuairgín adhmaid anuas ar chlár sleamhain chun an craiceann a bhriseadh. Ansin dheintí gach punann de a oscailt agus é a leathadh amach fén ngréin go dtí go mbeadh gach cuid den líon tirim. Ansin thagadh an siostalóir,[23] fear a bhí oilte chun cóir a chur ar an líon agus a bhíodh ag gabháilt ó bhaile go baile ag obair ar a cheird. Bhí uirlisí aige chun an cogal a shnoí anuas den líon. Ar dtús dheineadh sé é a tharrac tríd an gclóbh,[24] uirlis go raibh an tlú lín mar ainm air. Bhí cíor speisialta, an siostal, chun an bonnach garbh a scaradh ón líon mín a bhíodh istigh ina lár. Nuair a bheadh deireadh déanta ag an siostalóir agus gan cnapán ar bith fágtha ann ach é cíortha, snoite, ceartaithe agus gan faic le feiscint ach snáthaíocha geal gléigeal an lín, bheadh an líon anois ullamh dos na mná chun dul i mbun snímh. Bhí tomhas ag na mná i gcomhair shníomh an lín. Bheadh tuairim mhaith acu cé mhéid snátha a dhéanfadh an méid lín a bheadh ullamh don tuirne. Lán doirn don líon ab ea 'scoithín' nó 'scoth-líon' agus lán dhá dhoirn déag ab ea treisleán; an oiread sin treisleán chun ceirthlín snátha.

Bhí tuirne go raibh roth i gcomhair shníomh an lín air. An 'luadhaire' ainm an rotha seo. Bhí mórchuid dánta mar gheall ar an líon:

> Do shníomh mé líon, is do dhíol mé é,
> Is cheannaigh mé claíomh do ghrá mo chléibh.

Dheineadh na mná líonta le haghaidh colmóirí agus leathóga. Bhí an snáth seo garbh, ach bhí iasc an-iomadúil. Bhí na fíodóirí ag déanamh éadaigh de, ach níor chuir sé isteach riamh ar olainn, de réir gach tuairisce. Bhí éide na cnáibe fuar le caitheamh. Bhíodh mórchuid braitlíní agus málaí á ndéanamh as.

Obair an ghréasaí

Tá an gréasaí imithe ón dtuath anseo i mBaile an Sceilg. Bhí gréasaí ins gach baile tamall gearr ó shoin. Bróga ó thíortha eile thar lear is mó atá á gcaitheamh fé láthair. Ní leathar atá iontu ach meascán de shaghas éigin plaistigh. Dá mbeadh ort siúl ar dhrúcht na maidne leo bheadh do stocaí is do chosa nite, gan bac le bheith báite. Bróga maithe is ea *wellingtons,* i gcomhair iascairí agus daoine eile le hobair fhliuch. Nílim ag cur i gcoinnibh dul chun cinn le teicneolaíocht nua-aimsire, ach táim ag ceistiú an smaoinimh a bhaineann le cómhalairt agus tráchtáil mar a bhaineann sé le tionsclaíocht agus saothar oibre i láthair na huaire. Tá margadh na tíre báite le slipéirí saora ó thíortha thar lear. Tá an brabús á dhéanamh agus an dífhostaíocht á cur chun cinn.

Bhí ar a laghad deichniúr gréasaithe i bparóiste na Priaireachta roimh an gCéad Chogadh Domhanda agus i bhfad ina dhiaidh, ach d'imigh siad agus tháinig so:

Ceathrar gréasaithe ná fuil bréagach,
Ceathrar Francach ná fuil buí,
Ceathrar sagart ná fuil santach,
Sin dhá réag ná fuil san tír.

Níl tásc ná tuairisc ar an ngréasaí bréagach. Tá na Francaigh chomh buí agus a bhíodar riamh. Ní fíor go bhfuil an sagart santach níos mó ná an gnáthdhuine, mar ní bheathaíonn na briathra na bráithre. Tá ré na réabhóige[25] agus an tointe céireach, an chip, an mheanaithe, agus an chloch bhachlann thart. Siocair mhaith nó olc dúinn? Níl an freagra sin agamsa.

An chliabhadóireacht, an chúipéireacht agus an ghaibhneacht

Seanráiteas is ea 'srathair na hainnise an cliabh agus fógraím don diabhal an beart!' Bhí muintir na tuaithe oilte go maith i bhfíodóireacht na slat. Is beag duine a bheadh ag brath ar an nduine thall chun cliabh nó birdeog a dhéanamh. Bhíodh na comharsain ag foghlaim óna chéile. Gan dabht, bhíodh an fo-dhuine go sármhaith chun ciseán a chumadh. Is minic a chonac fir óga bailithe i dtigh m'uncail istoíche ag déanamh cliabhanna chun iad a imirt ar chluichí cártaí. Bhíodh ochtar ag imirt ar thrí pingine an duine. B'in dhá scilling an cliabh agus an cliabh ar thrí pingine ag an té a bhuafadh é. Thugaidís leo scraith trí troithe cearnógacha ón sliabh nó ón bpáirc. Bhíodh an fód seo ceithre horlaí ar téagar chun na sáite a chur ina seasamh ann. Bhíodh dhá orlach go leith idir na sáite. Bhraitheadh sé ar mhéid an chléibh cé mhéid sáite a bheadh ina seasamh sa scraith. Bhíodh dhá thaobh ar an gcliabh. Taobh na muicirise, b'é sin taobh an droma. Bheadh an taobh eile leathchearcallach. Nuair a bhíodh fráma an chléibh ina sheasamh sa scraith, bheadh sé ullamh chun an buinne a shníomh le slata deasa caola sailí. Chuirfí casadh sa bhuinne do bhí difriúil leis an ngnáthshníomh eile. Leanfaí leis an sníomh comónta go dtí go mbeadh leath an chléibh déanta. Ansin chuirfí na fuinneoga ann, na taibhsí: áit i gcomhair greim a fháil chun an cliabh a thógaint. Chuirfí slata dúbalta ar bhuinne na tóna agus na cros-slataí chun tóin an chléibh a neartú.

'An ciseán mór,' b'é sin an cliabh mór go raghadh céad meáchana prátaí ann. An gnáthchliabh, leath an chiseáin mhóir, agus an *purdy,* an cléibhín ba lú. B'é an cliabh an t-áras ba thábhachtaí i ngnó na feirme chun prátaí a bhailiú, chun aoileach, múr agus móin a iompar. Bhí céad gnó le fáil don chliabh chun iasc agus uibheacha do chur ar an margadh lá an aonaigh. 'Caoladóra' nó 'caoladóir' an ainm a bhí ar an nduine go raibh fíodóireacht na slat foghlamtha aige. Bhí déantúisí éagsúla ag an nduine seo, cuir i gcás birdeoga go raibh déantús na naomhóige orthu. Bhí an bhirdeog go raibh gob uirthi an-áisiúil chun málaí a líonadh. Bhí an chiseog chearcallach timpeall troigh ar airde agus dhá pholl cluaise ann chun é a thógaint. Bhí birdeog eile a bhí níos lú ar fad; b'í sin an bhirdeog go raibh an 'scibh' mar ainm uirthi. Bhí seo ar déantús báid, an dá shoc timpeall ocht n-orlaí ar leithead agus dhá throigh ar fhaid. Bhí sé déanta ar shlí speisialta. Cuirtí na slata ag beiriú i gcorcán chun an craiceann a bhaint díobh. Bhí láimhín déanta de shlata fite trasna ina lár. Nuair a bhíodh an scibh déanta i gceart, ba dheas an t-áras í go glan gléigeal. Bhíodh sí ag mná tí féna n-ascaill acu ar an aonach nó ar mhargadh chun earraí tí do thabhairt abhaile. Chonac féin seanchliabhán linbh déanta de shlata chomh maith.

Úmacha an ainm a bhí ar chliabhanna go bhféadfaí an tónóg nó íochtar an chléibh a oscailt: sin péire cliabh ar dhrom capaill nó asail, iad ina suí ar shrathair fhada a bheadh déanta de mhata tuí fite. Is mó an úsáid a baintí as na slata: sna potaí gliomach, srl. Bhíodh gairdín slat in aice gach tigh tuaithe fadó. Insa duibhré is ea a baintí an tslat nuair a bhíodh na bileoga go léir ar lár, agus tar éis oícheanta seaca chun na slata a dhéanamh righin. Bíonn an tslat briosc insa lán-ghealach agus fuiriste le briseadh. Is é seo an t-eolas a fuair mé óm sheanmhuintir. Níl údáras níos fearr agam ina thaobh. Bhí beirt fhonsairí anseo i mBaile an Sceilg le linn m'óige: Seán Ger Ó Móráin ó Bhuaile Uí Chuill agus Tomás Ó Conaill ó Chinn Aird Thoir. Cúipéirí oilte insa tsoitheoireacht ab ea an bheirt acu. Bhí géarghá le baraillí, tobáin, cíléaracha, dromhlaigh, galúin adhmaid, feircíní agus leathfheircíní gan bac le meadracha. Chaithfí clár na meidre agus an loine a dhéanamh chomh maith. An t-adhmad ab fhearr chun na hárthaí seo a dhéanamh ná an dair chruaidh dhubh go dtugtaí 'an bráicín' air. Bhí snáthaíocha an bhráicín ag rith réidh díreach agus fuiriste le scolladh. Dheineadh an cúipéir cláracha de ar dtúis. Chuireadh sé bogha nó lúbadh ar gach clár agus cuasadh ina lár chun bolg a thabhairt don mheadar nó don bharaille. Dheineadh sé an obair seo leis an tál. Níor mhór a bheith an-oilte chun an gléas seo, an tál, a úsáid. Níor mhór faobhar nimhe a bheith air agus gan sciorr ná tuisle a dhéanamh ar eagla tionóisce. Ba dheas féachaint ar an bhfonsaire ag tógaint scealbóga, sceilpeanna agus sliseáin daraí leis an ngléas dainséarach seo.

Cuid des na nithe is géire amuigh: súil con i mbarr sléibhe, súil an ghabha i ndiaidh an tairne agus súil mná óige i gcomhthalán. Bhíodh súil an ghabha géar le heagla an tairne a chur sa mbeo, mar bheadh an capall bacach dá bharr. Tá an gabha fite fuaite siar is aniar tríd an mbéaloideas. Tá cur síos ar a thréithe ins na sean-amhráin agus ins na seanscéalta. Is féidir leis an ngabha ceol a bhaint as an inneoin leis an gcasúr beag: 'ding dang dederó, ding dang déró, buail seinn séid seo!' Bhí amhráin go leor idir Bhéarla agus Ghaelainn ag tabhairt creidiúint agus moladh don ghaibhneacht.

Bhí dhá cheárta gairid do Bhaile an Sceilg agus a dhóthain mór le déanamh acu obair an cheantair a chomhlíonadh. Laethanta bheadh an cheárta lán le daoine, gach duine agus a ghnó féin aige le cur fé bhráid an ghabha. Bhíodh gach saghas capaill le feiscint, an stail is an láir, an cairiún, an gearráinín, an mhiúil agus asail ina dtrúpaibh. Bhíodh cuid des na capaill drochmhiantúil go mbeadh ar an ngabha iad a cheangal agus béalbhach speisialta a úsáid orthu chun iad a mhíniú i gcomhair na gcrúite a chur fúthu.

Bhí an mhiúil an-cheanndána, é ag iarraidh lasair a bhaint as na réiltíní ag spréachadh is ag raideadh lena dhá chois deiridh. Mar sin bhíodh ar an ngabha a bheith cuisleannach, mascalach, neamheaglach, chun ainmhí an drochmhiantais a smachtú. Bhíodh an gabha oilte chun crúba cama a cheartú nó chun aicídí áirithe a leigheas ar nós braon othrais a ligint dá dtarlódh go mbeadh lobhadh tirim nó a leithéid sa chrúb. Ábhar bacaí, leis, is ea léim rúitín, agus bhí a fhios ag an ngabha conas é a leigheas. Rud eile ab ea an garbh-bhéal nó an gharúch,[26] fás fada garbh gan mothú a bheadh istigh sa charball; chuireadh sé seo isteach ar ghoile an chapaill.

Dheineadh an gabha an fás garbh seo a dhó le hiarann dearg. Tá leigheas nua-aimsireach inniu don aicíd seo.

Bhí ar ghabha gach uirlis, gach gléas agus gach giúirléid a tharrac agus a chumadh ar an inneoin: an rámhainn, an tsluasad, an sleán agus pící móna. Uirlis an-speisialta ab ea an sleán. Bheadh sciathán deas nó clé ann. Chaithfeadh sé a bheith éadrom, é a bheith cumtha tarraicthe, le tógaint ann chun é a bheith úsáideach i gcomhair na móna a bhaint.

Bhí cáil ar ghaibhne thar a chéile chun uirlisí feirme a tharrac. Dob é a dheineadh na giúirléidí cois tine: an tlú, an drol, an chroch, an crúca, agus seastán na dtrí gcos go gcuirtí an grideall anuas air chun arán a bhácáil. Ón gceártain, leis, a tháinig na bacáin chun an doras do chrochadh, an corrán cam chun an múr dearg do ghearradh i gcomhair leasú, an corráinín beag i gcomhair mheitheal an bhainte. Chaithfeadh an gabha a bheith go maith ábalta ar ghoradh a chur suas agus an t-iarann a bheith geal le teocht chun táthú a dhéanamh – sin dhá phíosa iarainn a phósadh le chéile – nó faghairt a chur ar phionsúr fuar, nó siséal cruaidh, tua nó piocóid, agus gach ní a bhain le céachta. Bheadh air bróga iarainn do chur ar chuing na lúibe móire oscailte agus na trí lúb mhóra, an scian, an soc agus rudaí nach iad. Dheintí uirlis an eiligeora ins an cheártain agus na tairní slinne chomh maith. Aon áit dá raibh arm slua tíre nó slua cabhlaigh bhí sé práinneach don ghabha a bheith ina measc. An chéad trealamh catha nó airm dár deineadh riamh, an claíomh, an lann agus an sciath, is é an gabha a chum agus a tharraic ar an inneoin iad.

Bhí gabha gurbh ainm dó Séamaisín Ó Fiannachta go raibh ceárta thiar in aice Abha an Easaigh aige in áit go dtugtar Ceannúigh air. Bhí cáil air mar ghabha sa tseanshaol. Bhí sé gaolmhar dom óm sheanmháthair, Máire Ní Fhiannachta. Lá dá raibh, bhí comharsa ag teacht abhaile ó Chathair Saidhbhín lena chapall is trucail agus bean ó Bhaile an

Sceilg ina theannta. Cailleadh fear an chapaill go hobann, agus chaith an bhean bhocht an capall agus an fear marbh a thabhairt abhaile léi. Tamall ina dhiaidh san thagadh capall an fhir mhairbh chun seasamh ag doras na ceártan ag féachaint isteach ar an ngabha. Lá des na laethanta ní raibh aon dul go bhféadfadh an gabha an capall a dhíbirt ón ndoras. Thug sé fé ndeara go raibh crúite an chapaill i ndrochordú. Bhíodar tanaí, briste, caite, agus le trua don chapaillín chuir sé iarannaí nua fé. Nuair a bhí san déanta chuaigh an capall thar cnoc siar abhaile agus i gceann lá ina dhiaidh sin fuair an capall bás. Dhein na seandaoine iontas de seo. Bhí daoine piseogach an uair úd, is níor thuigeadar gur comhthitimiú ab ea bás an chapaill.

Thugas tréimhse ag obair ar an mbóthar iarainn in aice le New Haven, Connecticut, sna Stáit Aontaithe ins na triochaidí. Lá dá rabhas i dteannta Iodálaigh ón Tyrol, Seán de Mayo, bhí an bheirt againn amuigh fén dtuath ag obair ar an meánlíne idir Nua-Eabhrac agus Boston ag déanamh athnuachaint ar chúpla bolta a bhí scaoilteach. Bhí mórchuid ama le caitheamh againn, agus d'iarr Seán ormsa scéal Fiannaíochta mar gheall ar sheanshaol na hÉireann a insint dó. Fear mór grámhar ab ea Seán go raibh an-dúil go deo aige insa tseanchaíocht, agus go mórmhór scéalta a bhain le taibhsí agus púcaí. D'aithnigh mé láithreach go raibh Seán féin ag pléascadh chun scéal a insint agus deir an béaloideas gur ar an té is sine a théann an chéad scéal a insint. B'é Seán an té ba shine, agus dúrt leis gur air féin a raghadh an chéad scéal. Do thosnaigh sé ar scéal Shéadhna fé mar a léigh mé féin é agus mar a chuala blianta fadó i mBaile an Sceilg focal ar fhocal. Nuair a tháinig Seán go dtí an áit a raibh an t-áibhirseoir istigh sa mhála leathair trasna na hinneoine ag an ngabha agus é á phleancadh leis an ord mór, bhí deora ag rith anuas de shúilibh an Iodálaigh le racht gáirí. Níor lig mé orm gur chuala mé an scéal sin riamh, mar bhaineadh sé an mhaith go léir as ó thaobh Sheáin de. D'inis mé féin an scéal 'Tadhg na Spréach agus an fhiacail' dó. Fear mór láidir le gáire leathan ab ea Seán go raibh cultúr a thíre agus an Tyrol fásta ó dhúchas ann.

Nós a bhí ag gaibhne cúpla céad bliain ó shoin sceana beaga a dhéanamh chun iad a riar ar mhuintir na tuaithe. Bhronnadh sé ar a chairde mar fhéiríní iad agus ar dhaoine go raibh sé báidhiúil leo. Do chum Seán Brúnach, file ó Bharr na Sráide, Cathair Saidhbhín, dán álainn mar gheall ar an scian. Deineann sé tagairt ann do ghabha na ré sin:

> Bhí *cast-steel* gan gartadh inti, scriosta go géar
> Ó luiseag go barra, agus tanaí ina béal
> Gurb é Gabha Gaibhleann a tharraic ar a theaghlach an
> áis úd
> Go mbeidís ina cheártain chun fearaibh do riar!

Níl capall, ná asal ná miúil ceangailte ar thaobh na ceártan inniu. Níl gá le tlú, croch, crúca ná drol. Tá an ré nua-aimsireach istigh. Tá ceárta Bhaile an Sceilg dúnta. Ní cluintear ceol an chasúir bhig a thuilleadh: 'ding dang deidearó!'

Beatha agus sláinte

ó *Cliathán na Sceilge* (1984), 57–59

Tá seanráiteas a deir gur 'i dtús an ghalair is ea is fusa é a leigheas,' agus deir abairt eile 'is measa an leigheas ná an galar' agus an dá leigheas is fearr ná 'gáire maith agus codladh fada.' Is cuimhin liom go raibh cáil ar m'athair é a bheith ábalta ceiríní mustaird a chur ar dhaoine a bhíodh breoite le líonadh ins na scamhóga, is é sin niúmóine an lae inniu. Dheineadh an ceirín mustaird an craiceann a chlogadh chun puscóideacha uisce a tharrac as na scamhóga, dar leo. Ní raibh a fhios acu mar gheall ar víreas go fóill. Is minic a thug clogadh faoiseamh don té go mbeadh drochghreamanna tinnis ag cur isteach air. Bhíodh piseoga meascaithe le leigheasanna chomh maith, ach ní heol dom go raibh aon fheidhm á bhaint astu. Níor chuir m'athair aon suim i rudaí den tsórt san. Is minic a chuir sé ina luí orainn ná raibh taibhsí ná púcaí, ná aon chumhacht eile ann, ach gurb é dorchadas na hoíche a bhí ag cur eagla ar dhaoine.

Luibheolaíocht agus leigheas nádúrtha

Maidir leis na leigheasanna, bhíodh orthaí fada i bhfoirm paidreacha scríofa ar pháipéar, go minic scríofa le fuil an daimh nó le fuil an othair féin. Bhí an tseanphágántacht fite fuaite fós le creideamh nua-aimsireach na Críostaíochta. Ní ceart é seo do dhéanamh agus ní ceart é siúd do dhéanamh: 'ná bris geasa' agus 'ná cum geasa!'

Is cuimhin liom féin go raibh brocaire d'abhac beag gadhairín ag m'athair gurbh ainm dó 'Dando.' Lá amháin do bhain Dando miotóg feola a bhí chomh mór le hubh sicín as colpa Neil an Tobac. Bean siúil ab ea Neil bhocht. Is minic a fuair sí lóistín insa tigh seo againne. Do bhí sean-aithne ag Dando uirthi, 'pé diabhal,' mar a dúirt m'athair, 'd'éirigh dó an lá san.' Chaith m'athair giota beag craicinn agus clúimh a ghearradh anuas de thóin Dando agus é a chur le colpa Neil an Tobac. Mar a deir an file:

> Cuirse chughat, más fonn leat a bheith id shláinte,
> Ribe do chlúmh an chú sin lá arna mháireach!

Deirimse leat nach dóigh liom gur thaitin an *transplant* rómhaith le Dando ach go bhféadfaí a rá gur measa an leigheas, mar ní foláir go raibh tóin tinn ag an maidrín ar feadh laethanta ina dhiaidh san. Pé scéal é, bhí colpa Neil chomh slán agus a bhí sí riamh tamall gearr ina dhiaidh san.

Bhí cac gé go maith don té go mbeadh goiríní agus neascóideacha air, agus b'fhearr ná san cac an ghandail, é a bhailiú faid a bheadh sé úr agus na géanna a bheith ag iníor ar pháirc úrghlais. Do dheintí an cac a chur ag críonadh chun go dtagadh seanbhalaithe uaidh agus go bhfásfadh snas liath gorm air, ansan é a mheascadh le him gan salann. Bhí an t-ungadh seo ar fheabhas chun an 'mháthair bhúidh' a tharrac as an 'gcarbuncal' agus neascóideacha scólta a leigheas. Táim cinnte de go raibh na seandaoine seo ag baint úsáide as *penicillin* agus go raibh sé le fáil go flúirseach i gcac an ghandail. Ní foláir nó go raibh bua éigin fé leith ag baint leis an ngandal céanna, mar baintí úsáid as chun an craosghalar a leigheas: gob an ghandail a chur isteach i mbéal an othair chun go raghadh anál an éin siar sa scornaigh.

Bhí mórán leigheasanna don chraosghalar: dá mbeadh firéad tar éis bainne a ól, an fuílleach nó an dríodar a thabhairt len' ól don othar. An duine ná faca a athair riamh agus an seachtú mac, bhí leigheas ins an anál agus ins na seilí acu san. Bhí teanga an mhada rua á leasú le salann. Cuirtí mar cheirín an teanga le hat nó le hothras chun an braon agus an brach a bhogadh agus a tharrac. Is beag baile ná go mbeadh cúpla teanga leasaithe ann. Bhíodh a fhios ag na comharsain cé aige go raibh an teanga fé láthair. D'fhéadfaí an teanga a úsáid mar cheirín an fhaid is ná lobhfadh sí.

Bhíodh mórán luibheanna éagsúla á n-úsáid. Fiú amháin céad bliain ó shoin, bhí an luibheolaíocht fairsing i measc an phobail chomónta. Cé a chloisfeá inniu ag cur síos ar mhaitheasa an *comfrey,* an slándas, préamhacha an rí-raithnigh, an bliúcán, an *yarrow,* an caisearbhán caol dearg? Níl eolas dár mhair acu ar na rudaí nádúrtha atá ag fás taobh leo. Is mór an difear idir fiaclóirí an lae inniu agus Tadhg na Spréach, an gabha a bhí mar fhiaclóir ag an bpobal, nó ceathrú froig a chogaint ón smior go dtí an smúsach mar leigheas ar thinneas fiacal. Ansin an duine maothshúileach, bhí mil na mbeach an-mhaith mar ungadh leis; agus an té go mbeadh sail na gcos ag tabhairt breis allais agus ordóga tinne dó, an múr dubh a bheiriú le galún sáile chun iad a chruachan i gcomhair an bhóthair.

Bhí leigheas don triuch ann, deirtear. An té go mbeadh an triuch air, dá mbuailfeadh marcach ar chapall glas leis, is mar seo a dheineadh fear na treacha labhairt leis: 'A fhir an chapaill ghlais, cad a leigheasfadh an triuch?' Agus pé ordú leighis a thabharfadh fear an chapaill ghlais uaidh, dhéanfadh sé an gnó! Tharla go raibh bean bhocht áitiúil i ndeireadh na preibe leis an triuch ghránna chéanna sínte sa leabaidh le trithí casachta. Dúirt sí lena fear seasamh in aice an bhóthair féachaint an bhfeicfeadh sé aon mharcach ar chapall glas ag gabháil thar bráid. Do dhein an fear amhlaidh, é ina sheasamh ag feitheamh agus ag féachaint ar feadh tamaill mhaith den lá. Sa deireadh d'éirigh a chroí air nuair a chonaic sé comharsa leis an tsráid aníos ar mhuin a chapaill ghlais. Ach do thit an lug ar an lag arís ar an bhfear bocht nuair a smaoinigh sé ná raibh a bhean féin agus fear an chapaill ghlais róshleamhain le chéile le fada an lá roimis sin. Mar sin, dúirt sé leis féinig: 'Maran fearr nára mheasa! Bainfidh mé triail as, go háirithe!' Agus, ag druidim amach fé dhéin a chomharsan, bheannaigh sé dó, agus ag breith láimhe ar an srian, d'fhiafraigh sé de: 'A fhir an chapaill ghlais, cad a leigheasfadh an triuch?' D'fhreagair marcach an chapaill ghlais é gan mhoill agus dúirt: 'Meadhg agus gruth, agus bí ag dul ar chnámha do mhná go tiubh!' Agus an scéal is déanaí a chuala uathu, tar éis cúpla léim thar *Beecher's Brook* nár fhan aon rian den triuch ar bhean an tí!

Cleamhnais

ó *Cliathán na Sceilge* (1984), 65–67

De réir sheanráitis ná fuil sa phósadh ach an chinniúint nó an crannchur. Cleamhnas is ea tochmharc idir fear agus bean tarraigthe suas ag eadarghabhálaí go dtugtar stóiceach air. Is mó baitsiléir cnagaosta a fuair bean mhaith insa tslí seo. B'fhéidir go mbeadh an duine seo meánaosta san am go scarfadh a athair agus a mháthair leis an ngabháltas. Tar éis dó seilbh a fháil ar an bhfeirm bheadh sé saor chun pósadh, é ag siúl ar aer na laethanta seo, a choiscéim chomh héadrom le cleite lá gaoithe agus ní sean-ráispéar de chuireata a bheadh ina aigne ach chomh beag, ach cailín óg stuama nó spéirbhean mhaorga mhaisiúil chiúntais bhanúil náireach.

Lá an aonaigh bheadh léine bhán air agus crios ar a bhóna, agus dá raghadh sé go dtí san casóg nua bréide, bróga nua *box-calf* go gcloisfeá gíoscán uathu leath na sráide le fánaidh. Ná raibh airgead sa bhanc aige agus machairí réidhe talún aige? Ach rud amháin in easnamh air, bean chéile. Bheadh deacrachtaí an cleamhnas a dhéanamh go minic ó thaobh spré dhe, críonnacht nó drochthalamh. Bheadh mórchuid rudaí le plé sara nglacfaí le cuing an phósta:

'Ar chaill an láir aon chrú?'
'An raibh an fear sin go maith ina shláinte?'

Táille don stóiceach; táille an tsagairt; seomra don bheirt aosta agus lán bó an fhaid is a mhairfidís. Dá mbeadh driotháir eile sa tigh nó driofúr chaithfí cuid den spré a riar orthu san chomh maith. Dheintí gach ní a chíoradh agus a phlé, ach focal amháin ní raibh le clos mar gheall ar an ngrá. Socrú fuar gnóthúil ab ea an cleamhnas. Ní bheadh puinn aithne ag an lánúin ar a chéile go dtí go mbuailfí isteach in aon leabaidh amháin iad agus a bheith sásta le cad a bheadh sa chrannchur, ligint don ghrá líonadh nó trá.

Bhíodh ar an stóiceach a bheith an-ghlic chun beirt do mhealladh le chéile agus de réir gach eolais bhí fios a cheirde go maith aige. Go minic ní bhíodh aon dua aige cleamhnas a dhéanamh idir bheirt go mbeadh aithne ag a muintir ar a chéile, agus b'fhéidir iad dathúil óg. Bheidís san ar dearglasadh chun a chéile cheana féin. Ach ar an dtaobh eile den scéal bheadh cleamhnas déanta ar neomat na baise idir bheirt sean-*raspers,* agus tar éis tamaill bheadh ionadh go deo ar na comharsain, agus b'fhéidir ar an ndochtúir féinig a chlos go raibh beirt leanaí óga ag bean a cheap na cabairí agus lucht cúlchainte a bheith imithe de dhroim an chnoic le fada an lá.

Bhíodh an rath ar chuid mhaith des na póstaíocha seo, ach bhí a thuilleadh gur saol cráite comhghoineach do bhí i ndán dóibh. Tá ré na gcleamhnaistí imithe. Níl fear an tí le feiscint féna chapall is trucail ag dul ar aonach seachtainí roimh Mháirt Inide, a bhean chéile agus an iníon chríonna ina theannta, fuadar cleamhnais fúthu go léir. 'Tá bó aonaigh aige siúd ar maidin,' a deireadh na cabairí eolgaiseacha. Ní raibh consailéir, cléireach, ná ollamh ollscoile chun treoir ná teagasc a thabhairt dóibh conas iad féin a iompar fé cheangailt chuing an phósta. Ní mar sin don treibh nua-aimsireach atá ag éirí suas inniu. Sara ndeintear iad a phósadh tá teagasc fachta acu ar chúrsaí *family planning* agus ar conas na gléiseanna dainséaracha seo a úsáid. Nach mór go deo an tsóinseáil atá in aon chéad bliain amháin.

Baint na móna

ó *Cliathán na Sceilge* (1984), 28–30

Níl an mhóin á baint le sleáin a thuilleadh i mBaile an Sceilg, ná in aon bhaile eile ach chomh beag. Tá na hinnill ag déanamh gnó na meithle feasta. Níl anois ach dul go dtí an té gur leis an sliabh agus dóthain na bliana de mhóin an innill a cheannach uaidh, is é sin, má tá breis agus cúpla céad punt id dhorn agat. Mar a dúirt an file maidir le hairgead:

Choimeádfadh amadán mé,
Is chaithfeadh an saoi mé,
Bailigh beagán díom
Is beidh mórán díom agat!

Ní airgead a bhí i gceist lá na móna nuair a bhíos-sa óg. Bhí daoine ag cabhrú le chéile na blianta san. Bhí bogach flúirseach ar fud shléibhte Uíbh Ráthaigh le linn m'óige. Bhí leirgeacha leathan réidh fé thalamh bogaigh. Bhíodh a phortach féin ag gach aoinne ó Chathair Saidhbhín go Bólas. Ar chíos beag bliantúil, deich scilling go punt, neamhní éigin, d'fhéadfá do dhóthain móna a shaothrú. Dob olc an té ná beadh cruach mhaith móna feistithe aige i gcomhair thine an gheimhridh. Ní raibh obair eile níos tábhachtaí ná móin na bliana a bheith curtha i gcrích agat.

De réir an tseanráitis, 'leath bia tine.' Tá tagairt déanta ag an bhfile leis don mhóin chéanna ins an seanamhrán 'Raca breá mo chinn':

Is maith an t-am chun pósadh é, a bhuachaill óig, a dúirt sí,
Sar a dtigfidh a thuilleadh an Fómhar orainn is go gcuirfeam an mhóin i gcrích.

Bheadh tinneas ar fhear an tí go dtí go raibh an mhóin bainte. Is minic a bhailíodh muintir an bhaile le chéile in aon mheitheal amháin, agus dheinidís go léir cúiteamh le chéile arís le lá oibre a thabhairt chun lá oibre a fháil. Comharsain muinteartha, cairdiúil, cineálta, ab ea na daoine seo, daoine grámhar gur mhaith leo bheith páirteach lena gcomharsain, agus ní hamháin chun na móna a bhaint ach chun cabhrú leo leis in am an ghá.

Is cuimhin liom go mbímis gríosaithe agus corraithe le háthas go raibh lá bainte na móna tagtha. Ní bheadh orainn dul ar scoil an lá san. Bheadh an lón go léir pacálta insa chiseán mór an oíche roimh ré. Bhíodh cístí móra d'arán bácúis ullamh ag mo mháthair, im agus subh go leor, uibhe circe, canna fíoruisce, bainne agus an citeal mór. Bhíodh leathcheathrú tobac cruaidh mar fhéirín don té a bheadh ag ól na pípe.

Bhí na pící móna agus na sleáin, an rámhainn agus an tsluasad, curtha le chéile le fada roimis sin. B'in iad na hairm. Bhí, gan amhras, glaoch fachta age fearaibh an bhaile teacht chun oibre, agus ní raibh baol go ndéanfadh duine ar bith fear na móna d'eiteach an lá san, mura mbeadh práinn éigin eile sa treis. Bhí cuid des na fir go raibh cáil orthu thar a chéile chun an sleán a oibriú. Bhíodh ceathrar fear ar gach sleán de ghnáth: fear an tsleáin (sin fear bainte na móna), fear an bhrainseáil (ag tógaint na móna ón sleán), fear ar bhéal cip agus fear ag leathadh. Ba ghleoite agus ba bhlasta mar a d'oibrídís i dteannta a chéile. Ní baol go mbeadh buille thall is abhus, ná briseadh, ná cosair easair á dhéanamh ar mhóin.

An chéad rud a dheintí tar éis dul ar an bportach ná áit éigin foithiniúil a aimsiú chun an bia a ullmhú i gcomhair lóin dos na fir oibre. Bhíodh tine mhór dhearg déanta chun an citeal a bheiriú agus áras stáin chun na huibhe a bheiriú. Bhíodh fuílleach de thae bríomhar, arán agus im, i dteannta cúpla ubh do gach aoinne. Ansan tar éis scíth a thógaint agus b'fhéidir gal tobac, bheadh na fir arís chomh himníoch san chun dul ag obair is go gcloisfeá gach uile rúisc uathu a leagfadh cuirliún duit. Le luí tráthnóna bheadh machaire móna sínte ar an sliabh, gach fód ina luí ar ghualainn an fhóid eile go dlúth ina leabaidh féin, ag feitheamh le gaoth agus grian chun bheith ullamh don chruach i gcomhair thine an gheimhridh. Ansan nuair a bhíodh na fearaibh ullamh agus an fód deireanach bainte, gach aoinne ag féachaint le sástacht ar an obair bhlasta thaitneamhach go rabhadar tar éis bheith páirteach ann, labharfadh fear an tí agus déarfadh sé leo, 'Go bhfágfaidh Dia bhur sláinte agaibh, a fheara, agus gan oiread frídín de luíochán bliana oraibh go deo!' Chloisfeá an freagra i nGaelainn bhlasta bhinn, 'Gurab amhlaidh dhuit!' An té nár chuala an guí grámhar Gaelach san agus an freagra, tar éis lá ag cabhrú lena chomharsain, is boichte an duine sin fós.

Tá fuaim an innill nua-aimsirigh le clos ar Ré na gCúl,[27] Currach na nDamh, agus Gob an Dá Chaol. Tá balaithe ola *diesel* ag gluaiseacht le gaoith. Níl ach triúr san áit go raibh fiche fear ag baint na móna cheana. Níl creideamh ná coinsias ag an inneall, ach máistir fuar gnóthúil dáiríre gur chuma leis ach brabús a dhéanamh. Tá Caesar nua go bhfuil a chroí chomh fuar, chomh cruaidh le hiarann ag baint na móna in áit na meithle. Caithfear Caesar a dhíol, pé áit as a dtiocfaidh an t-airgead, nó beidh tine an mhada rua ag an seanduine gan airgead:

Ba mhaith an fear sa bhFómhar mé
Don té go mbeadh gnó aige dhíom,
Do dhéanfainn cruach nó stáca,
Is do thógfainn bearna chlaí,
Do threabhfainn iomaire báin duit,
Is do chroithfinn gráinne 'en tsíol,
Is do chasfainn súiste im láimh dheis
Dá bhfaighinn mo shásamh díol!

Bia na Nollag

ó *Guth ón Sceilg* (2000), 94–97

Bhí na seacht seachtainí ramhra ó Shamhain go Nollaig beagnach caite agus dúluachair na bliana buailte linn, gan ach trí lá eile go béile na Nollag. Bheadh obair na bliana críochnaithe, na tithe díonaithe, gach aon triopall tuí in áit a chéile, na súgáin agus na traisníní fáiscithe, ceangailte gan plispín ná giobal ar fhaobhar binne ná gualainne. Bheadh an coca féir agus an stáca go cluthar san iothlainn agus, gan dabht, an chruach móna aige binn an tí. Ní lá fós é mura raibh a cheird go slachtmhar ag an té a chuir fóir ar gach fód de. Bheadh na pictiúirí sleamhaine ildaite ar a dtugtaí *mottoes* le seanráiteachais scríofa orthu ar nós 'Nollaig Shona' nó 'Cad is tigh gan mháthair' greamaithe d'fhallaí aolbhaigh gach cistin bheag tuaithe agus craobhacha de chuileann na caoróige deirge le pictiúir den mháinséar agus an leanbh Íosa. Is lom an falla a bheadh gan pictiúir den tsórt sin Oíche Nollag. Bhí coinneal mhór ghléigeal na Nollag i dteannta sóghainníos[28] eile ceannaithe le seachtain anuas. Bhí an beadaí ar crochadh cheana féin sa chúlchistin, a bhrollach gléigeal gan stopadán gan chleite ach a phíobán searrtha agus a sciatháin bearrtha. An aimsir smúiteach, ceoch, calmúil, bhí Bá na Scealg ina calm agus ina bánán ó Charraig Éanna go Ceann Bhólais agus ón Scairbh go Pointe Hector. 'Ní raibh luascadh ar an linn ón mBaoi go dtí'n Daingean siar,' mar a dúirt Tomás Rua Ó Súilleabháin in áilleacht an dáin úd, 'Maidin bhog álainn.'

Toisc an aimsir a bheith chomh breá, bhí m'athair, Seán Ua Ciarmhaic, ag cásamh ceal baoite a bheith aige i gcomhair iascach bá chun béile d'iasc úr éigin a sholáthar le cur ar an mbord d'Oíche Nollag. Bhíodh flúirse colmóirí leasaithe á ndíol i siopaí an bhaile, iasc garbh nár mhór é a chur ar bogadh in uisce fuar os cionn oíche chun cuid den ghoirteamas a bhaint as. Deireadh m'athair gur dhóigh leis go raibh blas an chloch ghorm uaidh, bhí sé chomh goirt sin. Ach, cé go raibh sé go deas le hanlann plúir bháin agus oinniúin, b'fhearr leis an seaniascaire an breac úr dá mb'fhéidir é a fháil. Ní duine gan seift go deo an t-iascaire fónta. D'fhan m'athair go raibh an taoide tráite agus siúd leis faoi dhéin an chuain. I gcionn scaithimh bhí taoscán buicéid d'iascáin bailithe aige, thug leis abhaile iad mar ar dhein sé fuarbheiriú orthu d'fhonn is go mbeadh an bia éasca le baint as na sliogáin chun cur ar na duáin mar bhaoite.

Bhí sé deacair duine ar bith a fháil a raghadh amach ar an mbá ina theannta. Bhí na hiascairí eolacha ag rá nárbh fhiú dul faoin mbá um an dtaca seo, go raibh sé ródhéanach sa bhliain agus seo siúd eile. Sa deireadh thug m'athair tuairisc do Mhícheál Ó Siochrú na hAbhann, sáriascaire nár dhiúltaigh riamh dul ar muir ná ar shliabh ina theannta. Ar maidin an lae amáireach chuir an bheirt acu Pointe na bhFiaclach ó dheas díobh faoi ghreadadh rámhaíochta. Fágadh mise ar an dtráigh go haonaránach, uaigneach, dubhach mar ná raibh cead dul leo fachta agam, cé gur mhaith liomsa cúrsa a thabhairt ina dteannta. Ar aon bhóthar, bhíos cos-lomnochta mar ní raibh ach péire amháin bróg, de shaghas, agam, agus iadsan á gcur ar sábháilt i gcomhair an Domhnaigh. Dúirt mo mháthair go mbeinn galraithe leis an bhfuacht, agus an ceart ar fad aici.

Bhí radharc agam orthu ar feadh an lae go léir, an bád le feiscint gan chorraí i gcúinne thiar de Bhá an Bhealaigh. Dea-chomhartha ab ea iad a bheith in aon staid amháin mar ar chaitheadar ród uathu ar dtúis. Bhí sé ag éirí déanach tráthnóna nuair a shroiseadar an trá. Bhíos féin agus mo dhriofúr Síle ag feitheamh leo. Is orainn a bhí an t-ionadh íochtar an bháidín a fheiscint clúdaithe le faoitíní geala, ar a laghad bhí cúpla céad faoitín i dteannta dosaen cnúdán, roinnt deargán agus trosc deas méith.

Istoíche amáireach a thit oíche fhéile na Nollag. Bhí an suipéar ullamh ag mo mháthair, an choinneal mhór ina seasamh i lár an bhoird sa phróca buí a bhí pacálta le gaineamh na trá. Nuair a las m'athair é, dúirt mo mháthair agus sinn uile in éineacht léi na trí Avé mar ómós don Leanbh Íosa. Nach sona sásta mar a shuíomar chun boird go suairceach suáilceach, balaithe na bhfaoitíní úra, an t-anlann bán agus na hoinniúin ag cur cíocras chun bídh orainn. Do bheireamar buíochas d'Íosagán na Nollag as ucht a thabhartaisí agus dár n-athair saolta, Seán Ua Ciarmhaic, an sealgaire fónta a sholáthraigh an bia dá ál. Is fada a bheas cuimhne agam ar an Nollaig sin, cé go bhfuilid siúd go léir i Ríocht na Síoraíochta anois. Chím fós an báidín i bhfuinneog mo shamhlaíochta, i gcúinne Bhá an Bhealaigh mar a raibh sé an tráthnóna sin fadó.

Lucht béaloidis

ó *Guth ón Sceilg* (2000), 88–93

Anois is arís músclaíonn cealla i gcriathar na hinchinne a thugann chun ár gcuimhne rud nó teangmháil éigin tábhachtach a bhain dúinn i rith ár saoil. B'in mar a tharla domhsa is mé ag smaoineamh siar ar an gcéad uair dár leagas mo shúil ar fhathach de scoláire Gaelach i measc dochtúirí léannta na hOllscoile, fear a d'fhoghlaim léann ach gur rugadh a uaisleacht leis: an tOllamh uasal, an Dochtúir Séamus Delargy. B'é an chéad uair dó teacht ar cuairt go Ciarraí sa bhliain 1923 ag freastal ar chúrsa samhraidh d'oidí bunscoile, i gCathair Dónall. An bhliain sin ghluais sé anall go Baile an Sceilg, áit ar chuir sé aithne ar Fhionán Mac Coluim agus ar shean-Sheán Ó Hárta, iar-mhaor an stáisiúin chábla in Pernambuco a bhí ar pinsean ina bhaile dúchais i mBaile an Sceilg. Ba iad seo an bheirt a threoraigh agus a thug siar go Cill Rialaigh an Dochtúir Delargy chun go gcuirfeadh sé aithne ar Sheán Ó Conaill.

Bhí fios a cheirde go hiomlán ag an scoláire mín seo, mar d'aithin sé gan mhoill go raibh foinse shruth fírinneach na scéalaíochta aimsithe aige. Seanchaí nádúrtha den scoth ab ea Seán Ó Conaill, gur mhaith leis a scéal a insint. Ní raibh aon teora leis an méid scéalta éagsúla a bhí de ghlanmheabhair aige. Ba mhaith leis cur síos ar ghaiscíoch nó laoch, nó fiú amháin fear tréan éigin sa chomharsanacht. Bhí scéalta ar dhraoithe na hÉireann agus a gcuid geasa draíochta aige; eachtraí fada a raibh blas na hÍoslainne agus na hIorua uathu, scéalta Fiannaíochta ar Fhionn is na Fianna; scéalta ar fhiach, ar an eilit mhaol agus an torc fiáin:

Lá dá rabhamar uile den bhFiann
In imeall bord Locha Léin
Dúisíodh linn an eilit mhaol
Dob fhearr léim, rith agus lúth.
Bhí ár gcoin is ár ngadhair go léir
Go dlúth ina diaidh faoi lán tsiúl.

Bhí scéalta aige ar phúcaí, arrachtaí agus samhailteacha, scéalta clasaiciúla a bhain le ré na ndéithe bréagacha agus na gaiscígh a bhí sa Ghréig fadó, scéal ar an Rí Conchúr Mac Neasa, scéalta grá agus áir, agus an scéal álainn sin nuair a d'iompaigh an t-eas go leamhnacht. Bhreac Séamus Delargy os cionn dhá chéad scéal uaidh agus ní raibh lagadh ná trá, dísciú ná triomú tagtha fós ar an bhfíor-umar álainn seanchais a bhí de ghlanmheabhair aige. Bhí, mar a dúirt Seán féin, an oiread eile scéalta ag tógaint seilbh i dtobar a inchinne. Chuir a bhás obann díomá ar an máistir léannta gur chlúdaigh cré chlúmhúil bheannaithe Mhainistir Mhichíl a raibh fágtha des na scéalta agus ba mhór an chuid sin.

Chuir cuid des na heachtraí iontas ar an máistir. Cé uaidh nó cár chuala sé an saibhreas seanchais? Admhaíonn Seán Ó Conaill ná raibh tabhairt suas na scoile ná léann na leabhar air toisc nár fhreastail sé ar scoil ach ar feadh coicís amháin agus b'in scoil scairte féinig. Ach bhí fios níos mó ná san aige ar an ndúlra agus ar gach ní a bhain le gealach agus grian, teacht agus imeacht na taoide, na ceathrúna soineannúil agus an saol dá raibh timpeall air. Ní raibh raidhse de thalamh fónta ag Seán Ó Conaill ach caola gan aird i measc na gcarraigeacha agus an aitinn. Mar sin féin, le saothar na rámhainne – obair mhall, throm – ba mhór an díol sásaimh é le teacht Lá 'le Seán an gairdín prátaí a fheiscint, na gais ghorma faoi lánbhláth agus crathán cnap ar crochadh le préamhacha na dtorthaí cumhra nuair a bhainfí iad. B'é an t-asal gléasta faoi úmacha agus srathair fhada an chapaill oibre a thugadh an t-aoileach agus an múr briste leis i gcomhair an gharraí.

Ní raibh tigh sa bhaile beag gan mála salainn ghairbh i gcomhair iasc a leasú. Bhí meas ag Seán ar a dhúchas agus an oidhreacht. Deirtear ina thaobh nuair a bhíodh sé ag aoireacht na mbó agus é ina dhuine críonna an uair seo, go mbíodh sé ag aithris in ard a ghutha agus ag déanamh comharthaí sóirt lena mhaide. B'fhéidir gur laoch éigin tréan go mbeadh sé ag smaoineamh air an uair áirithe sin ar nós Oscar na mBéimeann nó coscairt na gclaíomh. Deir an tOllamh Delargy gur duine 'fíoruasal' ab ea Seán ná raibh mórálach, drochchainteach ná garbh. Bhí eolas aige, a deir sé, ná raibh le fáil ó lucht léann na leabhar. Cá bhfuair sé na scéalta go léir? 'Ón ndream a tháinig romham agus cois tinteán na gcomharsan,' a dúirt sé.

Oíche amháin chuaigh Seán go Ceannúigh chun éisteacht le duine ón dtaobh eile den Phriaireacht a bhí ar fheabhas chun cur síos ar shaol ár sinsir, duine des na Séafraígh, muintir Chonaill a bhí gaolmhar do Sheán féinig. Bhí scéal iomlán aige siúd ná raibh san iomlán ag Seán, gur mhaith leis 'cluas le héisteacht' a thabhairt dó. Ráinig gur ghlas an tráthnóna é, le clagar agus sobal báistí a mhéadaigh ina lánstoirm tríd an oíche. Bhí Seán imníoch i dtaobh na drochuaine agus ba mhaith leis an baile a bhaint amach. Ní túisce an scéal críochnaithe ná siúd leis trasna na bpáirceanna, an cóngar anonn go Cill Rialaigh, ag meabhrú gach seanchosán a bhí go daingean istigh ina aigne le fada an lá. Bhí sé ag cur de go maith gur tháinig sé go glaise Abha an Easaigh i mbun thalamh Pheats Phádraig. Bhí áit ansiúd chun léim trasna gan dua ach anocht bhí an ghlaise ina lántuile ag doirteadh is ag brúchtadh ina tulcaí bolgach as broinne an chnoic. Bhí an méid sin de imní ar Sheán gur thóg sé léim ruthaigh reatha chun dul trasna de thréaniarracht, ach theip air talamh tirim a bhaint amach! Thit sé isteach sa tuile agus tar éis iomlasc agus únfairt a fháil san uisce shrois sé an áit thall, slán sábháilte ach gur imigh a chaipín le sruth na glaise. Ar sroisint a thí féin do Sheán ba gheall nár scanraigh a bhean Peig nuair a chonaic sí an íde a bhí air, ar nós luch bháite gan chaipín ná hata. Dúirt sí:

> 'A thiarna, a Sheáin, a chroí, cad a bhain duit?'
> 'Níl faic orm,' ar seisean, 'síneadh sa ghlaise mé is mé ag gabháil trasna – chailleas mo chaipín ach thugas liom mo scéal.'

Thug Séamus Delargy laethanta fada i dteannta m'athar, Seán Ua Ciarmhaic, seaniascaire a raibh a fhiacla caite aige ó bheith ag féachaint ar fhaillteacha áille Uíbh Ráthaigh. Bhí fios gan teora aige ar gach cuas, pointe, ceann tíre, rinn agus fochais, mion agus mór, gach boilg is carraig, gach éan mara ón súlaire go dtí an colúr carraige. Agus cad ina thaobh ná beadh an saibhreas logainmneacha sin aige a bhí tugtha anuas dó mar uacht as trí chéad bliain de ghlúine sean-sinsear?

Is cuimhin liom gur thug Delargy mapaí folamh gan faic scríofa orthu ach líníocht an chósta ó Cheann na Rátha go dtí an Blascaod. Bhíodh bord na cistine tarraingthe amach ón bhfalla, gach uile lá ar feadh seachtaine, duine acu ar gach taobh de, Delargy ag breacadh na mapaí leis na logainmneacha áille stairiúla a bhí ag gluaiseacht ina sruth ó bheolaibh an tseaniascaire. Dúirt Delargy gur cuireadh an t-eolas seo i dtaisce agus go raibh na mapaí ag lucht an tSuirbhé Ordanáis. Ba é mian an tseanscoláire filleadh ar ais go Cill Rialaigh chun scíobas eile a bhlas as fuarán seanchais ná raibh tráite fós agus, mar atá ráite ag Delargy féin, 'is lag a shíleas an uair úd gurb é an uair dheireanach againn ag fágaint slán ag 'na chéile é.' Do cailleadh é mí ina dhiaidh sin, Déardaoin 21 Bealtaine 1931, agus do cuireadh é i Mainistir

Mhichíl an Domhnach dár gcionn. Go dtuga Dia na Glóire suaimhneas síoraí dó agus gurab iad na Flaithis is leaba dhó anocht.

Ní bheadh sé ceart ná cóir agamsa gan tagairt a dhéanamh dos na daoine breátha Gaelacha a bhí i gcomharsanacht le Seán Ó Conaill: Mícheál Bán Conraoi, an Bard; Seán Chormaic Ó Sé, an dealg i gcliathán an Bhaird; sean-Sheán Ó Hárta, an Staraí; Tomás Ó Cróinín agus Aindí Gabha Ó Súilleabhain, na spailpíní fánacha; agus Pádraig Peatsaí Ó Conchubhair.

Scoil Náisiúnta Bhaile an Sceilg, 1991. An scoil ar fhreastail Mícheál Ua Ciarmhaic uirthi.
(Grianghraf: le caoinchead Fionán O'Connell).

Cóbh, 1930. Ar chúl: Mícheál Ua Ciarmhaic. Chun tosaigh: Dáithí Mac Gearailt agus Mícheál Ó Móráin. D'fhreastail an triúr acu ar scoil le chéile. (Grianghraf athchruthaithe ag Fionán O'Connell).

Lios Tuathail, 1990. Mícheál Ua Ciarmhaic ag seoladh a leabhair *Ceol Maidí Rámha* le linn Sheachtain na Scríbhneoirí. (Grianghraf: le caoinchead Fionán O'Connell).

An radharc ó dheasc Mhíchíl Uí Chiarmhaic, 2017.
(Grianghraf: le caoinchead Michael Herrmann).

Ua Ciarmhaic ar an stiúir i mBá Bhaile an Sceilg, 1991.
(Grianghraf: le caoinchead Fionán O'Connell).

I mbéal na gaoithe ar imeall an uisce, 1991.
(Grianghraf: le caoinchead Fionán O'Connell).

Oileán na gCapall i mBá na Scealg, c.1978. Ola ar chlár. Seo an chéad phictiúr a phéinteáil Ua Ciarmhaic. (Grianghraf: le caoinchead Michael Herrmann).

An loingseoir aonair, c.1980. Ola ar chlár.
(Grianghraf: le caoinchead Fionán O'Connell).

An Dúlra agus an Duine

Iasc agus iascairí

ó *Cliathán na Sceilge* (1984), 21–24

Bhí gliomaigh agus méardóga dearga an-raidhsiúil. Aon áit go gcuirfeá pota go mbeadh baoite maith úr ann ní bheadh súil agat le é a tharrac dubh. Siar le cliatháin Bhólais is ea a gheofá na gliomaigh mhóra. Bhí faoisceáin agus collaigh throma ins na háthanna nár deineadh iascach iontu ach go hannamh. Bhraitheadh sé ar an aimsir a bheith breá calmúil chun dul le bád rámhaíochta thar Ceann Bhólais siar go bun Dhuichealla. Tar éis cúpla lá nó trí ag iascach ansiúd ní bheifeá folamh ná dealbh ag teacht abhaile ach na fichidí dosaen le díol agus le comhaireamh agat. Bhí praghasanna gliomach saor: timpeall coróin an dosaen agus féna bhun go minic. Ba bhreá liom dul siar i dteannta m'athar agus Mícheál Ó Corráin ag tarrac na bpotaí oícheanta spéirghealaí.

Ní raibh aon aoibhneas ach féachaint uait siar go bun na spéire. Bhí na pláinéid ar nós seoda loiscneacha ag dreapaireacht ins na spéartha agus solas na gealaí ag doirteadh anuas go drithleannach ar na hoileáin, Duínis[29] agus an Scairbh, a bhí sínte go suanmhar in imeall Bhá na Scealg. Ardchnoic Uíbh Ráthaigh agus na Cruacha soir uait mar a bheadh fathaigh ag seasamh le cuanta, agus mar bharr air sin an lánghealach ag lonrú anuas ag fágaint casáin ghil ar an bhfarraige mar a bheadh taibhsí soilseacha ag rince ar scáthán criostail. Chloisfeá na róinte ag éamh ins na dallóga. Is uaigneach go deo mar a chasaidís an caoineadh siar síos ar nós mná caointe ar thórramh na marbh. Ar an dtaobh eile den scéal ba dheas éisteacht leis an gcliotaráil a bhíodh istigh ins na potaí nuair a bhíodh flúirse iontu. Bhí portáin agus staiceacha eascún mara ag dul isteach ag ithe an bhaoite chomh maith.

Tá mórán saghsanna portán ann, portáin dearga agus ghlasa, luathóga agus portáin faoilinne, iad go léir ag dul ins na potaí. Gheobhfá an súire, an tsnáthaid mhara, an chailleach bhreac, an deilgín deamhain, an bod buí, an ghráinneog mhara agus an pus ribe. Chaithfí na potaí a choimeád glan de gach saghas iasc bradach agus baoite maith úr a choimeád iontu. Bhí deargáin farraige le fáil ina sraitheanna na blianta sin. Ba dheas go léir an t-iasc é, é go blasta milis len' ithe. Bhíodh baraillí díobh ar salann agus á ndíol goirt. B'fhada ó ocras an t-anlann sin: prátaí, deargáin farraige, im, agus bainne.

Iasc eile a bhí an-iomadúil ná faoitíní agus cnúdáin, liath agus dearg. Bhí 'piobaraí' mar ainm ar na cnúdáin dearga toisc an bolgán snámha a bheith dúbalta ann agus singil ins na cnúdáin liatha. Deireadh na seandaoine go raibh leigheas fé leith in anraith cnúdáin. Bhí leigheas ann don té a mbeadh scornach thinn nó drochghoile ag cur air. Bhí an t-anraith an-shaibhir, lán de shúilíní, go rómhilis, so-bhlasta agus taitneamhach len' ól. (....)

Bhí maicréil agus scadáin le fáil ina scoileanna troma ins gach bá agus góilín. Dheineadh na báid saighne séasúr maith go minic. Mí Lúnasa is mó a bhíodh na saighní ar thóir an mhaicréil. Barraois mhór an fhómhair a bhí mar ainm ar an dtéarma iascaigh sin. Bhí saighne an chaisleáin fé láimh m'athar; saighne Chiarmhaí a thugtaí air. Bhí cáil ar m'athair chun líon saighne do ghabháilt. Cuireadh go Dún na nGall é ar feadh téarma éigin chun oiliúint a thabhairt dóibh conas saighne an sparáin a ghléasadh agus a oibriú. Is fé Bhord na gCeantar Cúng a bhí sé seo mar chúram.

Is é m'athair a thóg an scoil éisc ba mhó dar maraíodh riamh i mBá na Scealg. Oíche i mí Lúnasa 1908 thiar i Lúb na Leacach istigh fén bhfaill leag m'athair a shúil ar chearcall beag de scoil éisc ar bharraois. Bhí an oíche ciúin agus chomh dorcha le pic. Thug m'athair fé ndeara go raibh doimhneas agus meáchaint insa mhéid a bhí le feiscint den scoil, agus d'ordaigh sé líon a chaitheamh air. As san amach caitheadh gach fear a bheith ar a ghéireacht. Is iad seo na horduithe a bhíodh le clos:

> 'Dírigh an bád dom!'
> 'Caith líon air!'
> 'Eadraibh suas í!'
> 'An dá bhord in éineacht!'
> 'Siúil dom!'

De réir mar a chífeadh sé an scoil ag rith roimis, deireadh sé: 'Fan uaidh beagán! Géill bord an lín! Cúl an tarna maide, tóg léi an maide bogha! Go réidh sibh, bí ag teacht, bí ag teacht, eadraibh suas anois í! Siúil dom, siúil dom! Cuir cloch leis! Buail an poll dorcha!' Agus an cor déanta, le deireadh lín amuigh, agus téad ón bhfiléar chun bád an tsaighne a choimeád amach as an líon: 'Tarraing i gcoinnibh taoide agus gaoithe suas sin! Cuir bhur maidí i bpic! Tarraing an téad reatha, bain an bonn uaidh, buail na bloic reatha air, tabhair isteach an crathán!'

Bhíodh mórán eile orduithe fé mar a bheadh ag teastáil le cúram na huaire. Is i nGaelainn bhlasta a cuirtí an obair go léir trí chéile, agus ba bhreá é éisteacht leo. An oíche go bhfuilim ag trácht thairis deineadh an líon a chur timpeall ar an scoil mhór mhaicréal go hámharach. Bhí bail ó Dhia agus rath ar shaothar na n-iascairí an oíche sin. Dob éigean do m'athair fir do chur isteach ar an bhfaill chun dul soir go Baile an Sceilg ag glaoch ar na comharsain chun a thuilleadh bád a thabhairt leo. Thugadar leo seachtó a cúig míle maicréal an oíche sin agus b'éigean dóibh cuid den iasc a scaoileadh uathu ceal a dhóthain bád a bheith le fáil. Do bhí cúig shaighne ag iascach as cuan beag Bhaile an Sceilg le breis agus céad fear na blianta san.

Na báid saighne

ó *Guth ón Sceilg* (2000), 66–74

'Barraois mhór an fhómhair' a thugtaí ar an dtráth sin go mbíodh na báid saighne as cuan beag Bhaile an Sceilg ar thóir na maicréal fómhair a bhíodh ramhar méith an t-am sin den bhliain, agus ba rómhilis an t-anlann é, úr nó leasaithe. Ní raibh slí níos fearr chun é a chócaráil tapaidh ná an breac a oscailt ar a fhaid, é a bheith scriosta glan ansan, é a bhualadh trasna ar spága oscailte an tlú anuas ar an ngríosach dhearg agus leogaint dó róstadh go mbeadh sé ullamh len' ithe. Tar éis gráinne salainn agus piobair a chroitheadh air bheadh sé chomh milis le feoil eilit bhliana na coille. Cá hionadh mar sin go ndeireadh na seandaoine gurb é mairteoil na farraige an maicréal.

Ní chun cíocras a chur ar fhir an ocrais a bhfuilim ag moladh milseacht an bhia, ach chun cuntas a thabhairt ar an ngnó agus fuirse a ghabh le hoíche saighneoireachta. Bád fada oscailte, go minic os cionn triocha troigh, ab ea bád an tsaighne, agus an bád cúnta timpeall an fhaid chéanna: iad sé troithe go leith agus seacht dtroithe ar leithead. Bhí sé mhaide clampa sa bhád saighne le beirt ar gach maide, captaen, agus fear faire i dtosach, an néaladóir. Sé mhaide singil agus captaen a bhí sa bhád cúnta; an filéar[30] a thugtaí uirthi sin. Fear agus fiche sa bhfoireann iomlán. Fuaireas féin beart ar shaighne an Chaisleáin sa bhliain 1923. Thugas an séasúr sin agus an bhliain ina dhiaidh ar thóir maicréal agus scadán nó pé iasc a bhuaileadh linn.

An duibhré is fearr chun scoil a fheiscint agus a aithint. Oíche dhorcha go mbeadh teas sa tsáile agus gealtranas barraoise ag lasadh na tine breo, chífeá solas gormuaine timpeall ar aon bhreac a chorródh síos go grinneall na farraige. B'fhéidir gurb í an bharraois chéanna a bhí i gceist ag Coleridge nuair a scríobh sé an dán 'An Loingseoir Aosta,' 'The Ancient Mariner':

> ag lasadh 'nós ola na briochtóige
> gorm, uaine agus bán.

An néaladóir ag féachaint uaidh síos in umar doimhin dorcha na mara, ag feitheamh go foighneach chun go bhfeicfeadh sé splanc gheal solais ag gealadh na farraige roimh an mbád amach, ag cur in iúl dó go raibh an t-am tagaithe ordú a thabhairt don chaptaen go raibh iasc le feiscint agus an líon a chaitheamh. Bheadh ar an bhfoireann gach ordú a thuiscint agus a chur i bhfeidhm le cneastacht agus tapúlacht ar eagla aon bhotún. Bheadh an scoil éisc faoi lántsiúl faoi uisce agus an t-iascaire ag iarraidh é a locadh chun líon trom a chaitheamh timpeall air.

Scríb barraoise, b'é sin iascach aon oíche amháin, ba chuma iasc a thógaint nó folamh. 'Barra taoide agus saighne tirim,' a bhíodh ag teastáil ó fhear na leisce ná beadh air na báid a shá suas ach iad a cheangal. Chloisfí: 'Ní raibh breac don tlú againn,' nó 'is ar éigean a shaoramar sinn féin ar an gcat.' Chloisfí leis seaniascairí ag cur síos ar iomadúlacht an éisc: 'Bhí an cuan nó an lúb in aon *mhyriad* amháin leis.' Dá mbeadh na scoileanna éadrom, scagaithe, nárbh fhiú líon a chaitheamh leo, déarfaí: 'ní raibh ann ach ráithíní reatha.' Muna dtaitneodh an rámhaíocht leis an gcaptaen, deireadh sé leis na rámhaithe: 'éadrom beo sibh, tógaíg' léi go mear in áit a chéile is ná bígí ag tóch ar nós na muca.'

Tar éis na n-orduithe san, mhothófá éadromacht, siúl agus anam sa bhád. Bheadh a chuid oibre féin gearrtha amach do roinnt speisialta des na fir: beirt chun an líon a bhordáil ina cheart, ná beadh aon chasadh ná cíor thuathail ann nuair a bheifí á chur i bhfarraige, mar loiteadh sé an cor, agus fir na bordála a bheadh ciontach leis. Bheadh beirt eile chun an líon a chur i bhfarraige, fear téad an bhoinn agus fear téad an choirc. Chaithfeadh gach stol[31] den líon, idir choirc, bonn, téada agus snáth, dul glan de dhroim an bháid agus í faoi lántsiúl gan bhacaint, gan ghreim, gan bhotún.

Bhí maicréil agus scadáin flúirseach na blianta san. Má bhí féin, ba dheacair líon saighne agus báid a chur le chéile. Bhí airgead gann agus na gabháltaisí róshuarach chun beatha fhónta a bhaint as lán cúpla bó. Is iad an lucht trádála agus siopadóirí i dteannta na gceannaitheoirí éisc is mó a thugadh tacaíocht agus urraíocht dos na hiascairí. Thugaidís líonta ar cairde agus uain dóibh díol astu. Bhí an trealamh costasúil, báid saighne agus filéir, an líon, maidí rámha, téada agus ar ghabh le saighneoireacht. An té a bheadh ábalta ar phaca lín a cheannach ar dhá phunt, bhí sé i dteideal scar slán, ach an té ná beadh ábalta síntiús a chur le costas an tsaighne, bheadh sé ar leathscar.

Tar éis séasúir rathúil agus cuid des na fiacha scriosta, brabús beag airgid i bpóca gach duine agus b'fhéidir roinnt maicréil leasaithe sa bharaille i gcomhair anlann an gheimhridh, bheadh gach aoinne sásta. Bhí an margadh mar a raibh tosach an bhóthair iarainn ar bhruach chuan Bhéal Inse sa bhaile fearainn sin, an Rinn Ard in aice Chathair Saidhbhín in Uíbh Ráthach, mar a raibh Johnny Matson, Timothy Bill Ó Conaill, muintir Néill agus Céitinn. Is mó míle bosca éisc a dhein na ceannaitheoirí sin a easpórtáil go Sasana i dteannta na mílte baraillí iasc leasaithe a chur go príomhchathracha na Stát Aontaithe. Ba mhór an chailliúint don cheantar ar chósta theas Chiarraí nuair a theip ar thionscal an mhaicréil leasaithe de bharr táille cosanta ag rialtas na Stát Aontaithe i dtosach na dtriochaidí.

Cé ná raibh cuairteoirí ró-iomadúil na blianta sin, bhíodh duine amháin ar a laethanta saoire i mBaile an Sceilg. B'é sin an Sagart Ó Floinn ó chathair Chorcaí, múinteoir ar scoil drámaíochta. Bhunaigh sé cumann aisteoirí agus drámaíochta ina dhúthaigh féin a bhain cáil amach dóibh féin. Is mó oíche a théadh an sagart linn ar scríb barraoise. Bhí guth binn an *tenor* aige agus gach amhrán Gaelach dá ndeireadh do bhéal. Bhí dúil ag an sagart a bheith ag labhairt na Gaelainne agus a bheith i gcomhluadar na n-iascairí.

Is cuimhin liom oíche dá rabhamar thiar le bun Dhuichealla: ní raibh corraí cleite ar toinn ná leoithne a chomáinfeadh é ach chomh beag. Bhíomar ag feitheamh le casadh na taoide in aice le Cuas an Mhaoláin agus an sagart ag baint fuaim agus macalla as falla na faille taobh linn nuair a chan sé 'A spailpín, a rún' agus 'Slán le Corcaigh.' Mar oíche chomh breá leis, níor chorraigh eireaball maicréil nó splincín ach réiltíní na cruinne ag déanamh ionaidh díobh féin i scáthán sleamhain dorcha na haigéine. Nuair a shroiseamar Bun na mBád bhí an lá ag breacadh os cionn na Binne Móire ag doirteadh is ag riar solas an lae i measc gleannta agus cumaracha Uíbh Ráthaigh. Ba mhar a chéile dhúinn an oíche ina dhiaidh. Níor dhúisigh donnán ná bod buí. Ba dhóigh leat go raibh beatha na mara móire ar aon stailc. (....)

An oíche a bhí chugainn bhí ar m'athair dul in áit an chaptaein a buaileadh síos le slaghdán. Bhí sé in aois deich mbliana agus trí fichid an uair sin. Ach cé ab fhearr eolas ná é, a raibh cáil ó thaobh saighneoireachta dhe bainte amach aige? A rian san air, bhí sceitimíní áthais air gur glaodh ar ais air chun dul ar scríb barraoise. B'in an oíche dheireanach a raibh an sagart caoin grámhar in éineacht linn. Thógamar léi siar tríd an mBealach go Ceann na Cráití thar an nGamhnach ó thuaidh go dtí an Ceann Bán, agus ansan siar le cliathán Leac na mBeathach. Chaitheamar éirí beagán ar Scoth na hEaglaise agus Cuas na Léime. Luíomar suas le Carraig na bhFiach agus Cuas na gColúr, siar le Cúl Fhaill agus an Scéalaí daingean cróga, a bhí ann riamh, atá fós agus a bheidh go fóill. Ansan timpeall an chúinne agus isteach faoi scáth Chuas an Daimh, áit ar thug m'athair ordú don chriú sos a thógaint chun gal na pípe a thógaint dá mba mhaith leo. Bhí an dá bhád sínte go suanmhar le hais a chéile, an fharraige ina calm agus ina bánán mar a bhí le seachtain anuas. D'iarr duine den fhoireann ar an sagart amhrán a rá agus níor eitigh sé san, mar ar neomat na baise bhain sé múscailt as Cuas an Daimh leis 'An maidrín rua.' Thosnaigh duine méanaosta ag gáire agus ní fhéadfá é a stop gur tháinig trithíní ar an gcriú ar fad. Sin mar is mó a bhí an sagart ag canadh in airde a ghutha:

> Hark, hark, *Finder*, *Lily* agus *Piper*,
> Cruinníg na gadhair le chéile,
> Hark, hark, *Trueman* ar fhleasc an Chúma
> Is ba mhaith an fear cúil é *Bateman*.

Ní raibh a fhios ag an sagart go fóill nár cheart trácht ar mhada rua, bean rua ná sagart agus tú ag iascach ach chuir m'athair ar a shuaimhneas é ag míniú cúis an gháire dó: gur seanphiseog a ghabh leis an mada rua a rabhadar ag baint suilt as agus nár thug na hiascairí aon bhreis airde ar na geasa draíochta le fada an lá agus nuair a thiocfadh gaoth bhog aniar aneas le sóinseáil aimsire go músclódh an maicréal sara bhfad is gan a bheith buartha go raibh báid an chuain uile chomh dealbh lena chéile. Thugamar sciúird eile siar go smuilc Cheann Bhólais mar a chasamar abhaile ag Boilg Thomáis. Ag teacht isteach go bá fhairsing Bhaile an Sceilg dúinn, d'ordaigh m'athair don chriú stad den rámhaíocht agus is mar seo a labhair sé leo: 'A fheara,' ar seisean, 'ní mise bhur gcaptaen ach amháin don oíche anocht, ach táim in amhras go bhfuil iasc de shaghas éigin i mbéal an chuain, mar tá éanlaithe mara ag cruinniú ann le seachtain anuas. Ba mhaith liom ráib a thabhairt soir tríd an mbá chun m'amhras a shásamh, nó an bhfuil sibh tuirseach den scéal, a bheith folamh le trí oíche anuas?' Is maith a bhí a fhios aige ná heiteodh an fhoireann é nuair a dúradar in aon ghuth: 'Seo linn soir.'

Thógamar léi soir thar phointe Oileán na gCapall mar ar thug an fear aosta casadh tapaidh den stiúir a bheir amach sa doimhneas níos mó sin. I gcionn scaithimh dhírigh sé soir arís faoi mar a bheadh sé ag leanúint cúrsa tarraingte ar threo Bhoilg na Bá Bige. Bhí Mícheál Ó Drisceoil, an néaladóir, ina sheasamh i dtosach an bháid gan smiog as faoi mar a bhí sé le trí oíche dealbha roimhe sin gan sprot ná míol mór len' áireamh aige. Anois do labhair sé os íseal le m'athair: 'A Sheáin,' ar seisean, 'tá éisc le feiscint anseo.' D'fhreagair m'athair é á rá: 'Abair liom nuair a rithimid as,' agus é ag casadh beagán beag eile chun na farraige.

Leanamar orainn amach agus labhair an Drisceolach arís go raibh iasc le feiscint fós agus níos dlúithe. Leis sin, d'ordaigh an seanchaptaen don chriú na maidí rámha a thógaint as an uisce nuair a thug sé fé ndeara an scoil scadán ag bladhmannach faoin mbád. 'A fheara,' ar seisean, ag baint a hata olla de agus ag cur rian na croise air féin, 'in ainm Dé bígí ag fáilt ullamh, gach duine ina bheart féin. Nuair a chasfad i gcoinnibh an chuain ó thuaidh tabharfaidh an néaladóir ordú daoibh.' Chuamar chun cinn deas éadrom. Chas m'athair an bád timpeall go mall. Nuair a bhí san déanta bhris guth práinneach an Drisceolaigh ciúnas na hoíche. 'Caith líon air.' Léim an bád chun cinn faoi mar a bheadh sé ina steillbheatha. Thug an captaen an bád timpeall ina chearcall fírinneach ag dúnadh an lín dó. Ní raibh faill ná fochais ná achrann chun bascadh, bac, ná bárthainn a chuirfeadh cosc linn anseo ach talamh a raibh íochtar glan réidh chun saighneoireachta ann. Mar sin ba ghearr go raibh na bloic curtha suas, an téad reatha fáiscithe, an crathán tógtha ar bord agus an cor déanta. Bhí an saighne lán de scadáin fómhair, ramhar le méitheacht agus maitheasa, lán go sceolmhaigh d'eochraí agus muilt.[32]

Thóg sé tamall an t-iasc a thógaint ar bord. Ta slí áirithe chun seo a dhéanamh. Caithfear é a dhoirteadh isteach ina thulcaí beaga gan an líon a stracadh agus gan na báid a dhoimhniú le breis ualaigh. Nuair a bhí saothar an choir déanta, an dá bhád síos go stracadh uachtair, deineadh iad a rámhachtaint go cneasta mall taobh le chéile isteach go Bun na mBád mar ar sroiseamar an tráigh. 'Conas mar a thaitin an oíche leat?' arsa m'athair leis an sagart. Is é an freagra a thug an tAthair Ó Floinn air ná: 'Do chonaic mé do chaint, a Sheáin, agus bhí barraois air.'

Fear fada, lom, cuisleannach ab ea m'athair, le féasóg dhonn a bhí anois ag liathachtaint le haois na mblianta go raibh an-mholadh ag an gcriú air i dtaobh na scadáin a aimsiú. 'Ní haon dóithín an seanmháistir fós,' a chuala iad ag rá. Is dóigh liom le fírinne gurb é sin an oíche dheireanach saighneoireachta ag m'athair, agus nuair a chas an ghaoth fhial aniar a chuir an t-iasc i líonta, bhí maicréil le fáil go flúirseach arís. D'fhill an tAthair Ó Floinn go Corcaigh ag fágaint a shlán agus a bheannacht againn. Chuir sé deoch ar fáil d'fhoireann an tsaighne go léir i dtigh an leanna.

Tá an criú sin go léir agus an sagart uasal ina dteannta imithe ar shlí na fírinne le fada an lá, ceol na maidí rámha úd á chlos acu is iad ag baint taitnimh as aoibhneas pharthais is gan fágtha ar thráigh an Chaisleáin ach mé féin, im ghobadán aonair, is mé ag scagadh trí ghaineamh na mblianta.

Iascach traimilí

ó *Ríocht na dTonn* (1989), 47–52

Tá Boilg na Bá Bige timpeall míle farraige soir ó phointe Oileán na gCapall. Tá comharthaí eile ag teastáil chun teacht anuas sa chuircín air. Aimsir stoirmiúil tagann briseadh fáin air ó leath-thaoide go híochtar trá. Áit mhór pollóg agus ballach agus gach sórt éisc é sin nuair a bhí iasc níos iomadúla ná mar atá inniu.

Bhí cúpla traimil ag m'athair agus ag Mícheál Ó Siochrú na habhann. Bhíodar bordaithe go cáiréiseach againn óna seacht ar maidin agus chuireamar ar ghualainn theas na Boilge iad le teacht taoide. Tar éis sin a dhéanamh ghreadamar linn siar go Bá Cheann an Aonaigh chun iascach ó ghrinneall, nó ó thóin mar a bhí i gcanúint na muintire. Chaitheamar ród nuair a bhí comharthaí cruinne an átha fachta againn. Ní raibh aon easnamh baoite orainn: bhí lugaí dubha agus ómra; piastaí na míle gcos a bhí le fáil sa ghaineamh i dteannta na lugaí; bhí portáin dearga agus ghlasa agus cúpla maicréal úr. Bhí doraí láimhe ag gach duine againn. Bhí péire duán ar dhoraí m'athar agus ar dhoraí Mhíchíl Uí Shiochrú. Duán singil a bhí ar mo dhoraí féinig. Ní rómhaith a d'éirigh liom an mhaidin sin mar an chéad bhreac a láimhsigh mé ná stumpa mór de mhadra glas go bhfuil an biorán mór in aice na heite droma aige. Nuair a thógas ar bord é, sarar éirigh liom mo bhróg a bhualadh ar a eireaball, bhuail sé slaiste trasna mo lorga nocht a chuir an ghuaireach spíceach go doimhin in aice chnámh mo lorga. Ní raibh faic chun mé a shábháil mar ní raibh orm ach treabhsar gairid. 'Sin ceacht eile foghlamtha agat,' arsa Daid, ag scriosadh an mhadra spícigh den duán agus á spriúchadh amach thar an ngunail. Thóg sé mo chos in airde ar an dtochta, áit ar dhein sé an fhuil a shúrac as an ngoin lena bheola. Nigh sé le sáile é agus dúirt liom ligint dó a bheith ag tabhairt na fola go fóill. Cé go raibh mo chos nimhneach tinn ar feadh laethanta, níor fhan ach a rian ann atá le feiscint fós.

Thug m'athair an cnúdán mór liathdhearg go dtugtar an tobán air, ar bord. Ní hé seo an cnúdán dearg eile go dtugtar an píobaire air. Tá siad féin agus na cnúdáin liatha gaolmhar dá chéile. Bhí fo-fhaoitín, troisc bheaga agus deargáin farraige ag teacht anois agus arís. Bhí iasc go leor ann ach ná raibh aon dul suas orthu, is é sin ná raibh aon fhonn orthu an baoite a alpadh ach ag piocadh agus ag giobadh air. Chaill m'athair smut dá dhoraí le rotha mhór soic na sciathán mór leathan. Bhí soc uirthi seo fé mar a bheadh ar shluasad agus bhí m'athair ag iarraidh an duán a bhaint aisti chun í a scaoileadh uaidh. San am sin ní raibh margadh ar bith don iasc coimhthíoch garbh seo ná raibh ródheas len' ithe. Pé únfairt a dhein sí, bhris sí an losna in aice na luaidhe ach ní raibh aon díomá ar Dhaid ina diaidh. Ghreamaigh Mícheál Ó Siochrú turbóid dheas timpeall dhá phunt déag meáchana. Bhí tarrac a mhála eatarthu ar feadh tamaill ach sáriascaire duáin ab ea Mícheál. Thug sé an breac anamúil chun an ghatha gan mhoill. Bhí stríoc ghorm ag éirí le bun na spéire siar ó dheas ón Sceilg. Bhí m'athair ag coimeád a shúl air le heagla drochshóinseáil thobann. Bhíomar cúpla míle siar fén mBá agus na líonta gan tarrac fós. Labhair m'athair le Mícheál, á rá leis: 'B'fhearra dhúinn a bheith ag glinneáil suas. Ní maith liom crot na spéire sin; tá féachaint toirniúil ar na scamaill.' Chasamar na doraithe ar na glinní agus tharraing Mícheál an ród. Dhein mé féin an bád a thaoscadh agus an t-iasc a chur go cliabh i dtosach an bháid. Bhí Mícheál ar an maide bogha agus m'athair ar an dtarna maide. 'Ritheam soir leis an dtalamh le heagla athrú gaoithe,' arsa m'athair.

Bhí falla ciardhubh uisce ag déanamh isteach cheana féin, cé go raibh sé cúpla míle siar uainn fós. Chuireas féin maide gairid amach ar thaobh an tríú tochta chun cur le siúl an bháid. Bhíomar díreach ag cur Charraig an Scéalaí dínn nuair a phléasc an spéir os ár gcionn agus as sin amach bhí na caora ag dul i bhfarraige ar gach taobh dínn. Chaith m'athair braon d'uisce coisricthe orainn a bhí i mbuidéal i dtosach an bháid. Dheineamar comhartha na croise orainn féin. Bhí an ghaoth ag éirí agus bhíomar chun dul isteach go Buaile Uí Chuill le hordú ó m'athair, a dúirt go raibh gaoth lenár ndeireadh, í a scaoileadh roimpi soir. Ritheamar docht le cliathán na Gamhnaí de dhroim Cheann na Cráití, thar Scátha an Tarraic, trí Bhealach an Oileáin, de dhroim na Reanna Duibhe, thar Bhoilg Anders, timpeall Charraig Uí Spealláin isteach le Drom an Bháid, gur bhuaileamar Tráigh shocair shábháilte Bhun an Chaisleáin. Dheineamar an bád a tharrac aníos ar an mbréitse. B'fhuirist í a shá mar chuireamar culaithirtí adhmaid fúithi gur shleamhnaigh sí suas orthu gan dua. Chuamar ar scáth an tseanchaisleáin ón uain a bhí imithe chun donais ar fad. Bhíos féin chun dul isteach go seomra an bhodaigh ach bhagair m'athair orm fanúint amuigh fé scáth an fhalla thoir. Tháinig caor amháin nimhneach go raibh balaithe dóite uaithi. Níor tháinig lagú ná staonadh ar an ngaoth a bhí ag tarrac isteach siar ó thuaidh léi ag tógaint guairneáin sáile ina gcamfheothain chasta amach ón dtráigh. Bhí na líonta gan tarrac ach má bhí féin, céad moladh le Dia, bhíomar féin slán sábháilte. 'Is mairg a bháitear le linn anaithe mar tagann an ghrian i ndiaidh na fearthainne.'

Murach an tsúil ghéar a choinnibh m'athair ar an spéir b'fhéidir go mbeadh a mhalairt de scéal le hinsint. Roinneamar an t-iasc agus bhain an triúr againn an baile amach, áit a raibh fáilte romhainn. Bhí mo mháthair imníoch ar ár dtaobh ach ar a shon sin is uile thug sí fé ndeara an báidín ag rith roimis isteach go Bun an Chaisleáin. Deirtear ná bíonn tréan buan, mar chiúnaigh an ghaoth am éigin an oíche sin, agus le scairteadh an lae arís bhí sé ina bhrothall agus ina bhánán. Nuair a bhí lón na maidne caite againn tháinig Mícheál Ó Siochrú agus siúd linn arís fé dhéin na trá. Chuireamar an bád ar snámh agus, cé go raibh sé ina lán trá, bhí sá fada orainn tríd an ngaineamh bhog. Ach leis na culaithirtí a choimeád fúithi, thógamar cíle an bháid saor ón ngaineamh.

Bhí faitíos agus imní ar m'athair go mbeadh na líonta stractha ag na portáin i ndiaidh na hoíche. Is róghearr go raibh pointe na Carraige curtha againn ar ár ndeireadh agus sinn ag déanamh síos ar an mBoilg. Bhí suaiteán beag éirithe i ndiaidh na stoirme. Chuir m'athair agus Mícheál treabhsair íle orthu féinig. Thógadar an baoi ar bord. Chuireadar mise ar na paidilí gairide i dtosach an bháid chun í a choimeád díreach dóibh. Thosnaigh Mícheál ag tarrac an téad bhoinn; bhí m'athair ar théad na gcorc. Is gearr go raibh cluas an lín á nochtadh féin i dteannta an chloch chúil. Bhí seanráiteas maidir le traimil a tharrac: dá mbeadh sé dóchúil duit go mbeadh an iomad iasc sa líon, go bhféadfaí a rá gur túisce breac ná cloch chúil, mar tá an chloch chúil ceangailte de chúinne an lín mar a bhfuil an chéad mhogall le feiscint.

Bhí roinnt mhaith ballach mór dearg á dtaispeáint féin cheana féin, iad go léir agus sparáin de shliogáin na ndiúilicíní beaga coganta ag sileadh leo. Bhí roinnt pollóg ann, cuid díobh a seacht nó a hocht de phuint meáchana. Bhí gach saghas ainnise i ndiaidh na hoíche casta sa tsnáth, luathóga, portáin dearga, cailleacha breaca agus bhí roinnt crothóg i dteannta na bpollóg geal. Is iad seo na glasáin. Bhí gliomach amháin corcra ná fuil chomh hiomadúil leis an ngliomach dúghorm comónta. Bhí méardóg amháin in achrann sa tsnáth i measc na n-iasc. Bhí glór garbh ciachánach cosúil leis an dtraona ag teacht uaithi gach uair a chuireadh sí corraí aisti féin. Bhí cuid den iasc fós ina mbeathaidh agus dúirt m'athair go raibh salacharáil mhaith éisc iontu. Ós rud é go rabhadar chomh fada gan tógaint, b'éigean iad a tharrac salach. Téarma iascach líonta é seo: an t-iasc a fhágaint iontu go nglanfaí le hais na cé iad. Dheineamar na líonta a riar go cothromúil idir na tochtaí deiridh. 'Sea,' arsa m'athair, 'céad moladh le Dia: má bhí stoirm againn inné, tá iasc againn inniu.' 'Bímís fial leis,' arsa Mícheál ag baint a chaipín de agus ag cur chomhartha na croise air féin. Ar fhéachaint siar dom anois, ná raibh creideamh simplí álainn ag na seaniascairí seo? Bhí a rian air: fuair gach duine díobh go raibh aithne agamsa orthu bás suaimhneasach na naomh.

Thángamar le hais carraige i mBun an Chaisleáin mar ar ghlanamar na líonta ar ár suaimhneas. Chuaigh mé féin abhaile, thugas liom an t-asal agus an trucail agus trí chiseán mhóra. Bhí na ciseáin lán go barra. Díoladh cuid de go háitiúil. Deineadh an méid a bhí spártha de a leasú. Ní raibh easnamh iasc, bláthaí ná prátaí ar mhuintir an bhaile na laethanta sin.

Oideachas imshaoil

ó *Ríocht na dTonn* (1989), 41–46

Dhúisigh mo dhriotháir Pádraig mé leis an lá ar maidin. Bhain sé croitheadh asam, á rá: 'Éirigh, táim féin agus Peats Ó Corráin chun dul siar go Rinn an Bhealaigh inniu chun last múir a bhaint.' Phreab mé i mo shuí gan mhoill mar bhí a fhios agam ná beadh orm dul ar scoil. Ní raibh mo mháthair sásta mé a ligint sa bhád in aon chor, mar ní raibh ionam ach giolla caolspágach aon bhliain déag agus dúil thar dhúil agam sa bhádóireacht. Bhuaigh Pádraig ar Mham nuair a d'inis sé di go mbeadh an iomad uisce ag teacht ar bord leis an lathach bhuí i dteannta chochaill na feamainne. Dúirt sé léi go rabhas ag teastáil go géar uathu chun an bád a choimeád taoscaithe. Chuir Mam uisce coisreacain orm sarar scaoil sí chun siúil mé. Ní raibh bróga, stocaí ná caipín orm ach mothall gruaige.

Bheir mé liom cúpla áras, galún agus buicéad beag stáin. Bhí Peats ag feitheamh linn ar an dtráigh, an corrán cam lena sháfach fada ar a ghualainn. Níl gá le breis faobhair ar scian an chorráin. Má bhíonn, ní thabharfaidh sé leis an múr trasna a bhéil mar is ceart dó. Is amhlaidh a bheadh sé ag cailliúint. Is ceart béal an iarainn a bheith maol. Bhí an bád in aice na cé, bád nua glan ceathair-rámhach, trí troithe fichead ar fhaid, a bhí déanta ag Seán Ó Gealbháin ó Bhrá Chathrach, Cathair Dónall. Bhí cáil ar an nduine céanna chun bád a chumadh. Bhí an báidín seo déanta go slachtmhar. Ní raibh leathphluc ná leathbhord uirthi óna clár deiridh go dtí an stuimine, ó na stualaí[33] go dtí an ghunail is ón ngunail go cíle. Bhí, de réir chaint na seanmhuintire, siúl, iompar agus cosaint inti. An ainm a bhaist cuid des na hiascairí óga uirthi ná *An Gandal Gloine* agus ar mh'anam gur fhan an ainm sin uirthi, cé ná raibh sé riamh scríofa uirthi. Nuair a chuamar ar bord, d'fhéach Pádraig fén siota deiridh chun déanamh deimhnitheach go raibh an spadhail daingean le heagla aon sconnadh. Bhí an taoide ag trá fós agus an fharraige ina scáil shocair dhorcha. Ba é seo rabharta mór na Cásca. Ní bheadh lán trá mar é seo go ceann tamaill mhaith eile.

Bhí Peats ar an maide bogha agus mo dhriotháir ar an dtarna maide. Fén dá mhaide mhóra bhí *An Gandal* ag sleamhnú léi siar gan luascadh, gan dua mar eala ar linn. Nárbh aoibhinn é beatha an iascaire! Cé a bheadh i ngéibhinn istigh i bpríosún scoile ar mhaidin mar í seo!

B'éigean dúinn éirí amach beagán ag gabháil siar thar Charraig Mhíchíl Uí Shé. Bhí talamh éadrom ansiúd go raibh leithead páirce ann gan faic le feiscint ach rabhacha d'iallacha fada caola na mara sínte ina n-uail droinge[34] anuas thar a chéile. Ní fhéadfá buille rámhaíochta amháin a thabhairt gan bac le buille snámha; áit, ar a shon sin is uile, go raibh a bhua féin ag gabháil leis, mar ná raibh áit ab fhearr i gcomhair traimil mogall singil a shíneadh anuas lena bhfaobhar. Le casadh na tuile, is i measc na gcordaí a bhíodh na milléid ag srúmáil. Gheofaí ina dteannta bric gheala farraige ná raibh dleathach don iascaire méar ná fiacail a chur iontu. Ach bíodh sin mar a bhí agus mar atá fós.

Siar le cliathán Charraig na Dallóige bhí Rinn an Bhealaigh á nochtadh féin go soiléir. Bhí cochaill dhúbalta na feamainne móire duibhe ag cur a gcinn de dhroim uisce fé mar a bhí an taoide ag ísliú. Ba chosúil le foraois fó thoinn é, cuid des na cochaill stractha, a thuilleadh des na feamanna ná raibh iontu ach maidí téagartha lomnochta. Déarfá, le féachaint orthu, gur slua daoine iad a bhí ag iarraidh éirí as an nduibheagán báite ag bagairt ort is ag déanamh comharthaí leat iad a shaoradh.

Ní sa bhfeamainn gharbh a bhí suim ar bith againn, ach sa straidhp fhada bháite chosghairid a bhí meascaithe leis na slata caola fada go raibh an cochall leathan orthu i dteannta feamainn fhada mhín, an rúplach bháite. D'ainligh an bheirt acu an bád go cneasta suas le cliathán na Reanna mar a raibh taobh leis doimhin socair. Bhain Pádraig a gheansaí agus a léine de. Ghléas sé é féin le sean-vástchóta agus seantreabhsar. Bhí a ghéaga saor ó éide ar bith. Rinne Peats amhlaidh. Ba chuisleannach láidir an bheirt úd an lá sin, cé go bhfuil siad ar shlí na fírinne le blianta fada, Peats ina chodladh i Mainistir Mhichíl cois trá agus mo dhriotháir curtha i Stát Connecticut SAM. I Ríocht na bhFlaitheas dóibh inniu.

Bhí gach tarna babhta acu ar an gcorrán cam, duine acu ag baint agus duine eile ag tógaint an mhúir de bhéal na speile. Bhí straidhp agus feamainn mhín acu á thógaint agus lán a ghabhail den rúplach bháite gach aon tarrac den chorrán. Bhí an iomad uisce ag teacht ar bord leis an múr fliuch ach dhein mé an bheart go haiclí le mo thaoscán. Choinnigh mé an tobar idir na maidí urláir tirim saor ó uisce. Bhí maoil dheas chothrom curtha ag an mbeirt acu ar fhaid agus leithead bholg an bháid agus ba mhaith an sás iad chun a dhéanta, bréidín i ndiaidh bhréidín á líonadh is á ghreamú thar a chéile mar a dhéanfaí le coca féir. Bhí *An Gandal Gloine* síos go dtí an stráice uachtair ach, má bhí féin, ní raibh corraí aisti le last de leasú glan gléineach ón bhfarraige.

Léim Peats amach ar lic taobh linn. 'Tabhair dom an galún stáin,' ar seisean liom, 'go líonfadh le bairnigh duit é.' Bhí cléitigh de bhairnigh mhóra leathana ann a fhásann ar na leacacha fé uisce go mbíonn bia buí milis iontu ar dhath an ime. Bíonn milseán de mhúr craobhach buí atá deas le cogaint, ná fásann thar orlach ar airde, go dtugann na daoine Seán Te air.

Is gnách leis an mbairneach mór leathan síolú san áit a bhfásann Seán Te. Bhain Peats roinnt mhaith bairneach mar fhéirín domhsa sarar thóg mo dhriotháir ar bord arís é. Bhí steancán maith den taoide tagaithe nuair a shroiseamar an ché ach má bhí féinig bhí an lá calmúil grianmhar. Bhí fómhar na mara déanta, agus dóthain bliana de leasú dos na prátaí i gcomhair taoscadh orthu. Beidh cuimhne go deo agam ar an lá taitneamhach sin os cionn seachtó bliain ó shoin.

Ós ag caint ar mhúr atáim tagann ionadh de mhúr briste i dtír go mórmhór i ndiaidh stoirme, ar bhréitsí agus ar thránna Bhaile an Sceilg. Is fairsing fada an t-imeall sin ón bhFaill Dhearg i mBun an Choireáin go Tráigh na Cille i mBá Fhíonáin. Tagann gach saghas múir cháitigh meascaithe trí chéile, rabhacha báite, ceanna slat, feamnach chaol straidhpe, feamainn na bileoige leithne cosghairide, an ribín dearg agus an leathach uaine ná fuil ró-iomadúil ar an gcósta theas. Tugtar grísín nó muirleannóg ar an leathach uaine chomh maith. Agus gan dabht tagann an iomad de chochaill dhúbalta na slat ramhar mara isteach.

Bhí múr dubh bolgánta ag fás go flúirseach ar Charraig an Chaisleáin agus ar an Rinn Dhubh. Bhí na tránna roinnte idir thionóntaí na ngabháltas beag, fé dhlí na mbocht, ag an dtiarna talún. Bhí cead fachta ag m'athair múr bolgánta a bhaint ar cheathrú de Charraig Uí Spealláin mar sheanleasú. Bhí na comharsain muinteartha; luídís isteach ag cabhrú le chéile chun saothar an mhúir a thabhairt chun críche. Bhí fás gairid eile ar nós caonach, cuid de donnghlas, a bhíonn ag fás i measc an mhúir bholgánta in uisce tanaí go dtugadh na seandaoine flocas air. Bhí múr eile, fás fada mín craobhach ar nós tor, a chos chaol shingil greamaithe ar fhleasc cloiche agus an ainm a chuala á thabhairt air ná triopall murúiche. Bhí piseog ag baint leis nach cóir duit é a bhaint.

Bhí lochán i lúib na Reanna Duibhe, Loch an Duilisc, gur fánach a thráfadh air agus go raibh gach saghas múir le fáil ann: an carraigín, an duileasc agus an méabhán, an diúilicín mion, an sleaidí dubh leathan a dheintí a bheiriú do mhuca, an sleabhcán donn a bhí go deas len' ithe ach é a bheiriú le bainne. Bhí trí shaghas duilisc le fáil ann. Bhí an duileasc gairid ann, a bhí lán den iaidín. Dheintí é a bheiriú le bainne agus giota beag gairleoige. Nuair a bheadh an bainne ag iontú beagán gormdhearg bhí sé go maith len' ól mar leigheas, ar shlaghdán nó gan slaghdán. Bhí an duileasc leathan crónuaine agus an duileasc gealuaine a dheintí a thriomú fén ngréin go deas le cogaint. Chuireadh sé cíocras chun ólacháin ort.

Chonaic mé boscaí den duileasc triomaithe pacálta go cruaidh á ndíol ar mhargadh na siopaí éisc sna Stáit Aontaithe; Stát Maine an seoladh a bhí ar na boscaí. Ní fios dom cén úsáid a baintear as, ná cén luach trádála a bheadh air, ach go raibh mórán de á chur ar an margadh.

Ní raibh méabhán an diúilicín mhion chomh flúirseach ar an dtaobh thuaidh de Bhá na Scealg ach chonac féin ábhar maith de ag fás ar an dtaobh theas i lúib na Reanna in aice Cheann Muice. Ní mór don mhéabhán foithin ó bhreis suaiteán farraige.

Tá féar glas na farraige, an mhuirleog, ag fás ar na bancanna gainmhe fé uisce. Maireann gach saghas éisc i measc na muirleoige. Bíonn sceana con, lugaí, camóga, ruacain (idir shleamhain agus fáirbreach), portáin ghlasa agus dearga, leathóg na spotaí dearga agus an leathóg dhubh, ballaigh mhóra ildathacha ghlasa agus dearga, go mbíonn blas deas méith uathu, a thugann formhór a saoil ag iníor i measc fhás na muirleoige, mar de réir aon tuairim réasúnta tá saibhreas beatha ann do gach saghas éisc. Tá préamhacha na muirleoige go deas milis le cogaint. Chonac féinig rotha mhór an tsoic, an rotha fhionn agus rotha an droma dheilgnigh, fé scáth na muirleoige, agus fiú amháin turbóid mhór a thóg m'athair le píce na gceithre mbeann go raibh sáfach fhada as lá scáilmhear go raibh sé ar thóir camóg. Tá dhá shaghas troisc ann, trosc Atlantach an fhuaruisce agus trosc beag na muirleoige a mhaireann ar an dtalamh tanaí múrach.

An dúlra mar fhoinse gaoise

ó *Ríocht na dTonn* (1989), 30–38

Comharthaí ón ré

Bhí fáinne óir ar an ngealach aréir ach anocht ní fheicim
an ré,
Achainím ort cur isteach go cuan le heagla an hairicín.

Sin mar a dúirt seanmhairnéalach le captaen an *Hesperus* sa dán úd, 'Longbhriseadh an *Hesperus*.'

Tá seanchomharthaí aimsire a bhaineann leis an ngealach. An comhartha is measa ó thaobh drochshíne de is ea 'an tsúil choiligh.' Is é sin an fáinne óir a bheith achomaireach don ré.

Bíonn fáinne fairsing le feiscint minic go leor timpeall ar ghrian is ar ghealach. Is gnách gur comhartha báistí é seo. Ní fhanann an cearcall slán ach tamall gearr. Pé áit ba thúisce a thagadh bearna sa chearcall deireadh na seandaoine gur as sin mar phointe a thiocfadh gaoth. Chloisfí á rá: 'Tá bogha ar an ngealach anocht agus béal thoir theas air.' Comhartha báistí agus comhartha go mbeadh gaoth gharbh ann é sin. Nó chloisfí: 'Tá an ré ag féachaint suaite anocht.' Dá dtarlódh seo in aimsir thirim fhuar sa gheimhreadh, bheadh súil le roinnt sneachta. Comhartha maith an ghealach a bheith gealghlan agus solas dá réir inti. Drochaimsir a bheadh ann an nuaré a fheiscint sínte ar a drom, agus dea-chomhartha í a bheith ina seasamh díreach.

Bhí seanchas cosúil leis seo ag na hIndiaigh Dhearga maidir leis an gcorráinín nua ach é a bheith bunoscionn leis an seanchas seo againne. Comhartha maith ab ea an corrán gealaí a bheith ar a bhéal in airde go bhfanfadh an t-uisce istigh sa chupán. Dá mbeadh an corrán ina sheasamh díreach, cheap siad go ndoirtfeadh sé an t-uisce amach as. Tá na tuairimí piseogacha seo bréagnaithe ag an nuatheicneolaíocht le tamall fada. Deir an seanchas leis go bhfeiceann na héisc an nuaré an chéad oíche, na héin an tarna hoíche agus an duine an tríú hoíche.

Bhí cumhacht na gealaí, dar leo, ciontach leis an iomad rud. Bhíodh daoine breoite níos measa ná sa duibhré, go mórmhór daoine go mbeadh galar meabhrach orthu. Bhí tuiscint go raibh an tslat briosc le lán na gealaí agus go raibh prátaí uisciúil agus croí folamh iontu. B'fhearr na sciolláin a chur sa duibhré. Bheadh níos mó beatha in éisc shliogáin, go mórmhór i bportáin, sa duibhré. An ghealach lán ag éirí dearg sa tsamhradh comhartha brothaill. Níor mhaith le mairnéalaigh farraige réalt mhór mar phláinéad a fheiscint ar líne chóngarach thiar theas ar an ré. B'in comhartha stoirmiúil.

Léamh na spéire

Caisleáin bhána agus spéir ghorm, sin comhartha d'aimsir cheathach agus, i dteannta bogha síne, sin síon ghlas chruaidh. Chífeá na caisleáin seo leis lá breá brothallach samhraidh go mbeadh stoirm thoirní ag bagairt. Bheadh na caisleáin chéanna 'ag bagairt a gcinn thar dhroim a chéile,' mar a dúirt Merriman maidir leis na cnoic. Dá bhfeicfeá scamaill bheaga bhána chiorclacha oiread liathróid chaide ag gluaiseacht go híseal i ndiaidh a chéile, ar sodar mar a déarfaí, agus drom dúghorm laistiar díobh, bheadh gaoth agus báisteach buailte leat láithreach. Má thagann an ghaoth roimh an mbáisteach, is féidir seoladh arís i gcionn scaithimh bhig. Ach má thagann an bháisteach trom ciúin ar dtúis is dóichí go dtiocfaidh gaoth láidir ina diaidh. An droch-chomhartha is measa amuigh ná crúcaí an drola a fheiscint ar fhaobhar na haigéine is na spéire le dul fé na gréine. Tá bearradh caorach mar chomhartha sóinseála chun bogaimsire. Eireaball lárach: aimsir thirim ghaofar anoir aduaidh. Comharthaí chraiceann an mhaicréil: gaoth láidir anoir is aneas agus báisteach leadránach. Dearg ard: grian amáireach. Dearg thoir le héirí gréine: báisteach fé thráthnóna. Dearg thoir theas le dul fé na gréine: báisteach amáireach.

Stráicí de scamaill thanaí os cionn a chéile go hard sa spéir in aimsir chiúin, sin comhartha breáthachta agus aimsir bhuan stóinsithe. Bogha síne istoíche: dea-chomhartha; mar an gcéanna ar maidin: glasaimsir. Scamaill chruaidh fhéasógacha mar a bheadh gráinneog farraige: clocha sneachta. Cosa gaoithe ar maidin: cosa cailme tráthnóna, sin cosa ón ngréin. Ceo bán ar chorrach íseal: báisteach. Ceo bán go hard ar shliabh le titim oíche: dea-chomhartha. An ghrian ag dul fé agus eireaball mada rua ar an dtaobh thuaidh di: an brú le teacht. An t-eireaball ar an dtaobh theas de: an brú imithe uait. Eireaball an mhada ar gach taobh de: brú doimhin, drochaimsir ar feadh laethanta. An bhrí a bhí ag an seandream le heireaball mada rua ná an smut íochtarach den bhogha síne báistí. Dath copair ar an spéir le luí na gréine: aimsir ghlas fhuar ghaofar.

Foghlaim ó na hainmhithe

Chreid na seandaoine go dtagadh an fharraige faoi láth uair ins gach céad bliain, is é sin le taoide ard nó le tonnroth. Ar shlí éigin déanann sóinseáil aimsire cur isteach ar ainmhithe éagsúla na cruinne, cuir i gcás éanlaithe. Bíonn réamhfhaisnéis acu ná fuil breis eolais fós ag an nduine ina thaobh. Is cosúil go bhfuil eolas ag éanlaithe farraige go mbíonn stoirm mhór ag teacht.

Chónaigh cara liom tamall dá shaol i measc oileán iargúlta san Aigéan Chiúin i measc mhuintir álainn na Polainéise. Dúirt sé liom go raibh seanduine go raibh báidín rámhaíochta aige ar thráigh bheag leis féin. An lá áirithe seo chuaigh an seanduine amach ag tabhairt fógra i measc phobal an oileáin go raibh tonnroth le teacht agus na báid a chur ar sábháilt uaidh. Bhí sé gach uile lá ag tathant orthu na báid a chur ar thalamh ard áit éigin ná béarfadh an tonnroth orthu. Bhí cuid den phobal nár thug aon aird air, a thuilleadh á rá gur galar inchinne, samhlaíocht de mheascán mearaí a ghabhann leis an gcríonnacht a bhí á chur féin in iúl. Ach ghlac a lán eile a chomhairle. Bhí na laethanta á gcaitheamh is gan aon mhaidhm mhór mhillteach tagaithe fós.

Fé dheireadh, chun an duine bocht a shásamh, chuir na hiascairí a mbáid suas amach go himeall na coille, áit ar chuireadar ceangailt lae agus bliana orthu. Bhí breis agus seachtain caite fén am seo go dtí, lá des na laethanta, dhorchaigh an spéir amuigh ar fhaobhar na haigéine. Dúirt cuid de mhuintir an oileáin go raibh éiclips ag teacht ar an ngrian. Leoithne ghaoithe ní raibh ag corraí, agus bhí féachaint mhínádúrtha ar muir agus ar talamh. Déarfadh duine go raibh an chruthaíocht go léir ina tost, na daoine ag feitheamh leis an rud a bhí le titim amach. Sa deireadh, d'airigh daoine glór mar a bheadh fothram fé thalamh agus is gearr go bhfacthas falla gléigeal cúránach le bun na spéire. An fharraige a bhí ciúin neomat ó shoin, bhí sí bolgánta anois ina cnocáin go raibh leithead agus aoirde na sléibhte iontu. Mar bharr air sin bhí an tonnroth uafásach ag déanamh isteach agus aoirde na faille d'uisce ag titim de dhroim a chéile ag déanamh fothrom eaglach toirniúil, agus an tonn mhór ag briseadh is ag scuabadh roimpi, agus na báid ar deineadh faillí iontu imithe gan tuairisc. Nuair a bhí an t-eirleach thart, fiafraíodh den fhear aosta cá bhfuair sé an t-eolas go raibh a leithéid le teacht. Ar seisean: 'Chonaic mé na circíní toinne, guairdill farraige, cánóga agus éanlaithe mara ag déanamh feisteas le laethanta fada roimhe sin, iad go léir ag obair go dícheallach ag athrú a gcuid uibhe agus gearrcach go talamh ard, áit nach sroisfeadh an tonn mhór iad.' Sin sampla den dúchas nádúrtha ag cruthú dúinn go raibh réamheolas ag na héin ar nithe ná raibh soiléir don duine.

An bheatha neamhdhaonna agus athrú aeráide

Loscainn agus seilmidí a bheith ag teacht isteach sa teach: comharthaí mionbháistí agus tamall leanúnach d'aimsir bhog. Comhartha mar an gcéanna ab ea liathróidí agus ailpeanna súgha ag titim anuas as an simné. Na criogair ag déanamh ceoil cois an iarta as a gcuid neadacha istigh i measc na saoirseachta, bheadh súil le fuacht ansin agus reonna seaca, agus an cat, gan amhras, agus a dheireadh leis an dteas aige. Dá mbeadh Nóra na bPortaithe ag dul ar na srutháin isteach fén dtír: b'in comhartha go mbeadh aimsir bhriste chugat. Na lachain ag freagairt a chéile agus ag déanamh tóir, iad ag lorg uisce. Lá trom báistí go dtosnódh na coiligh ag glaoch ar fud an bhaile, b'in comhartha go nglanfadh an lá gan mhoill. Fuinneog dhúghorm sa spéir thoir thuaidh, bheadh lá grianmhar ina dhiaidh sin. Ní maith liom guairdill bheaga dhubha ná stoirme a fheiscint róchóngarach isteach leis an gcósta ná iad ag bailiú ina dtriopaill bheaga. Comhartha stoirmiúil iad nó farraigí suaite. Róinte á n-iomlasc féin sa tonn bhriste cois toinne: comhartha aimsire tarracúla suaillí. An lóma ag glaoch sa chuan: aimsir fhuar sheaca le teacht. Flúirse pilibíní míog, feadóga sléibhe agus géanna fiáine: geimhreadh fuar. An caistín a bheith imithe a chodladh déanach: earrach fuar fada. Mar an gcéanna leis an ngráinneog.

Ní thugtar breis airde ar na seanchomharthaí aimsire san am seo láithreach. Tá na satailítí ag taispeáint pictiúir de scamaill na cruinne gach uile lá. Tá gléasanna tomhais le brú an atmaisféir a mheá; níl gá le comharthaí ón ndúlra a thuilleadh. Tuigtear dúinn chomh piseogach is a bhíomar mar níl na gléasanna seo a chumann saineolaithe piseogach. Mar gur léim mhór chun cinn é seo, an nuatheicneolaíocht, ní bheidh gá feasta le féachaint ar an spéir. An feirmeoir, an t-iascaire, duine de gach saghas ceirde níl aige ach luí ar an gcnaipe chun freagra beacht a fháil ar aimsir inniu nó amáireach, ach, má bhíonn an t-eolas sin bunoscionn, ná cuireadh sé an milleán ar an réadóir bocht piseogach seo.

An bhfuil eolas maidir le himeachtaí an dúlra agus an tséasúir agus an nádúir á chur fé ghlas ón nduine comónta? Tá an fliuchán méadaithe sa mbreis ó bhíos-sa féin ag éirí suas. Ach is dóichí go raibh seo amhlaidh riamh i dtimchuairt na haimsire a tháinig leis na mílte bliain. Tá breis báistí ag titim in Éirinn fé láthair. Tá aibhnte agus locha agus fiú amháin na farraigí agus an t-aer féinig á dtruailliú in aghaidh an lae. Tá spreacadh gníomhach an adaimh á chur féin in iúl fiú amháin sa mbia atá againn á chaitheamh. Tá an bháisteach shearbh ag marú crann agus torthaí. Cad ina thaobh an truailliú go léir? Scailpeacha ola ag lot tráigh bheag Phraisce i mBaile an Sceilg atá ceangailte i mbéaloideas piseogach álainn le hOisín agus Tír na nÓg. Cé acu ab fhearr leat piseogacht ársa ár seanchais nó truailliú salach na nua-aimsireachta? Níl agam ach brú ar an gcnaipe. Beidh na saineolaithe ag tabhairt léachta ar cé hé atá ciontach leis an mórshalú caca seo atá i riocht an cine daonna a bhréanú.

Cuireann athrú aimsire isteach ar dhaoine breoite. Brú íseal is measa. Déanann sé cuisleanna an choirp a mhoilliú. Ar thug tú fé ndeara chomh leásaí agus a bhíonn ba agus ainmhithe feirme le sóinseáil aimsire, iad go léir sínte i ndiaidh a chéile dírithe ar phointe na gaoithe agus ag méanfaíoch le tuirse? Cuireann stoirm thoirní isteach ar mhuca, ar mhadraí agus ar mhórán cineálacha éisc. Bíonn scoileanna na mbradán á gcaitheamh féin roimh lá báistí.

Comharthaí aimsire breá cluiche faoileán a fheiscint ag teacht isteach sa mbá i ndiaidh scoil sprot. Dá mbeadh na cluichí faoileán seo ag imeacht as an mbá go luath i Meán Fómhair, deireadh na seandaoine: 'Tá an bheatha ag fágaint an talaimh thanaí, ag dul amach sa doimhneas.' B'in comhartha go raibh aimsir gheimhriúil buailte leat. Clocha sneachta agus toirneach aniar ón bhfarraige: bheadh súil le coicíos drochaimsire. Osclaíocha[35] gan toirneach thoir theas: sin aimsir thirim dhorcha chugat. An fiach mara ar charraig agus a sciatháin leata: sin comhartha gaoithe. Bhíodh aithne ag na seandaoine ar fhuaim agus ar mhacalla na dtonn ar gach tráigh ina gceantar féin. An saghas aimsire a bheadh le teacht, bhíodh an tráigh áirithe sin á fhógairt. Bhíodh Tráigh an Ghleanntáin i mBaile an Sceilg ag fógairt gaoth aduaidh; Bealach Oileán na gCapall ag fógairt gaoth aneas; Tráigh Phraisce báisteach agus gaoth ón bhfarraige; Tráigh na Cille aimsir stoirmiúil agus, i ndeireadh Lúnasa, deireadh na seandaoine: 'Oíche fhada an fhómhair nó tóin linbh óig,' nach fios dóibh cén tsóinseáil aimsire a bheadh ann ar maidin.

Na Scealga

ó *Cliathán na Sceilge* (1984), 41–43

Tá carraig na Sceilge naoi míle siar ó phointe Bhólais. Tá an charraig seo míle sa timpeallacht agus os cionn seacht gcéad troigh ar airde. Tá slinn dhubh ghorm le fáil go flúirseach inti, meascaithe le riastacha marmair idir bhán agus dearg i dteannta chlocha cróin agus mianraí éagsúla eile. Tá le feiscint spící arda áille agus splinceacha caola ag éirí go hard a thugann cosúlacht an chalafoirt don charraig. Fásann an chaoróg farraige go dlúth agus go trom ar an gcliathán thiar theas den charraig ag tabhairt foithine agus caoi chun neadú dos na guairdill, na coiligh farraige agus na cánóga, mar caithfidh siad dul faoi thalamh ón gcaobach dhubh, an faoileán bradach millteach sin. Tá gach cuas lán des na faoileáin agus mórán cineálacha díobh le feiscint: na faireoga ag déanamh cliotair agus ag glaoch go mífhoighneach – *Kittiwake, Kittiwake* – agus failceanna beaga ina dtost ag féachaint ort le hiontas gan corraí astu.

Tá rinn siar ó dheas ón Sceilg go bhfuil Na Mná mar ainm uirthi. Áit mhór chun iascach méardóga dearga ab ea tamall é, ach, ó tháinig na tumadóirí nua-aimsireacha leis an ngléas nua chun dul fé uisce, dhein na heachtrannaigh seo slad ar iasc sliogáin. Bhíodh an fharraige timpeall ar an Sceilg lán le gach saghas éisc lem linn féinig. Go ndéana Dia trócaire air, agus báidín i gcuan na bhflaitheas don sáriascaire agus sár-Ghaeilgeoir Páid Jaic Ó Súilleabháin. Is minic a deireadh sé liom, 'an-áit i ndiaidh na hoíche, a Mhíchíl, cliathán na Sceilge Móire siar.' Is mó oíche spéirghealaí a thugamar féin agus ár gcaptaen Séamus Mac Gearailt ar ancaire taobh leis an

Sceilg chéanna agus ár bpotaí sínte go breacadh an lae. Ach dá fhaid a bheifeá ansiúd, ní bheifeá tuirseach go deo de bheith ag féachaint suas ar áilleacht chliathán na Sceilge Móire siar. Is fadó a fuair mé litir óm dhriotháir Seán a bhí san Iodáil tar éis an Chéad Chogaidh Dhomhanda. Cheannaigh sé leabhar beag i gcathair na Veinéise go raibh pictiúr álainn de Sceilg Mhichíl ann. Bhí scríofa ann ag an sár-ealaíontóir, Sir Robert Ball, R.H.A., gur phioc sé amach Sceilg Mhichíl mar go raibh sí ar comháilleacht le haon áit eile dá bhfaca sé fé luí na gréine.

Ba anseo amuigh i mbrollach na haigéine a chuir comhchumann manach den ord ancaireach fúthu i bhfad roimh an séú haois. Thógadar fallaí téagartha stóinsithe foithiniúla go raibh aoirde agus leithead iontu. Anso mar shuíomh seacht gcéad troigh os cionn na farraige is ea a tógadh an mhainistir, cealla i bhfoirm choirceoga na mbeach. Cé go raibh na tithe seo déanta de shaoirseacht thirim agus ag teacht chun aon chloch amháin ar bharr, is cosúil go raibh bua ag na ceardaithe seo na tithe a bheith cluthar tirim. Tá an mhainistir seo le feiscint inniu chomh slán leis an lá gur deineadh an chéad chloch a chur. Ní foláir nó go raibh gach sagart ina shár-iongaire cloiche.[36] Is iontach go deo an méid oibre a chuir na manaigh insa tógaint: gach píosa saoirseachta atá le feiscint ag breith barr ar a chéile. Istigh sa chlós tá dhá thobar fíoruisce ag sconnadh aníos tríd an gcarraig. Deir na hinnealltóirí gurb é brú an tsáile timpeall ar an gcarraig atá ag comáint an fhíoruisce suas. Tá reilig bheag sa chlós, chomh maith, go bhfuil na manaigh a fuair bás sa Sceilg curtha ann. Tá leac mhór cinn i bhfoirm manaigh féna éide aifrinn os cionn uaigh an aba. Tá seacht gcéad strapa den staighre déanta le leacacha troma ag dul suas go doras na mainistreach. Tá drom beag oscailte ar bharr na Sceilge go dtugtar Iallait Chríost air. Na manaigh a thug an ainm seo air de réir sheanchas na háite. Tá Cuas an Daill ar an dtaobh theas den charraig. Deirtear gur cuireadh duine dall ó Bhaile an Sceilg i dtír sa chuas agus gur shiúil sé ar a ghlúine an seacht gcéad strapa suas chun na mainistreach, áit go bhfuair sé solas na súl arís.

Tá Bior na Sceilge ar an ngualainn thiar den charraig. Do ghearr na manaigh ionad coise isteach sa bhfaill atá leagtha amach de dhroim na farraige. Tá strapaí baolacha contúirteacha ar gach céim den tslí suas chun cró na snáthaide. Tar éis dul tríd an gcró caithfidh tú dul go dtí an bior, mar is ansiúd thuas atá leac na haithrí nó Leac na bPian timpeall seacht gcéad agus ocht dtroigh déag os cionn uisce. Tá Leac na bPian sínte soir ó thuaidh os cionn na farraige, timpeall deich dtroithe ar fhaid agus cosúil le drom capaill. Tá cros gearrtha amuigh ar a héadan. Is mó duine cróga a théann ar an lic chun an chros a phógadh gach bliain agus gan faic fúthu ach an sáile gorm, na céadta troigh le fánaidh. Deirtear nár thit ach duine amháin riamh, duine a bhí ag déanamh fonóide fén mbaol a bhí leis an dturas ó thaobh creidimh de. Cuireadh an Sceilg fé thiomna an Ardaingil, Naomh Micheál, tamall de bhlianta i ndiaidh Naomh Pádraig. Deir na húdair gur bhunaigh Naomh Fíonán Canónaigh Naomh Agaistín inti agus gurb é bunús na mainistreacha Críostúla í Sceilg Mhichíl. De réir mar atá scríofa in *Annála Locha Léin* fuair Flann Macallach, Ab na Sceilge, bás sa bhliain 885. Deir an stair, leis, go raibh manaigh den ord ancaireach i seilbh na carraige i bhfad roimh an séú haois agus gur cuireadh Ír, mac Mhíle, ann tar éis a bhaiste. Deineadh a long a bhriseadh sa Sceilg mar ar bádh a dhriotháir.

Is cosúil gur báid éadroma a bhí ag na manaigh: de réir an bhéaloidis áitiúil, naomhóga do bhí clúdaithe le seithí na ndamh, tar éis an craiceann sin a leasú le coirt daraí. Bhíodh an saghas sin leathair fuaite ar fhrámaí de chasadhmad daraí agus fuinseoige. Dheintí an bád go léir a smearadh le geir. Tá fochais nó rinn fé uisce in aice an chliatháin theas den Sceilg — Boilg na Manach a thugtar air. Bhí naomhóg le manaigh ag dul i dtír sa Sceilg lá, a chuaigh i ngreim sa bhfochais ghránna seo. Do stracadh íochtar na naomhóige, agus bádh cuid des na manaigh. Do ghearr na manaigh cros ar an mboilg atá le feiscint lá rabharta nó laethanta scáileacha. Tá spinc cloiche ina seasamh os cionn na háite sin go bhfuil mar ainm uirthi Bean na hUaille nó An Géarchaoineadh. Tugann Béarlóirí *The Wailing Woman* ar an gcloch seo. Ar an gcúinne thiar den charraig tá rionnaíocht i bhfoirm cheann fir agus cheann mná le chéile. Tugtar *Adam and Eve* ar an ndealbh sin, iad ag féachaint siar de shíor, de dhroim na haigéine.

Áilleacht na beatha nádúrtha

ó *Guth ón Sceilg* (2000), 7–8

Ní raibh lá ar bith ab fhearr liom ná an lá bog aneas. Mhothófá beatha, beochaint, brí agus anam chroí na haigéine, lá go mbeadh sligríní solais ag spréacharnaigh thar dhroim na lapadáin bheaga shúileacha a bhí ag bolgadh go mall réidh as íochtar go huachtar na farraige, na gearrfhaoileáin bheaga, sicíní geala na gcaipíní dubha, iad scaipithe ar nós nóiníní gléigeala ar phlásóga gorma ríocht na dtonn; foirithir[37] agus crosáin ag déanamh gleo i measc an chúráin, ag cumadh dánta agus ag amhrán le goib lán de sprot. Lá bog mar é is ea a chloistear ceol na mara, guth doimhin tréan cumhachtach Poseidon, an fathach nár beireadh riamh ina chodladh air, ag búirtheach le corp tarraic agus guairneáin gháireacha, ag caitheamh seilí sáile in airde go teora chré na talún mar leasú le préamhacha na gcaoróg farraige. Lá bog Bealtaine, gur mhaith leat a bheith id' bheathaidh, colainn an bháid ag luí anonn uait le seol lán den tsiolla cumhra aneas ag cur tarrac teann ar théada, brú srutha ag rith lena cliathán ag fágaint caise ina diaidh mar a bheadh scríob chéachta trí shráid na mara.

Bhí an ghrian ag rothaíocht trasna na spéire thoir theas, í ag dreapadh dréimire na cruinne ar chúrsa tarraingthe an lae mar a tharla le tús tomhais agus aois. Bhí rónán ag damhsa istigh i gcorplár chuilithe an fheachta agus seagaí chomh críonna leis an ngrian féin ag caitheamh a bpropaí in airde ag dul fó thoinn dóibh. B'é Carraig ghlas na Naomh ár gceann scríbe an mhaidin bhog álainn seo; an leoithne bhog aneas ag éirí níos beoga le linn dúinn scriosadh thar phlaosc coimhthíoch cheann tíre Bhólais amach ar fhaiche fhairsing an uisce oscailte, an báidín ag rince agus ag glacadh a thuilleadh siúil, í ag caitheamh a tosach de dhroim na dtulcaí gealgháireacha a bhí ag iarraidh í a bhaisteadh le spiotaí beaga sáile. Bhí gach ní beo amuigh anseo, an fháinleog farraige, an guairdeall riabhach, an gainéad le straiméad d'iall múir bholgánta ina ghob, é ag bailiú ábhar neide na Bealtaine a bheadh mar thocht leapa don ghearrcach aonarach a mbeadh súil leis an bhliain seo.

Bhí na tóithíní ag déanamh lúbáin díobh féin ag rith is ag rás linn nó b'fhéidir ag cur fáilte roimh iontas eile na cruinne, an duine agus a bhád. Bhí cluichí d'fhaireoga na sciathán fada caol ag screadaigh, ag ithe is ag clamhsán os cionn scailp sproit, cánóga na gcaincíní ramhra ar nós bodaichíní sorcais ag preabarnaigh aníos as umair ghlasa an tsáile, iad ag múscailt an mhionéisc as ithir na farraige. Fiú amháin bhí na néalta beaga bána cosúil le liathróidí de chlúmh feochadán ag damhsa thart ar shíonáil ghorm sheomra na cruinne. Gach uile ní ina bheathaidh, agus beatha ins gach ní. Bhí aiséirí na beatha le mothú, moladh mór le Dia, insan lá bog aneas.

Tírdhreach agus teanga

ó *Ríocht na dTonn* (1989), 104–114

Ba mhaith liom roinnt des na logainmneacha a chuala ag m'athair Seán Ua Ciarmhaic á thabhairt ar charraigeacha, failltreacha agus cuasanna a bhreacadh anseo mar chuid dár n-oidhreacht a d'fhág sé mar uacht againn i ngan fhios dó féin. Níor chuala ainm Béarla riamh á thabhairt ar rinn, fochais, cuas ná pointe. Thugas liom cuid mhaith díobh; is baolach go bhfuil a thuilleadh imithe faoi chlúid na lice.

Amuigh ar Oileán na Scairbhe bhí agus tá fós rinn a éiríonn seasca troigh os cionn na farraige ar an bpointe is sia siar de. Tá bealach doimhin idir seo agus an meánoileán. Na Deangacha a tugtar ar an rinn seo mar tá carraigeacha a bhfuil déanamh na dinge orthu, fé mar a thiomáinfí i ndiaidh a chéile iad le casúr. Laistigh díobh tá Cuas na Driseoige. Cén fáth ar fhás sceach nó dris riamh ar bhléin sceird na faille lomnoichte seo ar smuilc na scairbhe? Ní fheadarsa.

Tá Cuas an Chopair in aice leis, a bhfuil féithleog ghorm an chopair go soiléir le feiscint ar aghaidh na faille ann óna bun go barr. Tá mianaigh an chopair gan amhras i ngeolaíocht an oileáin. Tá an chéad phointe eile ag cromadh os cionn an uisce a dtugtar an Cromán air. Is ar an dtaobh thoir de atá Cuas an tSolais mar a bheadh droichead ar aon súil déanta i gcoinne na faille. Tarlaíonn an droichead céanna ar dhrom na Sceilge Bige, é fágtha is dócha i ndiaidh chreimeadh na haoise. Tá Clais na nÉamh i lár an oileáin. Ní fheadar an é 'na Naomh' nó 'na nÉamh' atá i gceist anseo ach 'na Naomh' a chuala ag m'athair. B'fhéidir go bhfuil baint éigin aige leis an uaigh atá os cionn na háite a dtugtar Uaigh an Fhathaigh air. Tá Cuas an Bháid ar an dtaobh thoir de, an áit a dtéitear ar dtír. Ar phointe thoir an oileáin idir é féin agus Oileán Duínis[38] tá Bealach na Scairbhe, é leathan doimhin agus glan ó fhochaisí ar bith. Tá drom Dhuínis féin maol lom soir go dtí an cuan beag gleoite a bhfuil tráigh an-bheag ghrin ann. Tá rinn ar a dtugtar na Glaibhinní amuigh ar a uillinn. B'fhéidir gur ón bhfocal Fraincise *glaive* nó 'claíomh leathan' a thagann sé. Leath slí isteach go dtí an mheántír tá Boilg Lár Bá, mullán de thalamh éadrom fé uisce a bhriseann in aimsir gharbh shuailleach. Istigh in aice na meántíre tá Oileán an Dá Cheann agus Oileán an Uaine iad sínte i mbéal Thráigh Thearmainn go bhfuil abha an tSrúil ag teacht anuas trí thalamh íochtarach Chathair Dónall ag sileadh isteach sa chúinne theas de ar thaobh Cheann na Rátha. Tá Oileán an Teampaill ar an dtaobh thuaidh den tráigh agus tigh mór an Chonsailéara Ó Conaill sa choill i measc na gcrann.

Tá Béal Chuan Achadh Mór ar an dtaobh thuaidh de Cheann Oileán an Teampaill a bhfuil mórchuid de thalamh éadrom boilgeach lasmuigh de ar aghaidh an chuain. Ní mór a bheith cúramach na maoláin a choimeád ar a chéile chun seoladh isteach tríd an ngóilín caol. Tá cuan beag gleoite foithiniúil istigh ann atá daingean sábháilte in aon drochuain. Ar an dtaobh thuaidh arís tá oscailt chaol ag rith isteach i measc leacacha ísle gur féidir le bád beag gabháil tríd. Bealach na Fuinneoige a tugtar air. Idir é agus Ceann Muice tá Cuas an Ghabhair, áit a bhfuil gaineamh ghléigeal gharbh ag rith suas isteach ann. Tamall amach sa doimhneas ar aghaidh an chuais bhí an-áth i gcomhair iascach ó thóin. Bhíodh an iomad rothaí agus leathóga den phríomhscoth le fáil ann. Tá maoláin bhoilgeacha a dtugtar Na Rócháin orthu ceangailte de chúinne theas na Muice; áit mhaith don mhéardóg dhearg agus don ghliomach. Na carraigeacha atá ar smuilc a chinn go dtugtar Magairle na Muice orthu, tá bealach deas doimhin idir iad agus an fhaill istigh. Chonaic mé scúnar Francach ag seoladh tríd maidin amháin, a thaispeánann dúinn ná fuil teora leis an eolas seoltóireachta atá ag captaen farraige. Tá cúpla boilg aonarach tamall óna chéile le faobhar theas an chinn go dtugtar an tSeanbhean agus an Seanduine orthu. Tá cuas beag scoilte ar an dtaobh thuaidh den phlaosc gur furasta dul ar dtír ann. Glaoitear Cuas Beag na Muice air. Tá rian Ré an Oighir le feiscint go cruinn ar an dtalamh os cionn na faille. Tá clocha go bhfuil na tonnaí meáchana iontu fágtha ar bhruach na faille fé mar a thitfidís ón spéir. Soir timpeall an chúinne tá Lúb an Rinnín, áit dheas fhoithiniúil ar ghaoth aneas agus aniar aneas ach go bhfuil a bhéal oscailte chun na gaoithe aduaidh. Tá an fhaill íseal agus is féidir dul i dtír gan dua. Is mó bád maicréil a thug saighní Bhaile an Sceilg ó Lúb an Rinnín leo agus ba bhlasta gonta na Gaeilgeoirí iad muintir an Rinnín, togha dá raibh in iarthar na Mumhan tamall.

Tá Pointe na mBiorraí ar an gcúinne thoir den lúib, an-áit ag an mbradán chun léim a chaitheamh ar a shlí ó dheas, é ag cuardach is ag lorg bhalaithe na dúiche inar rugadh é. Ón dtaobh thoir de tá Lúb Bheag na mBiorraí. Deir daoine gur dóigh leo gur ón mbiorrach a thug sé a ainm. Tá Tráigh an Rinnín mar a bhfuil fánáin dheasa i gcomhair bád iascaigh. Tá Carraig Oisín lasmuigh de Thráigh na Spáinneach. Tá an Fhaill Dhearg, Bun Baisleacan agus na Bárca. Talamh tanaí múrach is ea na Bárca. Théadh báid ó Bhaile an Sceilg ag baint múir ar laethanta trá móire i gcomhair leasú na ngarraithe. Bádh triúr as bád amháin go maireann a ngaolta i mBaile an Sceilg fós. Tharla seo timpeall dhá chéad bliain ó shoin. Tá abha Chorainn na mBuitléarach (lá éigin) ag breith uisce Loch Luigheach go dtí an fharraige leis agus ag ligint na mílte bradán suas. Gabhtar cuid díobh sa chorainn gaiste fós: gléas dleathach an tí mhóir.

Tá Carraig Éanna ar aghaidh Bhun an Choireáin atá ceangailte sa stair, le beirt mhac Mhíle, Ír agus Éanna. Tá Bun an Choireáin sceirdiúil le bréitse garbh de mhionchlocha gan breis gainmhe ann atá á chreimeadh de shíor le bualadh na farraige ón mbá bhéaloscailte isteach ann. Ar aghaidh na faille thuaidh tá na Fir Ghorma timpeall ceathrú míle ón dtráigh. Fochaisí fiaclacha faobhrúla dealgacha iad nár mhór iad a sheachaint de ló agus d'oíche, go mórmhór sa cheo. Bíonn roinnt gliomach le fáil timpeall orthu agus iasc garbh, pollóga agus ballaigh. Ó thuaidh uathu tá bun na féithe a bhfuil Corcacha an Mhuirígh air, ag rith ó thuaidh go gualainn theas bhéal abha na hUíne. Tá tráigh de ghaineamh ghléigeal timpeall dhá mhíle ar fhaid ann atá glan ó thruailliú nó salachar na nua-aimsire fós. Ritheann abha na hUíne anuas ó bharr chnoic Uíbh Ráthaigh trí ghleann fairsing na hUíne isteach go huachtar Bhá na Scealg. Ar an ngualainn thuaidh de tá na hImleacha i ndiaidh a chéile: Tráigh an Imligh agus Tráigh na Sasanach, mar ar dhíothaigh muintir na háite fórsaí armáilte an Ridire Denny a bhí ag breith leo tréad bullán agus gach uile shórt bídh, le hordú agus foláireamh smachtghunnaí[39] an ridire.

Tá an Rinn Rua taobh leis, áit a bhfuil abha an Churraigh ag rith le fánaidh isteach go tráigh bheag álainn Mhíl an Ghóilín. Tá Cloch an Chófra agus Faill an Rois mar ar fhás líon bréagach an rois tamall fadó. Tá Pointe Hector mar a raibh sloinne Albanach de mhuintir Hector lonnaithe ann. Tá Cuas an Airgid ar an dtaobh thiar de mar ar briseadh an long *Hercules* a raibh ceadúnas creachadóireachta ó Bhanríon Shasana aici slad a dhéanamh ar loingeas na Spáinne a bhí ag gluaiseacht abhaile le saibhreas thar an Atlantach ach dhein hairicín scrios ar mhuintir na creiche agus ar lucht na gabhála. In aice leis tá Cuas an Mhadra Uisce agus Cuas an tSleabhcáin. Ainm ná raibh chomh haosta leis an gcuid eile ab ea Cuas an Stóir. Foirgneamh é an stór a tógadh le haghaidh salann garbh a choimeád ann, earra a bhí gann in Uíbh Ráthach roimh theacht an iarnróid go dtí Cathair Saidhbhín.

Bhí tráigh bheag ná raibh ann ach cúpla ionad bád. Timpeall an chúinne bhí an Bhearna Dhearg ar a raibh cáil sa bhéaloideas maidir le 'marcach an dianreatha' a bhíodh ag baint macalla as gaineamh gheal na trá oícheanta lánghealaí. Bhí sruth beag ag rith anuas isteach go tráigh Bhaile an Sceilg mar a raibh rian fallaí beaga cois toinne. Deirtear gur ansiúd a tógadh an chéad eaglais bheag ceann tuí tar éis slad Mhainistir Mhichíl. Bun tSrutha an tSeanséipéil an ainm a chuala ag an seandream á thabhairt air. Bhí an dumhach[40] ag rith siar go Béal na Coise Baoithe, dumhcha gorma gainmhe ar fhaobhar na toinne gur bhreá leat siúl ann le lúib an chuain de ló nó d'oíche. Bhí cnocán a raibh cáil sa bhéaloideas áitiúil air, ba é sin Cnocán na mBuachaillí. Is cosúil go mbíodh an slua sí ag imirt báire ann. Bhí sruthán ag rith anuas ó Chinn Aird isteach go béal toinne, Sruthán Ceapa Fóill a bhí mar ainm air. Níor thug aoinne míniú dom cérbh é Ceapa Fóill nó cén bhrí a bhí leis. Tá seanchaisleán Bhaile an Sceilg cois trá. Deirtear gur Caisleán Mhic Cárthaigh é ach níl deimhniú beacht ina thaobh seo. Dhein an tOllamh Séamus Ó Duilearga, nach maireann, taighde speisialta ach ní bhfuair sé aon chruthú dearfa ar an dtógálaí. Tá An Charraig ar a aghaidh amach, Carraig Uí Spealláin. Ní fios cé uaidh a fuair an charraig seo a hainm ach an oiread. Tá rinn ar a dtugtar Drom an Bháid in aice leis. Nuair a thránn air, tá a dhéantús ar nós dhrom an bháid. Bhí an Seanphóna agus Bearna na gCorp ceangailte le bun Mhainistir Mhichíl.

Tá an Rinn Dhubh, go bhfuil Boilg Anders ar a barr, ar raiceáladh árthach éigin air na cianta siar a bhí chomh haosta sin gur dolaí adhmaid a bhí mar thairní ina dhéantús uilig.

Deirtear gur Lochlannach ab ea Anders. Tá Loch an Duilisc sa Rinn Dhubh agus is ann a fuaireas mo chéad bhlas den mhilseán mara agus mé ag laparnach i measc na lochán. Tá Rinn Orlach[41] agus Carraig na hEascann ar chúl thráigh na reanna. Siar uaidh tá Bun an Ché, Carraig Mhíchíl Uí Shé agus Cuaisín an Bháid.

Téimis anonn go hOileán na gCapall atá sínte trasna an chuain mar a bhfuil Tráigh an Oileáin, An Chois, An Banc Bán, Lochán na nDonnán, Cuaisín an Ghrin, Leac an tSaighne agus Pointe an Oileáin. Ar an dtaobh theas tá Leac na bhFaochán, An tOileán Beag, Cuas Oileáin Bhig, Cuas na Leacach, Cuas an tSéideacháin. Cuas fé thalamh is ea Cuas an tSéideacháin mar a ndéantar an t-aer a bhrú istigh ann. Bíonn an brú chomh teann sin go spriúchann an t-aer an sáile amach fén spéir. Laistiar arís tá Boilg Bheag an oileáin agus an Bhoilg Mhór, Pointe an Fhionnaidh, Clais an Locháin, an Chlais Rua agus an Pointe Buí. Ar an gcúinne thiar den oileán tá na Fiacla agus Cuas na bhFiaclach mar a bhfuil Nead na gCaróg Liath, Pointe an Bhealaigh, Carraig na Pollóige, Bealach an Oileáin, Scoth an Bhealaigh agus Cuas Eileanóra. Níor chuala riamh aon bhéaloideas ag tabhairt réiteach 'Eileanóra' dom. Tá Cloigeann an Chrainn siar uaidh sin. Deirtear go mbíodh cait chrainn sa chuas briste taobh leis. Scoth an Tarraig go mbíonn suaiteán air, dá bhreáthacht an aimsir, Cuas an Chlaí, Oileán an Mhiatais agus Boilg an Mhiatais. Timpeall an chúinne tá Cuas na Móna, Cuas Grean, Leac na Teorann agus Cuas na gColúr, Carraig an Staighre (an-áth chun ballaigh a mharú), Cuas an Chapaill, Cuas na hIallaite agus Cuas na Gaoithe, an Chráiteach agus Ceann na Cráití go mbíodh an fharraige suaite taobh leis de ghnáth. Ar thaobh na Cráití tá na Suíocháin, áit dheas chun iascach ón bhfaill. Laistiar i mbéal Thráigh Phraisce tá an Bealach Beag, an Ghamhnach agus an Meadar, Cuas Pholl na Tornaí, Tráigh Phraisce, Buaile

Uí Chuill go bhfuil trácht sa bhéaloideas ina thaobh, Pointe na gClics, an Buailtín, Tráigh Bheag an Bhuailtín, Carraig Uí Liatháin.

Téann míniú cuid des na hainmneacha seo siar thar chuimhne na seanmhuintire. Ag leanúint siar, tá Bun na hAbha, Fuachais na bPortán, áit go dtéann an portán isteach chun an seansliogán a chaitheamh de, An Cuas Buí, Leac na mBeathach, An Ceann Bán, Scoth na hEaglaise, Cuas na Léime, faill bhun na dtithe i gCill Rialaigh,[42] Carraig na bhFiach, Cúl Fhaill, Lúb na nGéarán, Cuas an Daimh, Ceann an Aonaigh, An Scéalaí, carraig leis féin a dhéanann fuaim áirithe le hathrú aimsire. Deireadh na seaniascairí 'Tá an Scéalaí ag labhairt,' is é sin go raibh an charraig ag tabhairt faisnéis aimsire uaithi. Lúb na Leacach, Cuas an tSeaga, Cuas Bhun an tSrutha agus Pointe na Leacach, An Charraig, Daingean na nGabhar agus Boilgí Dhaingean na nGabhar, Faill an Reithe, An Bhuatais agus Leac Oileán Chaoil, Lúb Oileán Chaoil, Poll Pipin, Boilg Thomáis, Cuas an Chinn (Cuas Cheann Bhólais), Leac an Chinn, an bhoilg shuncáilte Ceann Bhólais. Bólas sin luibh éigin a bhí go maith i gcomhair bó a bheadh ar tógaint. Na Bráide: rinn de thalamh íseal lastuaidh de Cheann Bhólais é seo. Oileán na bhFaoileán: an t-oileán seo, níl ann ach carraig lom ná fuil ach deighilt chaol idir é féin agus an fhaill. An Dallóg: cuas fé thalamh ina rugtar na róinte, Pointe Chuas Dubh agus Cuas Dubh féin; Faill an Iolair: bhíodh nead ag an iolar buí ann timpeall agus dhá chéad bliain ó shoin.

Chuala m'athair á rá gur scaoileadh a athair féin, ba é sin Tadhg Ua Ciarmhaic, anuas ar cheann téide agus gur thug leis gearrcach as nead an iolair. Siar ó thuaidh tá: Ceann Dhuichealla, Bealach Dhuichealla, Boilgí Dhuichealla, An Licín Rua, Láimh Cláir, Cuas an Mhaoláin, Cruaidh an Mhaoláin (talamh múrach lasmuigh den chuas atá go maith i gcomhair gliomach), na hUmaracha (boilgí spíceacha contúirteacha atá mealltach ar bharra taoide nó istoíche), Faill an Deamhain, Cuas an Fháin, An Rinn Chaol, Boilg an Phríosúin. Tagann briseadh farraige ar an mboilg seo atá fad dhá chéad slat ón bhfaill, áit mhaith i gcomhair gliomach ach nach mór don iascaire eolas na háite a bheith go maith aige chun déanamh dána air.

Boilg an Phríosúin, Pointe an Túirín, Cuas an Bháid, Rinn an Chaisleáin, Dún Geir, Cuas Pháidí Bhuí, Cuas an tSrutháin ar féna bhun a raiceáladh árthach ceithre chrann, an *Nielsen Hauge,* last d'adhmad nua giúise aige, a chuid seolta go léir in ordú cóir, gach ní ina cheart gan duine ná daonnaí ar bord aige, timpeall na bliana 1899. Tá Leac na mBan tamall beag soir uaidh i mBá Fhíonáin. Deirtear gur scuabadh anuas den leac mná éigin a bhí ag baint bairnigh lá trá móire. Díreach fé bhun sheanscoil an Ghleanna tá an Bullán, áit mhaith don té go mbeadh dúil i mbéile d'iasc úr aige le hiascach slaite ón bhfaill agus b'fhearr ná san an taoide a bheith ina leath-thuile fé luí tráthnóna. Tá Tráigh Leagaidh agus Tráigh na Cille ar an dtaobh thuaidh. Tá tráigh bheag dheas gainmhe ann ach í dainséarach don snámhaí mar tá tarrac taoide láidir fé uisce ann. Tá banc tanaí ar aghaidh bhaile fearainn Fhatha timpeall ceathrú míle ón bhfaill; Carraig an Phortáin a tugtar air. Tá Caladh an Bháid, Faill Dúna agus Púicín an Tobac fé bhun Fhatha chomh maith.

As sin siar go dtí Bealach na nÉamh, tá faillteacha Maoirisc. Tá Cuas an Bháid in aice Bhealach na nÉamh go bhfuil trácht air san amhrán 'Maidin bhog álainn' le Tomás Rua Ó Súilleabháin. Ar an dtaobh theas d'Oileán na gCánóg tá an fhaill seasmhach doimhin. Ritheann sruth taoide láidir anuas dá phlaosc. Ar an dtaobh lastuaidh de tá carraig ard mar a bheadh oileán beag go nglaoitear Boilg an Chruaidh air. Tá paiste de thalamh éadrom timpeall ar an mboilg. Tá leithead ann i gcomhair iascach gliomaigh. Idir an oileán agus Ceann Breagha ar thaobh Dhairbhre tá bá dhoimhin gainmhe go dtugtar an Chúil air. Tá na faillltreacha arda istigh i lúib na bá. Tá an Gearránach agus an Bullán ar an taobh theas den ghóilín ag dul isteach go Port Mhic Aoidh. Tá Carraig Lomáin míle amach ó cheann Oileán na gCánóg: carraig lom sceirdiúil gan foithin gan foscadh ar an dtaobh thuaidh. Tá rinn ag rith i dtreo Oileán na gCánóg ar an dtaobh theas de atá go maith i gcomhair méardóg dearg. Is mó oíche a thugas ar ród ag iascach gliomach ar an dtaobh theas de. Ní raibh breis iasc le fáil riamh ar an dtaobh thuaidh de; talamh ocrach a bhí ann.

Ba é m'athair a mhúscail grá do ríocht na dtonn ionam an chéad lá. Uair amháin riamh gur tháinig casadh agus támáilteacht agus breoiteacht farraige i mo ghoile i dteannta teannadh urlacain. Lá grianmhar suailleach a bhí ann. 'Is fearrde tú an méid sin a chur díot,' arsa m'athair liom. 'Beidh ampla chun bídh ort i gceann cúpla lá eile,' ach ba chuma liom dá suncálfaí an bád an lá sin. Is é a mhúin dom conas doraithe, baoití agus gach saghas trealamh iascaigh a ghléasadh, castaí, ciútaí agus comharthaí na mbreac éagsúil a aithint agus conas plé leo i bhfad sara mbeadh aon radharc agat orthu. Iascaire foighneach ab ea Daid. Níor ghlac sé riamh gur cheart dó teacht abhaile ach le dóthain an chait. Ba mhinic sinn ar tí glinneáil suas chun éirí as iascach lá ná beadh puinn anama ann. Ach ar neomat na boise bheadh gach aoinne ar a ghéire, an tuaradh i gcomhair bídh tagaithe ar na héisc is gur cuma duit ach baoite a choimeád leo. Ní fheadar an bhfuil a thuilleadh fós le sconnadh as an bhfuarán as ar sceith an méid seo? Má fhanann an súlach atá i ngrinneall chillíní m'inchinne geal a dhóthain chun féachaint siar trí fhuinneoga laethanta geala m'óige i dteannta mo Dhaid b'fhéidir go mbeidh ábhar eile le reic nó le scríobh, is é sin mura gcaithfead á rá:

Gluais ort, a Dhaid,
Ardóimid ár seolta sí
Go bhfágfam an cuan seo.
Leagsa a thosach le gaoith
Ciorraigh do shiota
Go luífidh a sliast anonn
Ag tabhairt guala
Do shaoistí boga cúracha
Thar ríocht na dtonn.

Mise agus tusa, a Dhaid,
Agus Dia inár dteannt'
Réalt eolais an Mhoil
Ag rince os cionn ár gcrann
Gach leoithne chaomh cheolmhar
Ag seinm ar théada teann'
Sinn ag bogadh abhaile
Gan bhárthainn
Thar ríocht na dtonn.

Teach ceann tuí, Uíbh Ráthach, 1993. Ola ar chlár.
(Grianghraf: le caoinchead Michael Herrmann).

Caoróg mhara, 1993. Ola ar chlár.
(Grianghraf: le caoinchead Fionán O'Connell).

Bóithre sléibhe, Uíbh Ráthach, 2003. Aicrileach ar chlár.
(Grianghraf: le caoinchead Michael Herrmann).

Gleannta Uíbh Ráthaigh, 2004. Aicrileach ar chlár.
(Grianghraf: le caoinchead Michael Herrmann).

Aillte mara, c.1982. Uiscedhath ar chlár.
(Grianghraf: le caoinchead Michael Herrmann).

Ceann Bhólais agus na Scealga, c.2000. Aicrileach ar chlár.
(Grianghraf: le caoinchead Fionán O'Connell).

An Dá Scealg ó Thrá na Cille, c.2004. Aicrileach ar chlár.
(Grianghraf: le caoinchead Fionán O'Connell).

Oileán na gCapall i mBá na Scealg, 2002. Aicrileach ar chlár.
(Grianghraf: le caoinchead Michael Herrmann).

Ealaín na bhFocal

Deascán aistí

Polaitíocht an fichiú haois

ó *An Gabhar sa Teampall* (1986), 69–76

Thosnaigh an céad seo le Cogadh na mBórach agus ó shoin i leith tá an domhan trína chéile, cogadh i ndiaidh cogaidh gach re bliain. An bhfuilimid ag déanamh iniúchadh ar conas atá ag éirí linn? Ar dhein teacht na Críostaíochta síocháin bhuan a bhunú san Eoraip nó sa Domhan Thiar? Ar mhaith an rud é titim Impireacht na Róimhe? Má dhéanaimid féachaint siar le súile suaracha is féidir linn a fheiscint go bhfuil rud éigin ag leathadh os ár gcomhair amach, gur múineadh dúinn gur daonnú dea-bhéasach a bhí le teacht. Bheadh léann agus oiliúint ag dul i ngéire in aghaidh an lae. Do thuigeamar go dtógfaí ón mbochtanas go brách sinn ach a bheith nua-aimsireach. Oideachas a bheith fachta ag an slua agus slí bheatha níos iomláine agus níos saibhre againn. Mo léir, ní hé Dia a dúirt é, agus ní mar a shíltear a bhítear. Is maith is cuimhin liom briseadh amach an Chéad Chogaidh Dhomhanda 1914, gur thosnaigh an raic agus an t-ár: an Eoraip go léir ina cosair easair, na coirp ina slaoda ag lobhadh ar an láthair ar thiteadar ann, mac an tincéara ag siúl suas go dtí an Gall trí phluda Fhlóndras, mar a cuireadh ina luí air go raibh saol nua le teacht agus go raibh sé ag comhrac ar son Dé agus ar son saoirse na náisiún beag. Mons, Ypres, Verdun, Gallipolli, Salonica, an Dardainéil srl. Bhí farraigí ina dtuilte dearga, truaillithe le longbhriseadh na gcabhlach mór, agus ina dhiaidh, na milliúin ag fáil bháis le plá an fhliú dhuibh.

Bhí baincéirí móra Mheiriceá le feiscint ag spreagadh a gcuid óir chun infheistíochta chun go mbeadh caipitleachas gan srian in uachtar. Is dócha nach gá a léiriú anseo conas mar a d'éirigh linn féin tar éis Éirí Amach glórmhar na Cásca: Pádraig bocht agus a dhrom le falla agus na gunnaí á ndíriú ar Shéamas a bhí gonta go tinn cheana féin, é á cheangal sa chathaoir agus na piléir ag spréachadh trína ucht. Sin é an díol fiach a fuair mac an tincéara a bhí tar éis titim i bpluda Fhlóndras. Ach, mo léan teach mo dhriothár, é deighilte ón maide droma go dtí an t-urlár agus gan dúnghaois ag polaiteoir ar bith ach lámh uachtair a fháil ar a chéile le neart airm, marú agus foréigean chogadh na gcarad. Bhí an pobal deighilte, an chléir deighilte agus ár namhaid ag déanamh ceap magaidh dínn. Tá an rian sin ar thír na hÉireann fós, agus beidh an fhaid is a bheidh polaiteoirí chomh meonsuarach sin is bheith ag caitheamh asacháin le chéile trasna urlár Theach Laighean d'iarraidh a chur ina luí ar an slua tíre gur togha na dtírghráthóirí iad féin. Rudaí bréana a bhfuil teanga na nGael tréigthe acu agus cultúr an Bhéarla á chur chun cinn in aghaidh an lae acu, saibhreas na hÉireann i seilbh an chúigiú cuid. Mar sin, is gá féachaint go géarchúiseach orainn féin. Níl muintir na hÉireann fós ar aon toil le chéile chun srianta na ré sin a chur laistiar dínn agus ár gcúis a phlé níos fearr istigh i measc chumann sóisialta an EEC, mar a bhfuil dianghliceas na n-impiriúlach, agus ard-chaptaein na Saoirseánach[43] ag plé linn.

Is róghearr i ndiaidh chogadh 1914 a tháinig bábóg dhearg ar an saol sa Rúis, bábóg ar éirigh fás agus cumhacht léi le bua uafásach don chomhchumannachas dearg. Deineadh cascairt, eirleach agus slaodmharú ar an slua tíre chun go raibh fear, bean agus páiste go humhal faoi smacht an údaráis nua. Bhí

Leinín agus Stailín i gcumhacht gan mhoill, an slua ag sileadh a gcuid allais ar thuarastal ocrach, na daoine ag obair don stát uilechumhachtach ina sclábhaithe uirísle i ndaorbhroid. Ba dheacair rogha a fháil idir dhá ghabhar chaocha. B'é dul ó thigh an diabhail go tigh an deamhain é. Ní raibh toradh ar ord ná ar Aifreann, easpag ná pápa, naomh ná eaglais. Ní raibh smaoineamh ar bith maidir le Críostaíocht.

Tar éis tamaill ghearr bhí an dá ardsmaointeacht seo go doimhin i ngleic le chéile, an comhchumannachas agus na baincéirí móra, lucht an rachmais, Saoirseánaigh na hEorpa Thiar agus poblacht na Stát Aontaithe, a raibh formhór d'ór na cruinne bailithe faoi ghlas acu agus a bhfuil fós. Nuair a tionóladh an chéad chruinniú de Chonradh na Náisiún i halla álainn úd na scáthán sa phálás i Versailles, bhí Uachtarán na Fraince mar chathaoirleach air. Bhí móruaisle na hEorpa, Uachtarán na Stát Aontaithe agus Príomh-Aire na Breataine, ríthe, prionsaí, agus polaiteoirí éagsúla láithreach. Bhíodar chun Eoraip nua a chumadh. Bheadh an cine daonna saor ó chogadh agus ó bhochtanas go deo. Moladh go ndéanfaí an chéad sheisiún a oscailt in ainm Dé, ach dhiúltaigh an cruinniú go mbeadh ainm Dé ceangailte le conradh Versailles nuair a tógadh vóta air. Bhí na Saoirseánaigh i réim agus baincéirí móra na Breataine agus na Stát Aontaithe ag seinm an cheoil – brabús, brabús, brabús – agus ag ullmhú chun impireachta cumhachtaí. Thit an t-íochtar as margadh airgid Shráid Wall i Nua-Eabhrac sa bhliain 1929. Deineadh slad ar bhainc thaisce na ndaoine bochta. Níor fhan slán ach bainc a raibh ceangal acu leis an rialtas. Dúnadh síos na monarchana móra. Is gearr go raibh an dífhostaíocht go forleathan, daoine gan bhia, gan tuarastal, gan aon chúnamh airgid ón rialtas ba shaibhre faoin ngréin, rialtas a raibh a chuid bancanna ag pléascadh le hór agus na mílte billiún dollar á spáráil gach lá. Ach pioc de níor deineadh a riar ar an slua. D'imigh bodaigh ramhra

Mhamóin ar saoire go dtí an Mhuir Chairib ina luaimh luachmhara ag siolpadh na gréine agus ar thóir gach saghas pléisiúir dhaonna. Níor chás leo cad a tharlódh don tslua a bhí gan airgead, gan bhia. Bhí ráta an chustaim ag tíortha na hEorpa á ardú i gcoinne na Stát Aontaithe gach uile lá. Dódh na céadta mílte tonna cruithneachta i Stát Texas, an oiread is a thabharfadh arán don domhan ar fad. Bhí 28 milliún gan lá oibre ach ag brath ar dhéirc ó bhardais na gcathracha agus ó chistiní anraith an *Salvation Army.* Cuid de na daoine ag guí go mbrisfeadh cogadh amach chun go n-osclófaí na sparáin. B'fhearr aon saghas faoisimh, b'fhearr an troid féin ná an t-ocras! Níorbh fhada uathu an t-ár agus an sceilimis.

Bhí brat nua tar éis ardú sa ghaoth, brat na croise caime, an *swastika* a bhí faoi smacht ag saighdiúir beag bréagach eile a cheap é féin ina Dhia beag. Bhí fuaim bhróga arda leathair ag díormaí ógánach Hitler ag baint lasrach amach as na sráideanna in iarthar na hEorpa, ag déanamh aithrise ar chéim an ghé. Bhí deachtóir eile, fear an bhoilg mhóir Mussolini, *Il Duce*, ag fáilt ullamh chun impireachta, chun slad a dhéanamh ar mhuintir bhocht na hAibisíne agus ríocht nua a bhunú san Afraic. Bhí dáileacht thar a bheith ramhar le feiscint taobh leis an mbochtanas lomnocht. Rugadh sa tsaol an dís ghránna sin amach as bruíon an áibhirseora, an cúpla uafásach critheaglach: bábóg shóisialta shaolta na Saoirseánach agus bábóg an chomhchumannachais. Bhí an dís seo ag siolpadh pé dríodar a bhí fágtha i gcíocha na hEorpa, agus cad a tharla? As an uabhar agus an craos tháinig an fuath agus an formad. Is róghearr go raibh an raidió le clos ag screadaigh mar a bheadh cág á rá leis an slua go raibh ré nua saoirse buailte linn, nuachtáin ag déanamh sceoil as scéalta áiféiseacha agus an t-éitheach á thabhairt mar bhia don phobal. Pléisiúr an choirp agus an foréigean ag fáil na leathanach tosaigh. Bhí cathracha móra á dtógáil sna Stáit Aontaithe, agus san Eoraip chomh maith, monarchana móra chun saothrúlachta agus brabúis. Bhí an ard-eiriceacht ag sceitheadh i ngach ball a raibh an rachmas le feiscint ann. Bhíothas á rá leis an nduine: 'Bí go humhal don Stát cumhachtach, pé acu maith nó olc é, bíodh slabhra óir nó maide croise agat!'

Bhí rampsáil bhagarthach Hitler agus an SS le clos cheana féin. Bhí margadh á dhéanamh idir tíortha áirithe: an Ghearmáin, an tSeapáin agus an Iodáil. Cá raibh Conradh Versailles anois, agus Conradh na Náisiún a dhein dearmad ar Dhia na cruinne? Bhí Stailín ag maíomh go scriosfadh sé an Chríostaíocht as an Rúis, agus faoi dheireadh as spéartha an domhain féin. Ar an tríú lá de Mheán Fómhair 1939 chuir Sasana agus an Fhrainc fógra cogaidh ar an nGearmáin.

Bhí Hitler ar an ionsaí, an Pholainn agus an tSeicslóvaic faoi chois cheana féin agus é ag díriú ar an Rúis faoi Mheitheamh 22, 1941. Bhí an SS, bleachtairí rúnda Hitler, ag bailiú na mílte Giúdach le chéile chun iad a dhíothú agus iad a scriosadh as an Eoraip go deo, mar bhí fuath thar treoir aige dóibh. Tugadh íde shalach ar bhreis agus seacht milliún go leith acu sna campaí comhdhlúthacha: an leanbh nuabheirthe, an ógh-bhruinneall, an chailleach chríon, an seanóir agus an fear óg. Deineadh gach dlí a ghaibh le huaisleacht an duine a réabadh. Bhí saineolaithe ag déanamh gach saghas teiste le síol an duine, chun na ginchillíní a chur ag fás i slite mí-nádúrtha. Beidh trácht go deo ar sheomraí carcrach agus ar phianpháis Belsen, Auschwitz, Majdanek srl; seomraí gáis, bácúis chun na coirp a dhó. Bhí diabhaltas uafásach sna smaointe sin. Bhí an gabhar faoi réim san Eoraip ní ba threise ná mar a bhí sé i nGairdín Gheineasas. Bhí an NKVD, póilíní speisialta Stailín, ag déanamh an tslada chéanna ar an ndaonra ná raibh báidhiúil le dlí nua an chomhchumannachais. Cnag ar an ndoras in am mhairbh na hoíche, saighdiúir an ghunna ina sheasamh ar an dtairseach, ordú do bhalcaisí a ghléasadh ort;

bhís ar liosta an choimeasáir, tú a dhíbirt go dtí na campaí oibre faoi phiandlíthe míleata i bhforaoiseacha fiáine na Sibéire. Ba dheacair rogha a fháil idir dhá ghabhar chaocha, an córas nua agus seanchóras na n-impirí.

Ní gá a léiriú cad a tharla sna blianta seo. Bhí triail mhaith ag muintir na hÉireann ar Botany Bay, New South Wales, Van Diemen's Land agus Norfolk Island. Le heagla go gcuirfí maoithneachas im leith: is iad na daoine céanna a bhí ag iarraidh sinn a shaoradh ó Hitler agus ó Stailín anois a bhí ciontach as an ndíbirt agus an daorbhroid sin orainn féin. Is iad seo na daoine anois a bhí ag glaoch go hard go rabhadar chun comhrac ar son saoirse a thabhairt do náisiúin bheaga an domhain.

Ach tar éis na milliúin a chur chun báis ní raibh an sceilimis ba mhó feicthe fós. Bhí saineolaithe Hitler, na Breataine, na Stát Aontaithe, agus na Rúise go dian ar thóir an bhuama adamhaigh. Ar an 6ú lá de Lúnasa 1945 scriosadh cathair Hiroshima le buama amháin a phléasc go hard sa spéir os cionn na cathrach. I gcionn neomataí éigin bhí an chathair mhór ina dobhar[44] agus a raibh inti loiscthe. Trí lá ina dhiaidh sin thit an chaor arís ar chathair Nagasaki; agus cúig lá eile ina dhiaidh sin, ar an 14ú lá de Lúnasa 1945, ghéill na Seapánaigh. Bhí an cogadh san Eoraip ar leataoibh ón mBealtaine roimhe sin. Ba rógheárr aon sos. Thosnaigh Cogadh na Cóiré sa bhliain 1950, agus arís cogadh Vítneam i 1968. (....)

Le féachaint siar anois ar an gcéad seo, ba é an céad ba mhó slad agus marú dár tharla i stair an domhain. Ní raibh smiog le rá ag lucht aon eaglaise, ach gach taobh ag craobhscaoileadh dá slua tíre féin dul amach chun troda 'ar son Dé agus an chirt.' Ná raibh an cogadh cothrom, ceart agus cóir? Ní raibh slad á dhéanamh ar earraí an domhain, dúnmharú ná eirleach; ní raibh duine ar bith ciontach. Cogadh cóir, is cuma cén taobh é. Nach dod Dhia agus dod thír a bhí tú faoi arm agus éide, agus cad é sin ort, a dhuine, dá dtitfeá i láthair an chatha? Ná raibh d'anam imithe sna flaithis gan mhoill? Nach maith an rud é cogadh, an slua tíre uasal á dhíothú féin go dleathach córach? Dúirt Pápa Pius XII i 1951: 'Tá an cine daonna inniu in achrann, in imreas uilechumhachtach.' Agus i ndeireadh na dála deir sé: 'Mura saorfaidh Íosa Críost iad, ní bheidh i ndán don duine ach léirscrios agus lánchreach uafásach.' Cad dó a raibh an Pápa ag tagairt? An é don chinniúint atá os ár gcionn é? An é an buama adamhach é? Cad ina thaobh go raibh Pápa Eoin XXIII ag bailiú a chuid sicíní le chéile chun an soiscéal a dhéanamh níos so-thuigthe dóibh i Vatacáin II? Croí fial flaithiúil an duine ghrámhair sin d'iarraidh an bóthar chun na bhflaitheas a leathnú do mhórphobal na heaglaise.

Tá Pápa Eoin Pól II thar a bheith buartha faoin staid ina bhfuil an Chríostaíocht i láthair na huaire. Tá sé ar a oilithreacht chuig gach tír fén ngréin d'iarraidh go nglacfaidís le fírinne an tsoiscéil. Chímid Pápa Eoin Pól, a phaidrín ina láimh, ag paidreoireacht istigh i seomra carcrach Auschwitz mar ar dhein na Naitsithe pianpháis ar dhuine bocht a dhein mairtíreach de féin chun go scaoilfí saor athair na bpáistí, b'é sin an tAthair Maximilian Kolbe, atá ina naomh anois. B'fhéidir go bhfuil súil ag an bpobal le teachtaireacht éigin spioradálta chun creideamh atá ag fáil leamh a mhúscailt. Níl gá le haon teachtaireacht a thuilleadh. Ná dúirt Íosa leis na deisceabail nuair a bhíodar buartha mar go raibh Sé chun iad a fhágaint: 'Mura n-imeodsa, ní thiocfaidh an Paraicléat (an Naomhspiorad) anuas oraibh. Caithfidh sibh grá spioradálta a thabhairt domhsa feasta.' Bhí sin deacair ag na deisceabail le tuiscint, mar grá daonna a bhí acu dó, agus ba dheacair leo scarúint leis go dtí gur thuirling an Spiorad Naomh orthu. Deir an eaglais linn gur thuirling an Naomhspiorad orainn lá ár mbaiste. Mar sin ní theastaíonn aon chomharthaí speisialta eile ón gCríostaí ná aon arrachtaí taibhsiúla a bheith á dtaispeáint féin dúinn, má chreidimid go raibh Íosa dáiríre nuair a dúirt Sé: 'An té a chreideann ionamsa ní bhfaighidh sé bás choíche.'

Tá deireadh an chéid seo beagnach buailte linn ach tá athrú tagtha mar go bhfuil cumhacht uafásach fachta ag an nduine, cumhacht an dúlra, cumhacht na carraige, cumhacht na cré, an phluda, an aeir agus an uisce. Ní ag lorg eolais chun maitheasa a bhí an té a chuir a ladhar isteach go cornchlár an chruthaitheora. Cé a thug dó an eochair? Mo chreach, ní maith an úsáid a bhain sé aisti. Ní foláir nó go raibh an gabhar lúcháireach leis an íde agus leis an úsáid a baineadh as an eolas sin.

Is cuimhin liom féin go mbíodh an Choróin Mhuire á rá roimh Aifreann an Domhnaigh ag an bpobal, agus i ngach tigh sa bhaile chomh maith. Bhíodh paidreacha á rá chun go mbeadh rath ar na síolta, paidreacha i gcomhair aimsire breá agus i gcomhair na buana, béim á cur ar achainí do mháthair Chríost mar idirghabhálaí dúinn. Ní fios dom an gcreideann an eaglais chomh doimhin sin in arrachtaí agus taispeáint na Maighdine ó am go ham in áiteanna éagsúla ar fud an domhain. Do na boicht, de ghnáth, a thaispeántar iad agus an teachtaireacht chéanna i gcónaí: aithrí agus cúiteamh le hAthair na cruinne chun síochána. Is fada ó shíocháin an céad seo. Tá an cine daonna inniu chomh gar do chogadh agus a bhíodar riamh. Tá an mhoráltacht agus dea-bhéasa, an eagnaíocht nádúrtha, ag laghdú in aghaidh an lae leis na smaointe nua-aimsireacha. Cá bhfuil ár dtriall? Mar sin, bíodh a anam féin ar ghuaillí gach aoinne, is é sin má chreideann an duine go bhfuil a leithéid ina chorp, mar tá an gabhar sa teampall chomh beo leis an lá a chuir sé a ghliceas i bhfeidhm sa Ghairdín.

Dul in aois

ó *An Gabhar sa Teampall* (1986), 9–12

Bhíos lá i dteannta fir aosta ag cur móin amach as corrach báite le hasal agus cliabhanna gléasta ar shrathair fhada. Bhí an áit lán de chiseacha. Bhí sé ina thonn ar bhogadh, agus ba dheacair teacht as. Is minic a théadh an t-asal ar lár sa bhféith, síos go dtí an t-eireaball, agus bhíodh ar an mbeirt againn an gléas a scor, an mhóin a dhoirteadh amach, an t-asal a tharrac as an ndraoib agus tosnú arís as an nua. Is cuimhin liom, ar sroisint na féithe báite dúinn le gach ualach, go ndeireadh an seanduine, tar éis a chaipín a bhaint de, 'go gcuiridh Dia ar ár leas sinn.'

Bhí íde shalach orainn um thráthnóna, ach dheineamar an bheart, chuireamar an mhóin i gcrích. Is é an dála céanna agamsa é tar éis ciseacha báite an tsaoil seo a chur díom, i gcónaí ag brath romham d'iarraidh an talamh daingean a bhaint amach. Leis sin iarraim le fíorumhlaíocht go gcuirfidh Dia ar mo leas mé, chun an saothar seo a chur i gcrích agus chun breacadh go macánta ar conas mar a thuigim féin an saol mar atá caite agam, chun oilc nó chun maitheasa, agus an méid de atá gan críochnú agam. Maidir leis an saol atá caite, níl an pictiúir róshoiléir, ach tá an neomat seo láithreach an-soiléir: am ag teacht agus ag imeacht ar nós shruth na habhann. Is gearr go mbeidh ochtó de bhlianta caite agam ar an saol suaite seo, agus sin stráice maith aimsire curtha isteach in aon ionad amháin. Céad moladh le Dia ná raibh breoiteacht ná oiread frídín de bhreis luíochán bliana arbh fhiú iad a áireamh orm ar feadh an scaithimh sin, má tá an cholainn ag críonadh féin. Mar a deir an file, 'Fáirbrí aoise, dronn agus preiceall / am ag eiteall.' Nó, mar a deir údar eile mar gheall ar chomharthaí aoise ag taispeáint ar an gcolainn dhaonna: 'critheán, clúmh agus breimneach.'

Tá bua amháin fágtha fós go bhfuil an chuimhne go maith agam, ach deir na dochtúirí nuair a theipeann an inchinn gur sin deireadh leis an sclábhaí, leis an bhfile agus leis an scríbhneoir. Deirtear go ndúirt Eoghan an bhéil bhinn ar leabaidh a bháis: 'tá an file go fann nuair a thiteann an peann as a láimh.' Faraoir, agus deireadh na scríbe sroiste, 'deireadh fir a shuan agus an bhean á faire féin suas.'

Mar gheall ar na blianta atá caite, an mé an duine céanna a bhí ann daichead bliain ó shoin? Chuir mé an cheist chéanna ar bhean ar comhaois liom féin agus dúirt sí liom le macántacht nárbh í, go raibh sí ag ceistiú cuid de na rialacha agus na rudaí ar chreid sí iontu cheana. B'é an dála céanna agam féin é, rudaí ar chreid mé iontu cheana faoi amhras maidir le fírinne anois. Ní laghdú creidimh i nDia atá anseo, dar liom, ach d'iarraidh teangmháil níos fearr leis. Ná dúirt Newman agus é ag lorg treorach, an saol ina thimpeall go dubh dorcha dochrach duairc gan radharc le fáil aige ar an tsolas, ach an macalla dorcha folamh ag casadh ar ais chuige agus céastacht aigne á crá:

> Tá an smúit im thimpeall
> Agus mé i bhfad i gcéin.
> Las dom an tslí
> Led sholas caoin,
> Agus treoraigh mé chugat féin!
> Aon chéim amháin, mo Dhia,
> Sin a iarraim ort go fóill,
> I bhfad ó bhaile mé
> Im sheachránaí dearóil.

Caithfimid teacht anois ó mhagadh an tsaoil seo go dtí an dáiríre. Cad é an mhaitheas domhsa bheith ag féachaint siar ar laethanta m'óige? Ach tá an mealladh sin ann, toisc ná fuil breis blianta fágtha chun puinn gaisce eile a thaispeáint thar dhroim chré na reilige. Mar a deir an file, 'is gearr go mbead faoi scáth na lice, am imithe.'

Níl na brionglóidí chomh háiféiseach anois ná pictiúirí chomh dathannach agus a bhídís, ná tír na mbéithe sámh ag mealladh cuisleanna m'ógcholainne. Ní thógtar na caisleáin sa Spáinn a thuilleadh. I ndiaidh na mblianta caithfidh mé an bosca a oscailt faoi dheireadh féachaint cad atá curtha i dtaisce agam; an bhfuil an bosca folamh, nó an amhlaidh ná fuil ann ach lán doirn de bhileoga feoite i ndiaidh blianta gliondaracha m'óige, nó b'fhéidir dramhaíl de choirp agus sciatháin phéileacáin mo pheacaí? Ach b'fhéidir le Dia go bhfuil a thuilleadh fós i measc na dramhaíle sa bhosca, cuid de na bronntanais a d'fhág Dia im chomhair chun a úsáid mar ba mhaith liom féin, bronntanais atá nascaithe le chéile: an grásta, an chros agus an choróin.

Is beag duine nár chuala an seanrá, sa dúthaigh seo ach go háirithe, gur 'giorra cabhair Dé ná an doras.' Má thuigtear i gceart brí na bhfocal seo go bhfuil cabhair ó Dhia an-chóngarach dúinn, ní amháin in am an ghá ach i gcónaí, sin grásta fachta againn go bhfuil muinín againn as Dia go dtiocfaidh Sé i gcabhair orainn. Uirlis nó gléas is ea grásta ach feidhm a bhaint as. Is mó slí chun é a úsáid, ach ní thuigtear don ghnáthdhuine chomh mór cumhachtach is atá sé. Is beag duine saolta ná go raibh cros éigin len' iompar aige, trom nó éadrom, i rith a shaoil luath nó mall. Ach má bhaineann sé feidhm as an ngrásta is féidir leis an scaipeadh a chur ar néalta dorcha an duaircis, agus b'fhéidir i ndiaidh an tsaoil go bhfeicfeadh sé an choróin. Is é sin má bhíonn súil le coróin aige.

Is cuimhin liom agus mé im gharsún go bhfaca fear bocht a raibh braon faoin stiúir aige ag teacht ó aonach le capall is trucail. Thit sé féin, an capall is an trucail i dteannta a chéile tóin thar ceann síos isteach go cumar doimhin a bhí ar thaobh an bhóthair. Do tháinig dea-chairde agus na comharsain timpeall air, agus gan mhoill thógadar amach é, an capall is an chairt go slán sábháilte. Bhí a chuid balcaisí salach fliuch i ndiaidh na húnfairte, agus bhí eagla air tabhairt faoin mbaile mar go raibh báirseach de bhean tí roimis agus bhí cáil uirthi go bhféadfadh sí bheith ina muiciris mhíchuíosach uaireanta. Is é a dúirt sé sarar bhog sé leis abhaile 'go bhfágfaidh Dia bhur sláinte agaibh, a chomharsana, ach dá mba liomsa an grásta a bheith orm is gan bac leis an ndeoch, ní bheinn mar atáim anois! Ach b'fhéidir gur fearr súil le glas ná súil le huaigh!' Ní súil le coróin a bhí ón nduine bocht seo, mar bhí a fhios aige go gcuirfeadh bean an tí faoi ghlas é go fóill.

An grá

ó *An Gabhar sa Teampall* (1986), 22–25

Is cruaidh an croí ná mothaíonn grá de shaghas éigin. Deirtear 'croí gan taise ar nós cloch fuar.' Tá na milliúin leabhar scríofa mar gheall ar an ngrá céanna, grá daonna, grá ag beirt dá chéile, fear agus bean, grá lánúna pósta, dhá anam in aon chorp amháin, grá na máthar dá leanbh, grá Dé, grá na naomh, grá an athar dá mhac. Agus deir an file:

A chumann is a stór,
Mar is millte an galar é an grá
Nuair a théann sé sa chroí
Ní scaoiltear as é go brách.

Tá dánta áille cumtha faoin tírghrá, ar nós an dáin úd 'Mo Róisín Dubh':

Tá grá agam im lár duit le bliain inniu,
Grá cráite, grá cásmhar, grá ciapaithe,
Grá d'fhág mé gan sláinte, gan rian gan rith,
Is go brách brách gan aon fháil agam ar Mo Róisín Dubh.

Grá an athar dá mhac atá chomh soiléir sa dán a chum Pádraig Ó hÉigeartaigh ó pharóiste na Dromad in Uíbh Ráthach nuair a bádh maicín óg leis i Springfield, Massachussetts, sna Stáit Aontaithe. Faightear mothú grá an athar sa dán álainn seo agus cá hionadh má shíl Pádraig Mac Piarais nár léigh sé féin riamh sárú an phíosa filíochta sin:

Is feoite caite iad na blátha scaipthe
Ar do leabaidh chaoilse,
Ba bhreá iad tamall
Ach do thréig a dtaitneamh iad
Níl snas ná brí iontu.
Tá an bláth ba ghile liom
Dár fhás ar ithir riamh
Ná a d'fhásfadh choíche
Ag dreo sa talamh
Is go brách ní chasfaidh
Ag cur éirí croí orm.

Och, a chumannaigh,
Nach mór an scrupall é
An t-uisce dod luascadh,
Gan neart id chuisleannaibh
Ná aoinne i ngiorra dhuit
A dhéanfadh d'fhóirthin;
Scéal níor tugadh chugham
Ar bhaol mo linbh
Ná ar dhéine a chruatain,
Is go rachainn go fonnmhar
Go doimhinlic Ifrinn
Chun mo mhaoineach d'fhuascailt!

Níl anseo ach giota beag den dán breá seo. Filíocht den chéad scoth ag nochtadh an ghrá a bhfuil an brón tar éis é a thabhairt go barr abhann.

Tá grá eile ar fad, grá Dé don duine daonna, ach b'fhéidir ná déantar puinn machnaimh ar cad is grá Dé ann. Cad ina thaobh gur shín Íosa É féin ar an gcrois, gur leath Sé amach a ghéaga go humhal? Agus tamall ina dhiaidh sin, dúirt Sé: 'A Athair, maith dóibh é, mar ní fios dóibh cad a dhéanann siad.' Grá Dé, an tAthair: é seo á thaispeáint ag Íosa fiú amháin sa chéasadh. Cuid den ghrá seo a thagann isteach inár n-anamacha chun Dia a adhradh mar is cóir, an bua sin a thugtar do na naoimh ar an dtalamh seo. Grá an athar don mhac drabhlásach ar dhein Íosa tagairt dó sa pharabal. Bhí Íosa ag cur ina luí orainn go raibh grá agus maithiúnachas le fáil ag an straeire agus ag an té a dhein na haitheanta a réabadh, go raibh féasta agus fáilte roimh an seachránaí rabairneach drúiseach ar ghluaiseacht abhaile dó go teach a athar. Cén t-ionadh, mar sin, má bhí a dhriotháir, a bhí tar éis fanúint ag baile ag cur críche ar ghnó a athar, in ann scairteadh chun feirge nuair a chonaic sé an gamhain ab fhearr a bhí sa bhfeirm á mharú chun féasta a chur roimh an té a dhein an lobhadh agus an lot? Sin sampla den fháilte a chuireann Athair na cruinne roimh an anam a chruthaigh Sé, ar seoladh abhaile dó go teach a Athar sna flaithis tar éis a bhreith aithrí a dhéanamh.

Ní féidir liomsa glacadh leis go raibh Dia fíochmhar riamh, anois, ná go deo, gur Dia É atá ag faire ar an bpionós nó ar an ndíoltas deireanach a bhaint amach le scóladh, sceimhliú, agus loscadh. Anamacha ag fulaingt pianta síoraí in ifreann agus i bpurgadóireacht, cuid acu, mar a múineadh dom, ag síor-eascainí ar Athair na cruinne gur chruthaigh Sé riamh iad. Agus, de réir an teagaisc, na hanamacha i bpurgadóireacht ag achainí orainn: 'guigh orainn, guigh orainn; ar a laghad sibhse ár gcairde, mar tá lámh an Tiarna ag luí go trom orainn!' Má tá lámh an Tiarna ag baint tromdhíoltais as na hanamacha is á gcur faoi phionós go dtí go mbeidh cúiteamh déanta, is deacair liom é seo a chreidiúint. Ní hÉ seo an Dia céanna, dar liomsa, a ghoil go fuíoch ag féachaint anuas ar Iarúsailéim dó, ná an Dia a chneasaigh na lobhair, a thóg na bacaigh agus a thug solas na súl do na daill, a thug bia don tslua nuair a bhíodar ocrach, a dhein fíon den uisce, a shiúil ar bharr na dtonn agus a cheansaigh an stoirm, is a chuir an ruaig ar na deamhain agus an iomad eile gníomhartha ar mhaithe leis an slua. Mar bharr air sin go léir, shín Sé É féin go humhal ar chrann na croise, deirtear, chun cúiteamh a dhéanamh lenár nAthair mar gheall ar ár bpeacaí. Níl réiteach níos fearr ar an gceist sin agamsa ach nach féidir le Dia a bheith feargach liom, mar, ós rud é gur chruthaigh Sé sinn, is É ár n-athair saolta É chomh maith le bheith ina athair spioradálta againn. Leis sin, tá muinín agam ná beidh ár nAthair ag baint díol fiach pionósach amach go deo na ndeor, ach go bhfaighidh an grá atá aige dúinn an lámh uachtair ar an bhfuath. Ceapaim gur chuir Íosa pictiúr-pharabal an mhic dhrabhlásaigh faoinár gcomhair, le go mbeadh dóchas inár gcroí ag gluaiseacht abhaile dúinn go teach ár nAthar, go ndéanfadh Sé gach smaoineamh, gach focal, agus gach gníomh a mhaitheamh dúinn. Ach ná bíodh súil agam go marófar an gamhain is raimhre i gcomhair an fhéasta, mar ceapaim ná fuil sin tuillte agam.

An mbeidh gach duine againn sásta leis an ionad is lú agus a bheith ag achainí ar na naoimh cabhrú linn ceann scríbe a bhaint amach? Tá dóchas agam go bhfuil slí éigin eile ag Dia chun ár bpeacaí a scriosadh seachas an síorphionós dólásach. Teastaíonn ó Dhia go dtabharfadh an cine daonna cuid den ghrá ar ais dó. Mar a deir Sé: 'An té a thugann grá dom agus a dhéanann m'aitheanta a choimeád, chífidh sé an ghlóire.'

Feicimid Naomh Agaistín agus é ag cuimhneamh ar an saol a bhí caite ar neamhaird aige sarar chuir sé aithne ar Dhia. Tháinig caoineadh dobrónach, doilíosach álainn ó chroí Agaistín nuair a bhog croí an fhir chruaidh tar éis drithle de ghrá Dé a thitim sa bhaitheas air. Deir sé:

> Ródhéanach sarar chuir mé aithne ort,
> A Áilleacht go deo duit sean,
> Go deo duit nua,
> Agus féach go raibh tú istigh ionam
> Ach go rabhas i gcéin,
> Bhí tú liom ach ní raibh mé féin leat,
> Lig tú glaoch is liú
> A bhris mo bhodhaireacht,
> Agus dhein tú lasair lonrach
> A scaip mo dhailleacht …

Is é seo Dia ag glaoch ar ais ar an gcaora atá imithe ar strae, agus féach cad a thagann ar ais chuige ach Naomh Agaistín ina leanbh ag lamhancán ar a ghlúine tar éis spréach de ghrá Dé a dhul ina chroí.

Mná san eaglais

ó *An Gabhar sa Teampall* (1986), 26–30

Cloisimid siosóga fáin sa ghaoth ó aimsir Vatacáin II i leith maidir leis an smaoineamh gur chóir mná a ghlacadh isteach san ord beannaithe, is é sin go dtiocfadh an lá go mbeadh mná ina sagairt san eaglais, mar easpaig, agus mar chairdinéil chomh maith. Tuigtear ná fuil an Chríostaíocht ann ach le dhá mhíle bliain, agus go bhfuil an domhan seo na milliúin de bhlianta ann, agus tá an seans ann go mairfear anseo mar phláinéad na milliúin blianta. An mbeidh sóinseáil tagtha san eaglais, abair, i gceann, milliún bliain eile? Táim cinnte go dtiocfaidh athrú thar athrú, agus nach iad na rialacha céanna a bheidh á gcleachtadh go deo.

Sea, mar sin, an bhfuil ionad cinnte ag an mbean san eaglais seachas bheith ina bean rialta? Óm thaobh féin de, mar thuatach, ní bheadh deacracht ar bith ina thaobh. Má tá bean chomh hoilte chun gach céim eile saolta a bhaint amach cad ina thaobh ná beadh sí oiriúnach don tsagartóireacht? Dar liom gur bhreá dul isteach go bosca na faoistine chuici, mar bheadh muinín agam aisti go mbeadh níos mó truamhéile aici don pheacach. Cén fáth ná féadfadh bean beirt a phósadh nó leanbh a bhaisteadh? Nach í ár máthair shaolta í; nach í a d'iompair agus a thug ar an saol an Leanbh Íosa; nach í a thug bia a cíche féin dúinn; nach í a thóg sinn gach uair dar thiteamar, nach í a thriomaigh ár ndeora agus go minic b'fhéidir a thál a deora féin go fuíoch orainn? Cén fáth go bhfuil na mná á gcoimeád faoi shrian, faoi chosc, agus faoi thoirmeasc, ní hamháin san eaglais ach i ngach roinn dá bhfuil gá le dlí a athrú nó údarás nua a chumadh? Is iad na fir is mó a dheineann na dlíthe a chumadh, iad a mhúscailt is iad a chur i bhfeidhm. Deir an file:

Dá sheandacht pápa, bráthair, naomh is cliar,
Dá fheabhas a gcáil le fáil,
Is ó mhnaoi do thriall;
Dream dob fhearr ná mná
Le'r linn níor biadh,
Is gur le greann do Mháire
A tháinig Críost ina cliabh.

Cé a bhí ina seasamh ag bun na croise nuair a dúirt Íosa le hEoin Aspal: 'A mhic, féach ar do mháthair; a mháthair, féach ar do mhac'? Is mairg a dheineann masla a thabhairt do bhean le haighnis shalacha mhírathúla, ag déanamh ábhar magaidh den ghnéas. Is é mo thuairim, dá mbeifí níos oscailte le teagasc ar chultúr nádúr na colainne sna scoileanna náisiúnta le blianta fada anuas, ná beadh an scéal chomh cancrach is atá sé inniu. Bhí, dar liomsa, na dlíthe cinnte róchoinneálach agus róchosnamhach. Ní raibh ach údarás amháin, gan cead labhartha ag an slua agus go mórmhór ag na mná. Bhíodar sin ann d'aon ghnó amháin chun clann a iompar, agus is iad a bhí ceaptha chun tromachar oibre de gach uile shaghas a dhéanamh. Ní bhfuair na mná cead vótála ach le blianta beaga anuas. Is cuimhin liom féin mar ar cuireadh i gcoinne na *Suffragettes*. Deir an eaglais linn go bhfuil na mná mar naoimh sna flaithis, an iomad acu. Cad ina thaobh go bhfuil eagla ar an eaglais iad a ghlacadh isteach mar shagairt ar an dtalamh? B'fhéidir go bhfuil an ceart ag Geineasas nuair a dúrthas le hÁdhamh: 'beidh eascaine ar an dtalamh mar gheall ort!' agus le hÉabha 'cuirfidh mé cruachás agus cruatan ort ag iompar do chlainne, agus is le tinneas a thabharfar ar an tsaol iad.'

Cuireann an méid seo de Gheineasas scanradh orm mar go bhfuil sé scríofa gurb iad seo focail Athair na cruinne ag eascainí ar na créatúir a chruthaigh Sé. Sin é an pictiúir uafásach eaglach a thugtar maidir leis an titim sa Ghairdín. Is cosúil ná raibh Athair na cruinne róbhuíoch den bheirt acu, agus ní foláir nó gur dheineadar scrios trom éigin go raibh an bua ar feadh i bhfad ag an ollphiast, mar a léitear: 'Bhí an nathair nimhe ní ba chealgaí ná aon bheithíoch eile.' Is cosúil, leis, gur thit an eascaine sin go trom ar *homo sapiens* bocht ar feadh na milliún billiún bliain go dtí gur cuireadh Íosa le cumhacht ón Spiorad Naomh chun sinn a fhuascailt as crúcaí an diabhail, agus sinn a ní in uisce an bhaiste chun cúiteamh a dhéanamh le hAthair na cruinne lena chuid fola ar an gcrois. Tá sé scríofa leis gur chuir Ádhamh an milleán ar fad ar Éabha gurbh í sin a dhein é a mhealladh isteach sa tubaist, gurbh í a bhí ciontach leis an síolpheaca a chuir an fhearg ar Athair na cruinne gur dhún Sé na flaithis inár n-aghaidh. An bhfuilimid eaglach fós, dá dtabharfaí breis cumhachta do na mná, go dtarlódh arís go ndéanfaidís raic agus scrios éigin san eaglais, dá nglacfaí san ord beannaithe iad? Fágaim an cheist sin le réiteach ag duine éigin a bhfuil tuairim níos fearr ná mar atá agamsa ina thaobh.

Tá mórán scríofa ag na filí éagsúla ag cur síos ar na mná, á moladh is á gcáineadh. Deir file:

Ná tabhair cumann do mhnaoi thar tír má luaitear leat,
Go mbeidh fios cé'r díobh a buíon is tréithe a fear,
Go nochtar go cruinn a gníortha, a séan, is a rath,
Mar is gnách taibhseach adharca na mbó thar lear.

An bhean thar lear, bíonn aici saibhreas úr,
An bhean thar lear, bíonn aici taibhse is púint;
An bhean thar lear ná glac gan radharc do shúl,
Na ba thar lear, mar is fada a n-adharca súd!

Ní chun tromaíocht ar mhná atáim ag scríobh mar atáim, ach a mhalairt ar fad. Caithfidh mé dul siar beagán blianta beaga chun féachaint arís ar conas mar a bhí an saol ag mná fén dtuath le linn m'óige. Ní raibh uisce reatha, ní raibh aibhléis, ní raibh inneall níocháin, ní raibh faic gur fiú é a áireamh, seachas an lá inniu. Bhíodh mná tí ag iompar cliabhanna troma aoiligh agus múir ar a ndrom i gcomhair na ngarraithe san earrach, is ag iompar cliabhanna móna agus gabáiste chomh maith, ag tarrac uisce, ag crú na mbó, ag déanamh na cuiginne, ag ullmhú arán plúir, ag priocadh is ag beiriú prátaí mar bhia do mhuca, ag níochán is ag scriosadh ar chlár garbh adhmaid, ina seasamh os cionn tobáin lán d'uisce, ag fuáil is ag cniotáil, ag cur cóir ar bhalcaisí stracaithe, ag ullmhú bia agus deoch don líon tí, ag tógaint lachan agus géanna, gan bacadh le cearca agus gamhna, ag obair sa phortach, ag iompáilt is ag cnuchairt na móna agus á cruachadh, ag gearradh na sciollán, ag leathadh síl, ag ceangal coirce agus seagail, agus an iomad eile de chrích agus gnóisciún an lae. Mar bharr air sin, b'fhéidir an bhean bhocht trom le clann ag an am céanna, tinneas clainne aici á fhulaingt i ngan fhios do chách. Is í a chaithfidh an leanbh a chlúdach, an cliabhán a luascadh, grá agus teagasc a riar ar chlann a bheadh líonmhar go leor go minic.

Chonac é seo go léir ag titim amach, fiú amháin sa teaghlach ar tógadh mé féin ann. Ní gá dúinn dul i bhfad ag lorg mairtírigh. B'fhéidir go bhfuil do mháthair féin ina mairtíreach, ach nár thug tú fé ndeara san. Ní bheadh sa saol seo ach blaodhracht d'fhastaím sheafóideach fhireann mura mbeadh eagna na mban. Ní bhíodh aon tuarastal don mháthair tar éis an tsaothair go léir ach an greim bia a bhí tuillte go maith aici. Ní raibh díomhaointeas ar mhná na ré úd ach saol dian go leor, agus ní lá fós é murar dheineadar na rialacha a leagadh síos i nGeineasas a chomhlíonadh, is é sin gur thuilleadar a gcuid aráin le hallas a malaí. Ní mar sin do shaol nua-aimsireach an lae inniu é. Bréagnaíonn sé Geineasas ar shlí áirithe, sa mhéid go bhfuil aibhléis, uisce reatha fuar agus te, gás, innill chun curadóireachta de gach saghas, chun móin agus féar a bhaint. Tá gaireas chun gach saghas oibre a dhéanamh. Níl gá le deoir bheag allais amháin. Tá inneall chun na gréithre a ní agus áis chun gach ní a bhféadfá smaoineamh air, ríomhairí agus róbónna ag oibriú na monarchan. Níl tinneas clainne níos mó ar mhná, is é sin más maith leo. Is féidir leanbh a thabhairt ar an saol inniu gan an t-athair ná an mháthair a bheith láithreach. Is mór an léim chun cinn é seo ar ré Gheineasas. An bhfuil a thuilleadh fós i ndán dúinn? Creidim go bhfuil, nó an gcuirfear ar chúla arís sinn, chun go mbeidh Geineasas nua-aimsireach arís. Dúirt duine eolgaiseach liom tamall gearr ó shoin go raibh tuairim aige féin ar cén fáth gur chruthaigh Dia sinn. Dúirt sé gur tháinig uaigneas ar Dhia bheith go deo sna flaithis agus gur mhaith leis an duine chun bheith ag caint leis. Smaoineamh simplí, a déarfá, ach smaoineamh álainn ó thaobh eile de: go raibh Dia na cruinne agus meon an linbh ann, gur chum Sé bréagán dó féin, anam an duine chun taitneamh a bhaint as. Féadfar cur leis an tuairim seo nó tógaint uaithi ach fágfadsa an bréagán ag Dia.

Tá an iomad scríofa maidir le *Women's Lib,* ach is sibhse na bréagáin ar aon chaighdeán leis an nduine ar tógadh an easna as. Ní hé Dia a dúirt libh fanúint lasmuigh den ord beannaithe. Tá gach duine saolta déanta den chré chéanna, ach tá Dia ag caint mar gheall ar anamacha, agus níl a fhios agam an bhfuil anam fireann nó baineann ann. Tiocfaidh an lá, pé fada nó gearr é, go bhfeicfear mná ina sagairt, agus is é mo ghuí gur mhaith an mhaise dóibh é.

Deascán dánta

Dóchas

ó *Ceol Maidí Rámha* (1990), 35

Gach deoir
den dóchas
tráite
as cuan mo bheatha,
loingeas
mo shamhlaíochta
báite,
gach fochais fhiaclach
nochtaithe,
gach dríodar
claonta
le feiscint
i ndraoib an chuain,
sea is ísle
tráigh
is túisce
líonfaidh
dóchas.

Sean-Sceilg Mhichíl

ó *Íochtar Trá* (1985), 36

Anocht táim im dheoraí na mílte i gcéin,
I bhfad ó mo ghaolta is óm mhuintirse féin,
Ach nach tapaidh a léimfinn is a rithfinn gan mhoill,
Ach radharc a fháil arís ar shean-Sceilg Mhichíl.

Is cuimhin liom an lá úd cois feorainn na trá
Go rabhas agus tusa ag siúl lámh ar láimh,
Gur thugais do bhriathar is do phóigín gan mhoill,
Sinn geallta dá chéile cois Sceilg Mhichíl.

Bhí ciúnas tráthnóna ag titim ar shliabh,
Is cantain na n-éanlaith go binn ar gach craoibh;
Nach álainn bhí failltreacha Bhólais ina suí
Faoi ardbheannaibh naofa shean-Sceilg Mhichíl?

Mo shlán beo anocht chun do ghlaschnoc mór ard,
Is chun bánta Uíbh Ráthaigh faoi luibh is faoi bhláth;
Mo shlán chun mo stóirín atá sínte sa chill,
Is mo shlán beo go deo leat, a shean-Sceilg Mhichíl.

Ollscoil scairte

ó *Íochtar Trá* (1985), 32–33

(Nuair a chuala go raibh an tAthair Pádraig Ó Fiannachta, ollamh le Nua-Ghaeilge i Maigh Nuad, chun ollscoil scairte do bhunú, chumas aoir dó ag cúirt filíochta i ndaonscoil Uíbh Ráthaigh)

Im thaisteal dom thar bhántaibh réidhe
Faoin ngealach lán ag faoi[45] geal glé
Is ea a chuala an uaill
Agus an rille-ruaille
Ón liosachán le hais na coille –
Do ghliúcas féin thar claí isteach,
Cé go raibh mo chroí ar lagmhisneach
Le heagla gurbh iad na daoine maithe,
An slua sí nó na haingil reatha
A bheadh ag déanamh scléipe
I lár na hoíche
Gan aoinne saolta
Dá bhfeiscint choíche . . .
Ach cé a bheadh ann
Ina ranganna dlúth
Ach feirmeoirí an bhaile
Faoi lánchruinniú,
Agus bhíodar ag maíomh
Go gcaithfí feasta
Cosc do chur le hollscoil scairte!
Do labhair sean-chabaire crabanta críonna:
'Cé a bhainfidh móin,

Nó cé a chuirfidh síolta?
Beidh oideachas le fáil
Aige Seán is Séamas,
Is ní measa breis de
Ná bheith dá éagmais!
Beidh oiliúint le fáil
Aige Cáit agus Síle,
Agus an aimid gan chéill
An chléip is an straoille!
Cé a chrúfaidh bó,
Nó cé a dhéanfaidh císte?
Beidh caipín cearnógach
Ar fhia na coille,
Ar chapall is ar mhiúil,
Is ar an bpocán buile!
Agus cé fé ndear é seo go léir
Ach an sagart is oilte dá bhfuil sa chléir!
Cad a dhéanfaimid leis?
B'fhéidir labhairt go dian –
É a ruagairt thar lear go dtí an Bhruiséil!'

Siar go Bólas

ó *Duanaire Mhaidhcí* (2006), 1–2

Caithfead dul siar
Go Bólas inniu
Níl dul as agam.
An áit úd go dtagann
Na failltreacha

Aníos go dtí mo thairsigh
Agus na sléibhte
Mar chaipín oíche
Os mo chionn.

Áit go bhfaighead
Balaithe na raithní
Ón ngaoth
Agus balaithe na meala
Ón bhfraoch.

Cloisim na róinte
Ag éamh
Ins na dallóga
Agus sicíni dubha na mara
Ag cumadh ceoil dom.

Áilleacht mo dhúchais
A chuir bród orm,
Easnamh mo sheanmhuintire
A chuir brón orm.

Ualach na mblianta
Ar mo ghuaillibh,
Grásta ár dTiarna
Mar chasóg orm
Agus cré na cille
Ar mo chomhrann.

Tigh ceann tuí

ó *Íochtar Trá* (1985), 25–27

A thigh bhig cheann tuí
Táim ag machnamh ort
Ansúd id sheasamh
I gcúinne an ghoirt
An tsaileach id thimpeall
Agus aiteann buí glas,
Go cluthar faoid dhíon
Bhí crónán na mbeach …

Crónán na mbeach
Is an dreoilín clannmhar,
An smólach binn
Gan nóta in easnamh,
An lon ag freagairt
lena feadóg airgid …

Bhíodh an tinteán scuabtha
agus snasta deas glan,
Agus tine bhreá mhóna
Curtha síos aige Mam …

Tar éis luí na hoíche
Thagadh comharsain isteach
Bhíodh Paidí na Pípe
Ina shuí ar an hab,
Ba bhreá liom é a fheiscint
Ag caitheamh tobac

Agus néaltacha deataigh
Ag teacht as a chab,
É ag síorthochailt sa ghríosaigh
Le bianna an mhaide draighne
Agus súil ghéar aige á coimeád
Ar Mham san am chéanna …

Fuinneoga

ó *Duanaire Mhaidhcí* (2006), 62–63

Gealfaidh an lá.
Chím fuinneoga gorma
Idir na scamaill.
Eas ag gliúcadh
Trí fhuinneog sa chlaí,
Bó bhradach ag féachaint
Trí fhuinneoga na dtor.
Fuinneoga cúnga
An tsráidbhaile
Ag féachaint go fiarshúileach
Ar a chéile.
Fuinneog bheag
Aon phána
Sa bhothóg cois cuain,
Iascaire ag féachaint ar an uain.
Seanduine agus seanbhean
Fé thocht
Ag féachaint trí fhuinneoga
Thigh na mbocht.

Fuinneoga fairsinge
An tí mhóir,
Bláthanna fuarthain
Is gairdíní cóir.
Duine dall
Ag féachaint trí fhuinneoga
A fhéinsamhlaíochta.
An seachránaí
Ag féachaint tríd an bhfuinneog
I bhfad uaidh.
Sagart is a chluas
Le fuinneog an rúin.
An t-anam
D'iarraidh scriosradharc
A fháil ar Dhia
Trí fhuinneoga dalla a choirp.
Gealfaidh an lá –
Chím fuinneoga gorma
Idir na scamaill.

An t-iascaire foighneach

ó *Íochtar Trá* (1985), 19

Báidín beag greanta ag luascánaigh,
Gathaí gréine ar thonnta ag spréacharnaigh
Éiscíní ramhra ag plubarnaigh,
Agus iascaire foighneach ag míogarnaigh …

Bogadh na tuile,
Taoide ar mire,
Doraí dá theannadh,
Duán dá bhearradh,
Agus iascaire foighneach ar lán a thapa …

Báidín fé sheol, faoi chóir sa chaise,
Ag siúl go huasal trí shráid na mara,
Í go doimhin sa tsrúill leis na stropaí geala,
Agus iascaire foighneach á stiúradh chun baile …

Gluaiseacht shíoraí

ó *Ceol Maidí Rámha* (1990), 23

Líon sí
is thráigh sí

Líon sí
is thráigh sí

Líon sí
is thráigh sí

An bleachtán órga

ó *Íochtar Trá* (1985), 30

A chréatuirín ghleoite
Ag seasamh go cúthaileach
Gan foithin gan foscadh
I ndoras an earraigh
Id ghúna uaine!

Is drithleog ón ngrian tú
Led bheolaibh néalta,
Is na beacha ad phógadh,
Agus ar do chromchinn
Na treisleáin órga.

Ná bí critheaglach.
Tá an geimhreadh imithe thart,
Nóiníní timpeall ort,
Is an samhradh ag gliúcadh
Thar dhroim do ghuaille.

Nach é Críost a dúirt é,
Céad moladh go deo leis,
Ná raibh Solomon riamh
In airde a ghlóire
In éide chomh breá
Le mo bhleachtáinín órga?

Cranna

ó *Íochtar Trá* (1985), 9–10

Sceach gheal na Bealtaine
Faoi bhláth agus finne,
Mar bhrídeach bhán
Ar altóir na cruinne.

Slat chaol fuinseoige
Ag lúbadh le gaoith,
Mar leanbh bliana
Ag tabhairt faoi choiscéim slí

Crann glas giúise
Ina sheasamh díreach,
Mar shaighdiúir cróga
Ar son a thíre.

Seanchrann daraí
Mar fhear faonlag críon,
Maidí croise a ghéaga gabhlógach,
Bileoga feoite a bhalcaisí.

Crann donn sailí
Mar sheanbhean feasa,
A fallaing leata
De dhroim an easa.

Meathfaidh an phréamh
Agus titfidh an crann,
Ach geamharfaidh an síol
Arís in am.

Sinne na cranna
Óg agus críonna,
Sinne na cranna
Cam agus díreach.

Crann thar chrannaibh
Ar Chnocán Chalvaire,
Le géaga geala
Nár fhás riamh air.

Crann na Croise
Ár ndídean is Críost,
I gcoilltibh na bhFlaitheas
Go bhfásam arís.

Duan-phaidir

ó *Íochtar Trá* (1985), 11

A Athair na Cruinne,
Go dtagair im choinnibh
Nuair a bheidh an bás am thraochadh –
Las coinneal mo bhaiste,
Cuir arís im ghlaic é,
Is ná leig m'anam ar strae uait.

Óir is tusa a ghlac trua
Dos na mílte slua,
Is tú a mhéadaigh an t-arán
Is an t-iasc dóibh,
Is le grá dom féin
Gur fhulaing tú an phéin
Go hard ar chrois do chéasta.

A aoire na maitheasa,
Bailigh chugat m'anamsa
Agus maith dhom mo ghníomhartha baoise –
Go bhfeicfeadsa tusa
Trí shúilibh an linbh
Ar mo shlí chun na cathrach naofa.

Óir is tusa do chneasaigh
Na bacaigh is daill,
Is na céadta aige deamhain
A bhí créachta.
Is le trua dom féin
Gur fhulaing tú an phéin
Go hard ar chrois do chéasta.

Capaill bhána

ó *Íochtar Trá* (1985), 21

Bhí capaill bhána ag damhsa ar an inbhear aréir,
Na capaill bhána d'ardaigh na marcaigh leo siar,
Nach duairc í an chailleach ina seasamh ar Charraig na
bhFiach?
Ach ní duairce ná an brón dubh atá suite in íochtar mo
chléibh.

Nuair a sheasaim ar maidin ag féachaint ar shaoistí na
dtonn,
Ag súil le bhur bhfilleadh nó comhartha ó Oileán na
bhFionn,
Ní bhfuaireas ach seaicéad a bhí smeartha le cúr bán is
ruaim,
Is bhí capaill bhána ag rince is ag damhsa fán gcuan.

Tá bhur leabaidh gan cóiriú anocht is gan braitlíní glé,
Ach cliabhán an Téitis á luascadh go síor le bhur dtaobh,
Beidh sí-chóir na mara mar shuantraí go deo le bhur
suan,
Is na capaill bhána ag damhsa amuigh ar an gcuan.

Tá mo chroí-se ina dhobhar is gan stealladh na fola trím
bheoibh,
Is beidh taisteal bhur máithrín tré ghleanntáin an uaignis
go deo,
Cé hionadh duit gáire, a Théitis, i gcathair na dTóim,
Is do chapaill bhána ag rince is ag damhsa fán gcuan!

Saol eile na scéalaíochta

Marcaigh na samhlaíochta

ó *Cliathán na Sceilge* (1984), 85–87

Tá tráigh álainn timpeall míle ar fhaid ón mBearna Dhearg go Caisleán Bhaile an Sceilg. Oícheanta spéirghealaí nuair a bhíodh an taoide ina lán trá bhíodh Marcach na Bearna Deirge ag baint fuaime as an gcuan le racht reatha. D'airítí clip na gcrúite ar an ngaineamh chruaidh, buile an eachlaisc, gíoscán na hiallaite agus srannán an eich ar cosa in airde. Marcach na Bearna Deirge, cérbh é féin? Bhí cur síos air cois tine ag na seandaoine. Ach cad mar gheall ar an oíche go raibh Paidí Thomáis ag tógaint raice ar thráigh Bhaile an Sceilg gur scrios an marcach thairis ar nós feothan gaoithe. Deirimse leat go raibh deireadh raice tógtha ag Paidí an oíche sin. Mar a dúirt sé ina dhiaidh sin: 'Ní hé ba mheasa liom ach mo phíop is mo chasóg a fhágaint ar an dtráigh im dhiaidh! Bhí siúl na gcon fén mbastard!'

Níorbh fhear púcaí ná áiféise é Dónall Ó Creimín, é ag bailiú múr briste le trá na taoide tamaillín soir ó Bhéal na Coise Baoithe, oíche a bhí chomh geal leis an lá. Mar a dúirt sé féin: 'Ní raibh aoinne fúm ná tharam, bhíos ag cur díom ar mo shuaimhneas; bhí uail droinge de mhúr breá glan ar an dtráigh. Bhí an mhiúil fé shrathair fhada agus úmacha agam. Bhíos á chur suas thar bharra na taoide agus ag déanamh cruach de chun é a bheith caothúil i gcomhair é a tharrac abhaile. Ní raibh orm ach líonadh agus leagadh. Bhí an aimsir tráthúil i gcomhair seanleasú agus chun séasúr a dhéanamh im chóir. Bhí na húmacha geall le bheith lán agam nuair a gheit an mhiúil agus sara raibh am agam breith ar an srian bhí an mhiúil ag cur ardán barra taoide dhe, agus le straighin an-mhór ualaigh chloisfeá torann gach fíor-rúisce agus bloscadh breimní ón gcréatúir is í ag cur an aird suas di! Ba rógheаrr, áfach, gur chuala chugam aníos greadadh na gcrúite ar an ngaineamh, gíoscán na hiallaite, pleanc an eachlaisc, agus srannán an chapaill ar a dhéindícheall. Sciúird sé tharam ar nós feothan gaoithe, ag caitheamh múr briste in airde insa spéir mar a chuirfeadh an seabhac scaipeadh ar na mionéin! Chuireas comhartha na croise orm féin, agus bhailigh mé liom míle bóthair siar go Baile an Sceilg, mar a bhfuaireas an mhiúil ag iníor di féinig insa pháirc in aice an tí is an múr ins na húmacha fós. Bhaineas di na húmacha agus an tsrathair fhada. Bhí súp allais léi. Chuireas isteach sa chró í; thugas punann choirce, buicéad uisce agus féar milis di!' B'in eachtra Dhónaill Uí Chreimín timpeall céad agus fiche bliain ó shoin. Ba mhinic domhsa im aonar ar thráigh Bhaile an Sceilg in am mhairbh na hoíche fén ngealach agus insa duibhré, ach dá mbeinn ann go lá Philib an Chleite, ní bheadh le clos ná le feiscint agam ach síorshuantraí na mara, lapáil na dtonnta beaga i ndiaidh is i ndiaidh a chéile go deo deo. Mo shlán chugat, a mharcaigh an dianreatha, a mharcaigh na samhlaíochta.

Tá Cnocán na mBuachaillí in aice an tí ina bhfuil Stáisiún na nGardaí thíos cois trá i mBaile an Sceilg. Bhíodh gleo agus gríosacht an chluiche báire le clos ann, imirt idir foirne ag iománaíocht, ruaille buaille ag ógánaigh spridiúla. Ní anso i mBaile an Sceilg amháin a bhí sé seo mar iontas le fáil. Bhí sé go forleathan ar fud na tíre. Tá páirceanna agus cnocáin agus fiú amháin tránna go mbíodh an slua slí ag imirt cluichí iontu. Bhí páirc eile thuas i gClochán na hUaighe go n-airítí na foirne ag imirt le gáir, gleo agus gríosacht inti. Bhíodh líon saighne an Chaisleáin, a bhí fé láimh m'athar, leata ar Chnocán na mBuachaillí. Bhí daoine a deireadh nár cheart an líon a bheith leata ar an áit sin ar eagla ná taitneodh sé leis na daoine maithe. Is cosúil nár chuir na buachaillí aeracha aon chonstaicí i gcoinnibh na n-iascairí bochta ach a mhalairt ar fad, mar do bhí an rath ar líon an Chaisleáin chun iascaigh thar líonta eile an chuain.

Áit eile go mbíodh faitíos ar dhaoine gabháilt ann déanach san oíche ab ea an droichead beag atá ar Abha Bhaile an Sceilg, thiar ar an mbóthar go Bólas. An sprid a bhí socraithe anseo ná Bean an Níocháin. Bhíodh sí ag síorbhualadh an éadaigh le slis ar leac a bhí tamall gearr suas ón ndroichead. Is mó duine a thug fé dhul ina treo, ach bhíodh glór na slise an fhaid chéanna uathu go deo. Tá Bean an Níocháin imithe ón ndroichead le fada an lá agus tá na buachaillí aeracha imithe ón gcnocán. Ní thagann na comharsain ag bothántaíocht a thuilleadh. Níl an tine mhór oscailte len' adú níos mó le fuílleach móna sa chiseán.'D'imigh súd agus tháinig so!' mar a deirtear. Tá roithleagán im shúilibh anois ón dteilifís!

Bhí cur síos ar Sprid Bhéal na Méine ar fud na Mumhan go léir; cineál d'ainsprid ab ea an t-arracht seo i bhfoirm solais ghléigil. Deir an béaloideas áitiúil gur deamhan baineann a bhí inti agus gur dhíothaigh sí beirt. Tá Béal na Méine ar bhóthar Mhórchuaird Chiarraí in aice na Snaidhme, agus ba cheart go mbeadh íomhá ornáideach soilsithe den sprid le feiscint ar thaobh an bhóthair chun cuairteoirí a mhealladh agus mar chomhartha ar ár seanchultúr agus ar an bpágántacht. Cad a deir Bord na bPúcaí leis an dtuairim seo?

Bhí comharsa béal dorais dúinn, Mícheál Ó Corráin, a thug trí oíche i ndiaidh a chéile suas le bó a bhí i mbruach beirthe aige. Bhuail sé isteach chun tigh m'athar an mhaidin ina dhiaidh sin.

'Sea, a Mhíchíl,' arsa m'athair 'ar bheir do bhó fós?'
''Dhia, bheir sí leis an lá ar maidin inniu,' arsa Mícheál.
'Cad é an saghas a rug sí uaithi?'
'Á, tá mhuise, rud atá chomh gléigeal le Sprid Bhéal na Méine.'

Táispeánann an scéal beag seo go raibh fios fairsing mórthimpeall Uíbh Ráthaigh maidir leis an sprid shoilseach seo.

Oileán na mBan bhFionn

ó *Cliathán na Sceilge* (1984), 81–84

Do chónaigh Lúd agus Seirce fadó fadó in oileán beag a bhí suite i mBéal Inbhear Scéine. Bhíodar go doimhin i ngrá le chéile. Fear óg ab ea 'Lúd an Lainn Duibh,' fear ab fhearr ná fir: dobharchú san uisce agus laoch ar thalamh. B'í Seirce an mhaighdean ná raibh a fhios ag aoinne cad as ar tháinig sí. Bhí treisleáin chiardhubha ghruaige ag titim le sáilibh léi. Bhí scáil an airne ins gach triopall díobh, agus ba ghile a bráid ná ceannabhán bán an tsléibhe. Bhí daoine ag cogarnach ná raibh sí den tsaol so, gur deamhan nó ríbhean a bhí inti a tháinig ó Oileán na mBan bhFionn. Ní raibh Naomh Pádraig tagtha go hÉirinn fós, agus ní hé pósadh na Críostaíochta a bhí á chleachtadh na laethanta san.

Lá dá raibh Seirce agus Lúd ag súgradh ar an dtráigh, do labhair Lúd agus dúirt sé léi: 'An mbeadh fonn pósadh ort, a Sheirce?' D'fhreagair sí, á rá: 'Á, bhí eagla orm ná rabhais chun na focail sin a rá liom choíche; táim ullamh chun tú a phósadh!'

'Le breacadh an lae?' arsa Lúd.
'Le breacadh an lae!' arsa Seirce.
'Le trághadh na taoide?' arsa Lúd.
'Le trághadh na taoide!' arsa Seirce.

Tháinig Seirce agus Lúd le breacadh an lae chun seasamh ar an dtráigh. Do bhaineadar araon a gcuid éadaigh díobh. Nuair a bhí sin déanta, d'iompaigh Lúd a aghaidh soir agus Seirce a haghaidh siar agus d'fhanadar mar sin go héirí na gréine. Nuair a d'éirigh an ghrian chuaigh Lúd ar a ghlúine ag cromadh a chinn trí huaire chun na gréine. Chuaigh Seirce ar a glúine agus chrom sí a ceann trí huaire chun na haigéine. Ansan d'éirigh Lúd agus tharraic sé cearcall leathan lena lann dubh ar an ngaineamh órga thíos cois na toinne. Chuir sé deighilt trasna trí lár an chearcaill. Do sheas Lúd ar an dtaobh dheas den deighilt agus do sheas Seirce ar an dtaobh chlé gur nigh na tonnta gach rian den chearcall agus an deighilt den ghaineamh. Ansin chuadar araon lámh ar láimh isteach san uisce agus ag iompáilt chun na gréine dóibh thugadar trí ghártha an áthais, mar bhíodar pósta le huisce agus le tine, na déithe a bhí ann roimh Naomh Pádraig. Do bhí gach comhartha go maith. Bhí rónán á iomlasc féin i lic an chuain agus tóithíní ag léimrigh le háthas. Ach thug Seirce rud amháin fé ndeara: go raibh scamaill bheaga dhubha ag éirí de dhroim Oileán na mBan bhFionn.

Tar éis dóibh teacht as an uisce, chuaigh an bheirt acu go lúib na coille mar ar shín Seirce í féin fén ngréin, áit ar ghlac sí Lúd an Lainn Duibh, an dobharchú agus an laoch, le grá chun a broinne. Gach lá ina dhiaidh sin bhí an bheirt acu ag déanamh saothair, ag cabhrú le chéile ag tógaint tigh beag cluthar le hais na trá. Bhí Seirce ag sníomh na bhfallaí as slata agus bruinleoga na coille. Bhí Lúd ag meascadh cré dhearg agus ag cur na dóibe ar na fallaí. Is róghearr go raibh tigh cluthar feistithe acu araon.

Bhí naomhóg éadrom deas ag Lúd a bhronn a athair air an bhliain sarar bádh é i bhfeothan gaoithe ón ngealach rua. Bhí eireaball faoileáin agus brollach na heala ar dhéantús an bháidín. Thugadh fir farraige an bád maol uirthi. Bhí siúl, iompar agus cosaint inti, agus, dá airde iad na saoistí, bhíodh sí ar nós Théitis ar bharr gach maidhme.

Do bhailigh Seirce ceannabhán bán an tsléibhe agus líon mín na mban sí. Gach oíche bhíodh sí ag sníomh go dícheallach agus ag cabhrú le Lúd na mílte mogall a chur go líonta. Bhí Seirce trom le leanbh, mar sin bhí saothar uirthi gach éide a bheith ullamh le haghaidh na hócáide. Thugadh Lúd na bradáin mhóra leis ón loch cúng. Ní raibh ocras ná tart orthu araon ach iad i síorghrá le chéile.

Sa deireadh bhí am Sheirce tagtha mar bhí greamanna tinnis clainne ag teacht go dlúth uirthi i ndiaidh a chéile. Chuaigh Lúd go lúib na coille agus chóirigh sé leaba álainn de bhruinleoga agus triopall feoite fé scáth na gcrann agus do leath sé falach leapa de chraiceann fia anuas air. Tháinig Seirce agus luigh sí ar leabaidh na breithe. Bhí Lúd an Lainn Duibh, an dobharchú agus an laoch, ina sheasamh in aice na leapa.

'Le teacht na taoide?' arsa Lúd.
'Le teacht na taoide!' arsa Seirce.

Nuair a chas an taoide ar fhilleadh, tháinig leanbh álainn baineann ar an saol gan dua gan chruatan saor ón mbroinn. Bhí gach comhartha fabharach. Bhí rónán á iomlasc féin ar lic an chuain agus muca mara ag léimnigh le háthas. Ach thug Seirce fé ndeara na scamaill bheaga dhubha ag éirí de dhroim Oileán na mBan bhFionn. Do shníomh Lúd an Lainn Duibh cliabhán ornáideach as slata na mbiorrach don iníon go raibh cosúlacht na rí-mhná cheana féin uirthi.

Bhí laethanta fada an tsamhraidh ag ciorrú agus oícheanta fada an fhómhair ag dúnadh isteach. Mar sin, bhí ar Lúd a bheith moch ar shliabh agus déanach ar muir, ag fiach, ag iascach agus ag sealgaireacht, chun roinnt bídh a chur i dtaisce agus seomra na lónchan[46] a líonadh. Ba mhinic é féin agus an báidín maol ag cur mogall le hiasc na hoíche go breacadh an lae. Bhíodh ar Sheirce fanúint oícheanta fada ina haonar ag deisiú líonta go mbíodh mogaill bhriste iontu, í ag sníomh go minic go ham mhairbh na hoíche, agus Niamhra ina codladh go suanmhar sa chliabhán ar lic an iarta.

Do ráinig oíche go raibh Seirce ag obair go suaimhneasach di féin agus Lúd amuigh ar an gcuan nuair a d'airigh sí cnag ar an ndoras. D'oscail Seirce an doras, mar cheap sí gurbh é Lúd a bhí ann. Ach ní túisce sin ná gur sciúird seisear ban ársa isteach. Bhíodar ar na mná dob áille dá bhfaca sí riamh. Bhí gruaig ina táthaibh ag titim go sálaibh leo; gruaig fhionn go raibh lasarnach na gréine ag spréacharnaigh aisti. Bhí súile uaine gorma acu go raibh lasair nimhneach iontu agus adharca fia mar choróin ar gach bean díobh. D'fhiafraigh Seirce díobh cérbh iad féin nó cad as dóibh, ach ní bhfuair sí uathu ach an leamhgháire magúil agus sciotaraíl nár thuig sí.

Thosnaíodar ag sníomh agus ag deisiú na líonta, agus thug Seirce fé ndeara go raibh gach fiarshúil acu á chaitheamh i dtreo an chliabháin mar a raibh an leanbh óg. Nuair a labhair an coileach fraoigh sa choill ag tabhairt fógra go raibh fáinne an lae á thaispeáint féin, do phreab gach duine acu, agus leis sin d'imíodar ar nós feothan gaoithe amach an doras.

Chuaigh Seirce go dtí tobar an fhíoruisce nuair a d'airigh sí guth ag labhairt in aice léi: 'Is mise spiorad do sheanathar, agus tabhair cluas mhaith don mhéid atá agam le rá leat! Na mná san a tháinig chugat aréir, sin iad na bandeamhain as Oileán na mBan bhFionn go bhfuil éad acu leat. Táid ar thóir an linbh óig, chun í d'fhuadach uait mar beidh sise níos áille ná iad san, agus tá sé beartaithe acu síofra do chur in ionad an linbh. Táid le teacht thar n-ais anocht, agus scaoil isteach iad. Ach ar dtúis, dein cros bheag le slata agus cuir i bhfolach sa chliabhán í i dteannta an linbh. Mar tá duine le teacht go hÉirinn gurb é comhartha na croise a bheidh mar chumhacht aige thar aon chumhacht eile. Ná habair an méid seo le Lúd go fóill le heagla ná raghadh sé ag fiach ná ag iascach a thuilleadh. Nuair a bheidh na mná fionna suite i mbun snímh tamall, téirse go dtí an doras agus ar fhéachaint amach duit abair in ard do ghutha: 'Oileán na mBan bhFionn fé bharr lasrach!'

Tháinig an oíche agus tháinig an seisear bandeamhan. Do chuadar i mbun birte láithreach. Luíodar ag sníomh agus ag deisiú na líonta stractha, iad ag leamhgháirí agus ag sciotaraíl eatarthu féin. Tar éis tamaill chuaigh Seirce go dtí an doras, agus ag féachaint amach san oíche di le sceon ina súile, dúirt sí os ard a gutha: 'Oileán na mBan bhFionn fé bharr lasrach!' Thosnaigh na mná fionna ag screadaigh agus ag béicigh, iad ag rá d'aon ghuth: 'Mo thighse is mo leanaí, mo thighse is mo leanaí!' Thugadar iarracht ar an gcliabhán a bhreith leo, ach do bhí solas i bhfoirm comhartha na croise mórthimpeall air a chuir scaipeadh duilleoga an gheimhridh orthu.

Tháinig Lúd le scread na maidne agus a bháidín maol go slait le beatha. Leag sé a lann in aice an linbh. Ansan tar éis Niamhra a phógadh trí huaire chuaigh sé féin agus Seirce síos ar thráigh na gainmhe órga, agus ag iompáilt chun na gréine dóibh thugadar trí ghártha an áthais. Agus mhaireadar go sona sásta cois trá as san amach. Bhí gach comhartha fabharach.

Bhí rónán á iomlasc féin ar lic an chuain agus na tóithíní á gcaitheamh féin le háthas. Agus thug Seirce rud amháin fé ndeara: ná raibh aon scamall dubh ag éirí de dhroim Oileán na mBan bhFionn a thuilleadh.

Óm mháthair a fuaireas an seanscéal sin.

Iarnótaí

1 De réir Dhecláin Uí Chiarmhaic, an focal 'suidheachóir, a roller or billow' (*Dinn*) atá i gceist anseo, ach 's' caol a bheith ag Mícheál.

2 Is ionann 'péacán' agus 'piachán' = 'faochán, periwinkle' (*Dinn*).

3 Is ionann 'méabhán' agus 'meadhbhán, a sort of dilisc' (*Dinn*). Tá samplaí den fhocal, faoin gceannfhocal 'míobhán,' in *CFUR*. Féach freisin: 'míobhán, *Pepper Dulse (Laurencia pinnatifida)*' in Máirtín Verling (eag.), *Mioscais na gCumar: Béaloideas agus Seanchas ó Bhéarra* (An Daingean: An Sagart, 2010), 369.

4 Is 'ag cuardach na ndóthanna' a bhí in *CS*, ach is é an focal 'dóigh, ionad dóchúil (le hiasc a fháil ann)' (*CFUR*) atá i gceist. Míníonn Seán Segersún an focal in CBE 1811, 74–5: '"Dul ar dóigh," a deirimís. Tá áiteanna 'sa bhfairrge is feárr dóigh ná a chéile chun iascaig.' Agus arís, in CBÉ 1811: 191: 'dóicheanna – áiteanna a bheadh dóicheamhail chun iascaig.'

5 Rinn Orlaigh atá ag Ua Ciarmhaic ach tugaimid an leagan den ainm atá faofa ag an mBrainse Logainmneacha. Féach: logainm.ie: https://www.logainm.ie/ga/s?txt=Rinn+Orlach&str=on.

6 Is ionann 'soitheoir' agus 'soightheóir, cooper, one who makes casks' (*Lane*).

7 Foilsíodh 'glugar' in *CS*, ach 'glothar' atá sa lámhscríbhinn.

8 Foilsíodh 'cipíní' in *CS*, ach 'píopaí' atá sa lámhscríbhinn.

9 Ar mhaithe le soiléire, leasaíomar litriú an fhocail seo ó 'corraithe,' mar a foilsíodh in *GS* é, go 'cortha.' Féach: 'Cortha den saol, weary of the world' (*FGB*). An litriú atá sa lámhscríbhinn ná 'corruithe.'

10 Bailithe bréan ('bored' an Bhéarla) atá i gceist aige le 'tollaithe' anseo, iarracht ar théarma a cheapadh bunaithe ar an mbriathar 'toll' san iontráil 'Bore, to pierce a hole through' in *Lane*. An litriú atá sa lámhscríbhinn ná 'tolluighte.'

11 Aidiacht bhriathartha bunaithe ar an mbriathar 'gríosadh' sa chéad réimniú, mar atá in *Dinn*. Is mar 'greastha' a litrítear an focal seo sa lámhscríbhinn.

12 D'athraíomar 'ón mboilg,' mar a bhí in *CS*, go dtí 'ó na boilg.'

13 D'athraíomar an aidiacht anseo ó 'chaoitheach,' bunaithe ar litriú na lámhscríbhinne 'caoitheach,' go dtí 'choimhtheach' mar is léir gurb é an focal agus an coincheap sin – 'coimhthíoch, wild remote' (*FGB*); 'coimhightheach, often used as an epithet of fairrge' (*Dinn*) – atá i gceist. Féach freisin na mionlogainmneacha i bparóiste Chill Chrócháin, Carraig Choimhtheach ('Forbidding rock'), An Coimhtheach ('The forbidding one'), Carraig Choimhtheach ('Forbidding rock'), in

Breandán Ó Cíobháin, *Toponomia Hiberniae II: Cill Chrócháin (I)* (Baile Átha Cliath: An Foras Duibhneach, 1984), 37, 38, 43.

14 D'athraíomar an litriú anseo ó 'spigeach,' mar a bhí in *CS*, go dtí 'spíceach,' mar atá sa lámhscríbhinn.

15 Is ionann 'méardán' agus 'méarán,' ceann de na téarmaí Gaeilge ar 'starfish.' Is mar 'meardain dearga' a litrítear sa lámhscríbhinn é.

16 Ainm a bhí ag Ua Ciarmhaic don éan farraige a dtugtar an guairdeall mór liath uirthi. Cé gur 'fuírrighil' nó 'fúirrighil' atá i lámhscríbhinn *CS*, is mar 'fairthir' atá sé litrithe in *RT*, agus an tráchtaireacht seo ann mar gheall ar an ainm: 'An chánóg liath, an fairthir, an crosachán mór liath – is deacair ainm ceart a fháil don éan álainn seo. Ach i ndeireadh na dála is é an guairdeall mór liath atá i gceist; éan atá gaolmhar don chánóg agus do shicín dubh na stoirme' (*RT*, 26). Is mar 'foirithir' a litrítear in *GS* é.

17 'An tsaileach' an téarma a bhí in *CS*, agus 'tailleach' a foilsíodh in *GS*. Is é an focal a d'úsáidtí in Uíbh Ráthach, áfach, do shúgán a mbíodh leacacha (clocha meáchain) ar sileadh uaidh, ná 'cailleach' (fir). Féach: cur síos ar chúrsaí tuíodóireachta in Uíbh Ráthach – agus léaráidí a léiríonn na codanna den cheann tuí, an cailleach san áireamh – le Tadhg Ó Murchadha, CBÉ 1081: 29–31. Féach freisin: 'cailleach, a hanging thatch-weight,' in Heinrich Wagner, *Linguistic Atlas and Survey of Irish Dialects, Vol II: The Dialects of Munster* (Dublin: Dublin Institute for Advanced Studies, 1982), 201.

18 Ós rud é go raibh leaganacha éagsúla den téarma seo in úsáid aige ó leabhar go chéile, bheartaíomar an leagan atá in Tearma.ie agus atá in úsáid aige féin in *RT*, a úsáid tríd síos. Is mar 'áiricéan' a litrítear an focal in *CS*.

19 An focal 'inbhainte' atá in *GS*, ach is dóigh linn gur 'inbheirthe, inborn, innate' (*FGB*) atá i gceist anseo.

20 Cé nach bhfuil an focal seo in aon fhoclóir, is léir go bhfuil gaol aige leis an nath 'ina gcléiteach, go flúirseach' in *CFUR*.

21 Féach: 'cladhar, cross-beam of a chimney-breast;' 'cladh, the chimney-beam or mantle-tree of a chimney;' 'calabhar, the cross beam that supports the chimney breast-work in a dwelling house' (*Dinn*); agus 'maide clabhra, maide matail' (*CFUR*).

22 Is é an focal 'smí' atá i lámhscríbhinn *CS*. Tá an téarma seo in úsáid ag Ua Ciarmhaic in *RT*, agus é ag tagairt do chúirtéireacht na n-éan, iad 'ar smighe le chéile mar a bheadh gráthóirí daonna' (*RT*, 2); agus arís in *GS*, agus é ag tagairt do chaidreamh rómánsúil idir fear agus bean: 'fear gleoite fáiscithe feistithe ab ea Seán go raibh smeidhe aige blianta ó shin, ach chuir breoiteacht a mháthar deireadh leis an mbrionglóid álainn sin nuair a thóg sise a leabaidh' (*GS*, 25). Is téarma é atá le fáil i scéal a bhailigh Séamus Ó Duilearga in Uíbh Ráthach agus a d'fhoilsigh sé in

Béaloideas 33 (1965): 'Ní raibh sí an bhliain agus fihe slán nuair a dheagha sí ar smeidh leis seo mar bhuachaill' (168). Chuir an Duileargach an fonóta '= cúirtéireacht' leis an bhfocal 'smeidh.'

23 Cé gur 'sistéalóir' atá sa leagan foilsithe den mhír seo, agus bheadh an leagan sin feicthe ag Ua Ciarmhaic mar Ghaeilge ar 'hackler' in *Lane*, bheartaíomar ar an leagan 'siostalóir' (mar atá in *Dinn* agus *FGB*) a úsáid. Tá an leagan sin níos dílse freisin don rud atá aige féin sa lámhscríbhinn: 'shistalóir'.

24 Seo 'clove' an Bhéarla.

25 Féach: 'Wax-end, the end of a cord used by shoemakers, reabhóg' (*Lane*); 'réabhóg, a folded string or line, a shoemaker's "end"' agus 'ruadhóg, a flaxen cord waxed over used by cobblers' (*Dinn*); 'ruóg, waxed cord, wax-end' (*FGB*).

26 Is ionann 'garúch' anseo agus 'garbhadhach' (*Dinn*) agus 'scarbhach' (*FGB*).

27 Ré na Cúla a bhí ag Ua Ciarmhaic anseo, ach tugaimid an leagan den ainm atá faofa ag an mBrainse Logainmneacha: Féach: logainm.ie: https://www.logainm.ie/ga/s?txt=Reennacoola&str=on. 'Réidh na gCúl' atá ag An Seabhac (Pádraig Ó Siochfhradha) in 'Uí Ráthach: Ainmneacha na mBailte Fearainn sa Bharúntacht', *Béaloideas* 23 (1954 [1956]), 36.

28 Leagan den fhocal 'sódhaingí, sódhainní, delicacies' (*Dinn*) agus 's' iolra an Bhéarla curtha leis, nó den fhocal gaolmhar 'sócamas, dainties, confectionary' (*FGB*).

29 Dubh-Inis a bhí ag Ua Ciarmhaic, ach tugaimid an leagan den ainm atá faofa ag an mBrainse Logainmneacha. Féach: logainm.ie: https://www.logainm.ie/ga/s?txt=Du%C3%ADnis&str=on; Breandán Ó Cíobháin, *Toponomia Hiberniae II: Cill Chrócháin (I)* (Baile Átha Cliath: An Foras Duibhneach, 1984), 67.

30 Bunaithe ar an bhfocal Béarla *follower*, bhí leaganacha éagsúla den téarma in úsáid sa Ghaeilge, ina measc *failéar* agus *flare*. Féach: an cuntas 'Saighneoireacht' a bhreac Séamus Ó Duilearga ó Mhícheál Bán Conraoi, le cabhair Phats Uí Chealla, iascairí, i dteach Sheáin Uí Chonaill i gCill Rialaigh, 8 Aibreán 1929, *Béaloideas* 29 (1961), 142; na cuntais 'Gléas na mbád – an saighne ag oibriú' agus 'Téarmaí a ghabhann leis na bádaibh' a bhreac Tadhg Ó Murchadha ó Sheán Segersún, an Rinnín Dubh, lámh leis an g, 27 Meán Fómhair 1941 (CBÉ 798: 179–182; 183–187); agus an cuntas cuimsitheach ar chúrsaí farraige agus iascaireachta a bhreac Ó Murchadha ón Segersúnach arís i bhfómhar na bliana 1949 (CBÉ 1188: 1-200). Tá an fhoinse dheireanach sin iontach luachmhar mar, chomh maith leis an eolas atá sa téacs féin, rinne Ó Murchadha mionléaráidí de na báid agus den trealamh iascaireachta atá luaite sa chuntas. Féach freisin ar na hailt: Críostóir Mac Cárthaigh, 'An tSaighneoireacht in Iarthar Chiarraí,' in Pádraig Ó Fiannachta (eag.), *An Fharraige: Iris na*

hOidhreachta 5 (An Daingean: An Sagart, 1993), 54–79; 'Seine Boats of the South-West Coast,' in Críostóir Mac Cárthaigh (eag.), *Traditional Boats of Ireland: History, Folklore and Construction* (Cork: Collins, 2008), 331–344; Seán Mac an tSíthigh, 'The Iveragh Seine Boat,' in John Crowley & John Sheehy (eag.), *The Iveragh Peninsula: A Cultural Atlas of the Ring of Kerry* (Cork: Cork University Press, 2009), 360–364.

31 Féach: 'stol, ceann de shraith lúb ar chiumhais líon saighne' (*CFUR*). Is mar 'stola' a litrítear in *GS* é.

32 'Milt' an Bhéarla ('lábán' na Gaeilge) atá i gceist anseo.

33 Easnacha an bháid atá i gceist le 'na stualaí,' mar atá le feiceáil sa léaráid de bhád saighne in alt Sheáin Mhic an tSíthigh, 'The Iveragh Seine Boat,' in John Crowley & John Sheehy (eag.), *The Iveragh Peninsula: A Cultural Atlas of the Ring of Kerry* (Cork: Cork University Press, 2009), 363. Ba ó Sheán Segersún ón Rinnín Dubh, lámh leis an gCoireán, a fuarthas na téarmaí (CBÉ 1188: 1–200, féach nóta 30 thuas) agus chuir Declán Ua Ciarmhaic aistriúcháin Bhéarla ar fáil do Sheán Mac an tSíthigh.

34 Is dóigh linn go bhfuil imeartas meafarach focal i gceist anseo idir 'drong, T.Gin, druinge, a multitude' (*Dinn*), focal atá le fáil sa logainm áitiúil Cnoc Droinge, agus 'druine, embroidery' (*Dinn*).

35 Caora tintrí a bheadh ag bualadh an uisce atá i gceist le 'osclaíocha,' de réir Dhecláin Uí Chiarmhaic. Is cosúil gur leagan iolra é de 'ascal, a current, flowing of a tide, a swollen or high sea, a storm' (*Dinn*).

36 Tá an focal 'iongaire' bunaithe ar 'ingir, -e, -í, stone-cutter, one who dresses stones' (*Lane*).

37 Féach nóta 16 thuas.

38 'Oileán Duibhinis' atá ag Ua Ciarmhaic. Féach nóta 29 thuas.

39 Leasaíomar an abairt in *RT* agus rinneamar 'smachtghunnaí' as 'smacht gunnaí' an ridire. Seans maith go raibh imeartas focal i gceist ag Ua Ciarmhaic agus smachtbhannaí, chomh maith le smacht na ngunnaí, ar intinn aige.

40 An focal 'daoi,' bunaithe ar an bhfuaimniú áitiúil ar an leagan Ciarraíoch de 'dumhach' (féach: 'duímheach' (Ker), *Dinn*) atá in *RT*. Is minic an focal seo litrithe mar 'duí' i bhfoinsí béaloidis agus litríochta.

41 Rinn Orlaigh atá in *RT*, ach tugaimid an leagan den ainm atá faofa ag an mBrainse Logainmneacha. Féach: logainm.ie: https://www.logainm.ie/ga/s?txt=Rinn+Orlach&str=on.

42 Cill Oirealaigh, leagan stairiúil den ainm, atá in *RT*, ach tugaimid an leagan den ainm atá faofa ag an mBrainse Logainmneacha. Féach: logainm.ie: https://www.logainm.ie/ga/s?txt=Cill+Rialaigh&str=on.

43 Is nuafhocal dá chuid féin é seo a úsáideann Ua Ciarmhaic agus é ag tagairt do chultúr polaitiúil an Iarthair.

44 An nath 'ina dothar' a foilsíodh in *ÍT*, ach sílimid gur 'ina dobhar' atá i gceist, bunaithe ar an ainmfhocal 'dobhar, darkness, dullness, obscurity' (*FGB*).

45 An focal 'fuí' atá in *ÍT*, ach 'faoi, evening nightfall' (*Dinn*) atá i gceist agus leasaíomar an focal dá réir. Féach freisin: 'faothain, sundown, eventide' (*Dinn*). Tá an leagan seo ag Seán Ó Conaill: 'Bhí a' ghealach a' faoi ortha – uíhe bhreá ghealaí ab eadh í' (*LSÍC*, 293); agus tá an abairt seo i réamhrá Shéamuis Uí Dhuilearga: 'Bhí an ghealach ag faoi ar an bhfaraige, gaoth chruaidh an Earraig adtuaidh thar chnoc, an tír go léir gléigeal fé sholus na rae' (*LSÍC*, xviii).

46 Is cosúil go bhfuair Ua Ciarmhaic an focal Gaeilge 'lóncha' ón iontráil 'larder' in *Lane*.

Tagairtí

Lch.24: 'Imeoidh an seanóir atá cráite liath…'
Línte a luaitear le Mícheál Óg Ó Longáin. Féach: T.F. O'Rahilly (eag.), *Búrdúin Bheaga* (Baile Átha Cliath: Brún agus Ó Nualláin, 1925), 23.

Lch.28: 'Stadaigh anois d'bhúr ngol…'
Tá na línte filíochta mar atá siad ag Ua Ciarmhaic anseo ar fáil i leaganacha áirithe de *Caoineadh Airt Uí Laoghaire*. Féach: Seán Ó Tuama, 'Nótaí téacsa,' in *Caoineadh Airt Uí Laoghaire* (Baile Átha Cliath: An Clóchomhar, 1961), 71.

Lch.30: 'Maireann an crann ar an bhfál…'
Seo leagan den seanfhocal 'Maireann an chraobh ar an bhfál / Is ní mhaireann an lámh a chuir.' Féach: Pádraig Ó Siochfhradha (An Seabhac), eagrán nua a chóirigh Pádraig Ua Maoileoin, *Seanfhocail na Mumhan* (Baile Átha Cliath: An Gúm, 1926 / 1984), 16.

Lch.51: 'In Denny Street in sweet Tralee…'
Línte as leagan den bhailéad cáiliúil, 'The Kerry recruit or the Spalpeen fanaugh.' Féach: Roud Number V606, Broadside Ballads Online from the Bodleian Libraries: http://ballads.bodleian.ox.ac.uk/search/roud/V606 (ceadaíodh 1 Nollaig 2022); Roly Brown, 'Glimpses into the 19th Century Broadside Ballad Trade,' *Musical Traditions* 130 (31 October 2003): http://mustrad.org.uk/articles/bbals_05.htm (ceadaíodh 1 Nollaig 2022). Tá sampla den leagan seo den bhailéad, a bhailigh dalta ó Scoil na Tóna Rua, Co. Mhaigh Eo, ar fáil i mBailiúchán na Scol, Cnuasach Bhéaloideas Éireann. Féach: 'A Local Song,' Bailiúchán na Scol, Imleabhar 0115, leathanaigh 106–107 ó Dúchas © Cnuasach Bhéaloideas Éireann, UCD agus faoi cheadúnas CC BY-NC 4.0, ar fáil ag: https://www.duchas.ie/en/cbes/4427919/4357621/4453859?ChapterID=4427919 (ceadaíodh 1 Nollaig 2022).

Lch.70: 'Do shníomh mé líon, is do dhíol mé é…'
Línte as an amhrán 'Siúil, a Ghrá' nó 'Siúil, a rún.' Féach: Breandán 'ac Gearailt, *An Blas Muimhneach* Iml.II (Baile Átha Cliath: Coiscéim, 2010), 54.

Lch.71: 'Ceathrar gréasaithe ná fuil bréagach...'
Féach: T.F. O'Rahilly (eag.), *Dánfhocail: Irish Epigrams in Verse* (Dublin: The Talbot Press Ltd., 1921), 48; Pádraig Ó Siochfhradha (An Seabhac), eagrán nua a chóirigh Ua Maoileoin, *Seanfhocail na Mumhan*, 93; Domhnall Ó Murchadha, *Sean-Aimsireacht* (Baile Átha Cliath: Oifig an tSoláthair, 1939), 104.

Lch.77: 'Bhí *cast-steel* gan gartadh inti, scriosta go géar...'
Rann as an amhrán 'Scian Sheáinín Brún.' Tá téacs an amhráin ar fáil in: 'ac Gearailt, *An Blas Muimhneach* Iml.II, 343–344.

Lch.79: 'Cuirse chughat, más fonn leat a bheith id shláinte...'
Dhá líne as búrdún a bhaineann le cúrsaí ólacháin: 'A dhuine atá brúite túirseach marbh tráite / Ó ibhe súlaig úl is leanna láidir, / Cuir-se chút, más funn leat teacht id shláinte, / Ruibe do chlúmh na cú san Iarnamháireach.' Féach: O'Rahilly (eag.), *Búrdúin Bheaga*, 11. Tá leagan den rann ar fáil freisin faoin nath 'Ribe de chlúmh na con a rug ort' in Pádraig Ó Siochfhradha (An Seabhac), eagrán nua a chóirigh Ua Maoileoin, *Seanfhocail na Mumhan*, 44.

Lch.82: 'Ar chaill an láir aon chrú?'
Caint shofhriotalach é seo arb éard atá i gceist leis: 'An raibh leanbh tabhartha ag an mbean?' Tá leagan den nath, agus bríonna éagsúla á mbaint as, le fáil i scéal béaloidis faoi Phiaras Feiritéar. Féach: Éadaoin Ní Mhuircheartaigh, 'Laoch Duibhneach: Léiriú an Bhéaloidis ar Phiaras Feiritéar' in Tomás L. Ó Murchú (eag), *Piaras Feiritéar (c.1600–52): Beatha agus Saothar: Ceiliúradh an Bhlascaoid 23* (Baile Átha Cliath: Coiscéim, 2019), 77–78.

Lch.84–85: Tá téacs an amhráin atá luaite anseo, 'Raca breá mo chinn,' ar fáil in: 'ac Gearailt, *An Blas Muimhneach* Iml.I, 186.

Lch.87: 'Ba mhaith an fear sa bhFómhar mé....'
'Raca breá mo chinn' an t-amhrán atá i gceist anseo freisin.

Lch.88: Tá téacs an dáin 'Maidin bhog álainn i mBá na Scealg' ar fáil in: Máire Ní Shúilleabháin (eag.), *Amhráin Thomáis Rua* (Maigh Nuad: An Sagart, 1985), 18–19.

Lch.92: 'Lá dá rabhamar uile den bhFiann...'
Is línte iad seo as 'Laoidh Oisín ar Thír na nÓg.' Féach: Pádraig Ó Siochfhradha (An Seabhac), *Laoithe na Féinne* (Baile Átha Cliath: Clólucht an Talbóidigh, 1941), 213–226, 213.

Lch.104: 'ag lasadh 'nós ola na briochtóige…'
Aistriúchán bunaithe ar na línte 'The water, like a witch's oils, / Burnt green, and blue, and white' ó dhán fada Samuel Taylor Coleridge, 'The Rime of the Ancient Mariner.' Féach: https://www.poetryfoundation.org/poems/43997/the-rime-of-the-ancient-mariner-text-of-1834 (ceadaíodh 1 Nollaig 2022). Cé nach bhfuil an focal ar fáil in *FGB*, féach 'briochtóg, a witch' (*Dinn.*).

Lch.107: 'Hark, hark, *Finder, Lily* agus *Piper*…'
Línte as an amhrán traidisiúnta 'An maidrín rua.' Ar fáil in: 'ac Gearailt, *An Blas Muimhneach* Iml.II, 179–180. Maidir leis an gcreidiúint thraidisiúnta gur chomhartha mí-áidh é tagairt a dhéanamh don mhadra rua i gcomhluadar iascairí, féach: Bairbre Ní Fhloinn, 'Iascairí agus uaisle eile na farraige i gContae Chiarraí' in Pádraig Ó Fiannachta (eag.), *An Fharraige: Iris na hOidhreachta* 5 (An Daingean: An Sagart, 1993), 33–35. Is léir ón scéilín a insíonn Ua Ciarmhaic anseo nach raibh an éifeacht chéanna ag an bpiseog lena linn féin, cé go raibh cuimhne ag na daoine fós uirthi. D'athraíomar 'cruinnigh' a bhí sa dara líne in *GS* go dtí 'cruinníg,' an leagan iolra.

Lch.121: 'Bhí fainne óir ar an ngealach aréir…'
Aistriúchán ar línte ón dán 'The Wreck of the *Hesperus*' leis an bhfile Meiriceánach Henry Wadsworth Longfellow. Féach: https://www.poetryfoundation.org/poems/44654/the-wreck-of-the-hesperus (ceadaíodh 1 Nollaig 2022).

Lch.137: Maidir le longbhriseadh an *Hercules*, tá cuntas ar an eachtra ag Ua Ciarmhaic sa mhír 'Scéal an Mhuirchreachaire *Hercules*' in *GS*, 57–61.

Lch.155–156: 'Fáirbrí aoise, dronn agus preiceall / am ag eiteall'; 'critheán, clúmh agus breimneach.'
Tá na línte filíochta seo ar fáil sa dán 'Am' le hUa Ciarmhaic féin (*ÍT*, 8). Is mar ábhar traidisiúnta a luann sé na comharthaí aoise céanna sa rannóg 'Seanfhocail, nathanna agus tomhaiseanna' in *CS*, 91: 'Comharthaí aois: fáibrí aois, dronn agus preiceall, casachtach, clúmh agus breimneach.'

Lch.156: 'deireadh fir a shuan agus an bhean á faire féin suas'
Tá an nath seo ar fáil sa rannóg 'Sean-ráidhte is sean-nathain' in Domhnall Ó Murchadha, *Sean-Aimsireacht* (Baile Átha Cliath: Oifig an tSoláthair, 1939), 106.

Lch.156: 'Tá an smúit im thimpeall…'

Is é an dán le John Henry Newman a bhfuil línte uaidh aistrithe go Gaeilge anseo ná dán 90, 'The Pillar of the Cloud' (nó 'Lead, Kindly Light') in *Verses on Various Occasions* (London / New York / Bombay: Longmans, Green and Co', 1903), 156–157. Tá an dán ar fáil ar líne ag: https://www.newmanreader.org/works/verses/verse90.html.

Lch.159: 'A chumann is a stór…'

Línte ón amhrán 'Is Cloíte an Galar an Grá.' Féach: Fionán Mac Coluim (Finghin na Leamhna) (eag.), *Amhráin na nGleann Cuid I* (Baile Átha Cliath: An Cumann le Béaloideas Éireann / Comhlucht Oideachais na hÉireann, 1940), 39; 'ac Gearailt, *An Blas Muimhneach* Iml.II, 219.

Lch.159: 'Tá grá agam im lár duit le bliain inniu…'

Is véarsa é seo atá ar fáil sa leagan den amhrán 'Róisín Dubh' a foilsíodh faoin teideal 'Róis Gheal Dubh' in John O'Daly (eag.), *The Poets and Poetry of Munster: A Selection of Irish Songs by the Poets of the Last Century* (Dublin: John O'Daly, 1851), 210–213.

Lch.159: 'Is feoite caite iad na blátha scaipthe…'

Tá cáil ar leith ar an gcaoineadh corraitheach seo a céadfhoilsíodh in *An Claidheamh Soluis* (7 Aibreán 1906), 5–6. Athfhoilsíodh ina dhiaidh sin in iliomad díolaimí é. Féach: Louis de Paor (eag.), *Leabhar na hAthghabhála / Poems of Repossession* (Indreabhán / Hexham: Cló Iar-Chonnacht / Bloodaxe Books, 2016), 30. Cé go bhfuil difríochtaí beaga idir leagan Uí Chiarmhaic agus leagan foilsithe an dáin i bhfoinsí eile, d'fhágamar an téacs a bheag nó a mhór mar atá in *GT*. Rinneamar dhá leasú ar mhaithe le cruinneas céille: Dar fhás > Dár fhás; agus ad luascadh > dod luascadh.

Lch.162: 'Ródhéanach sarar chuir mé aithne ort…'

Aistriúchán ar línte as sliocht cáiliúil as *Faoistiní* Naomh Aguistín a bhfuil eolas air sa Bhéarla mar 'Late have I loved thee' (*Confessions,* Book 10, Chapter 27 (38)). Tá leagan Béarla de ar fáil in Seán Dunne (eag.), *Something Understood: A Spiritual Anthology* (Dublin: Marino, 1995), 90–91.

Lch.164: 'Dá sheandacht pápa, bráthair, naomh is cliar…'

Cuirtear na línte seo i leith Chearúil Uí Dhálaigh. Tá leagan Uí Chiarmhaic an-ghar do leagan O'Rahilly (eag.), *Búrdúin Bheaga*, 15. Chun go mbeadh córas ríme na línte slán, rinneamar cúpla leasú beag téacs, bunaithe ar an eagrán sin.

Lch.165: 'Ná tabhair cumann do mhnaoi thar tír má luaitear leat...'
Ar fáil in: O'Rahilly (eag.), *Búrdúin Bheaga*, 15. Arís, rinneamar cúpla mionleasú ar mhaithe le cruinneas céille agus meadarachta.

Lch.181: '... i gcathair na dTóim'
Is léir gur ag smaoineamh ar Chathair Tonn Tóime na finscéalaíochta a bhí sé anseo. De réir traidisiúin, tagraíonn 'Tóim' do dhumhach nó beartrach i ngar do Ros Beithe agus 'Tonn Tóime' don fharraige idir Ros Beithe agus Inis i mBá an Daingin. Féach: Edmund Hogan, *Onomasticon Goedelicum Locorum et Tribuum Hiberniae et Scotiae* (Dublin: Four Courts Press, 1910 / 2000), 642; Seosamh Laoide (eag.), *Tonn Tóime: tiomargadh sean-phisreog, sean-rócán, sean-sgéal, sean-cheist, sean-naitheann, sean-fhocal agus sean-rádh ó Chiarraighe Luachra* (Baile Átha Cliath: Clódhanna Tta., 1915), v. Maidir leis an bhfinscéal faoi Chathair Tonn Tóime, deir Dáithí Ó hÓgáin: 'On the peninsula of Iveragh in south Kerry, and spreading north from there to parts of the Dingle peninsula, there was a strong tradition regarding a sunken island-city under the wave of Tóim. This breaker is just outside Rossbeigh, and the city there is known as Cathair Tonn Tóime' ('The Mystical Island in Irish Folklore,' in Patricia Lysaght, Séamas Ó Catháin & Dáithí Ó hÓgáin (eag.), *Islanders and Water-Dwellers* (Dublin: The Department of Irish Folklore, University College Dublin, 1999), 253. Tá leagan den scéal 'Cathair Tonn Tóime,' a bailíodh i Samhain na bliana 1937 ó fhaisnéiseoirí i Rinn na nDealgán agus i nGleann Chárthaigh (bailte i nGleann Bheithe in Uíbh Ráthach), ar fáil i mBailiúchán na Scol, Cnuasach Bhéaloideas Éireann. Féach: 'Cathair Tonn Tóime,' Bailiúchán na Scol, Imleabhar 0472, leathanaigh 403–407 ó Dúchas © Cnuasach Bhéaloideas Éireann, UCD agus faoi cheadúnas CC BY-NC 4.0, ar fáil ag: https://www.duchas.ie/en/cbes/4742115/4737253/4936737?ChapterID=4742115&NameKey=tom%C3%A1s-%C3%B3-breathnach&LangID= (ceadaíodh 1 Nollaig 2022). Tá tagairt do 'Cathair Tonn Tóime' san amhrán áitiúil 'Scian Sheáinín Brún.' Féach: 'ac Gearailt, *An Blas Muimhneach* Iml.II, 343. Tá cáil mhór ar dhán Aogáin Uí Rathaille, 'Tonn Tóime.' Féach: Breandán Ó Buachalla (eag.), *Aogán Ó Rathaille* (Baile Átha Cliath: Field Day Publications, 2007), 12. Ar mhaithe le meadaracht an dáin, d'fhágamar leagan neamhchoitianta Uí Chiarmhaic gan leasú.

Liosta Foinsí

Breathnach, Diarmaid agus Máire Ní Mhurchú (g.d.) www.ainm.ie.

Briody, Mícheál (2007) 'Máirtín Verling, 1946–2007,' *An Linn Bhuí* 11, 201–211.

Bushe, Paddy (ed.) (2010) *Voices at the World's Edge: Irish Poets on Skellig Michael* (Dublin: Dedalus Press).

Bushe, Paddy (2022) 'Forógra éiceolaíochta Aimhirgin,' *Comhar* (Meán Fómhair), 6-8.

Comhchoiste Ghaeltacht Uíbh Ráthaigh (2008) *Bealaí Siúlóide na Sceilge* (Baile an Sceilg: Comhchoiste Ghaeltacht Uíbh Ráthaigh i gcomhar le hÚdarás na Gaeltachta & An Scéim Shóisialta Tuaithe).

Cronin, Michael (2012) *The Expanding World: Towards a Politics of Microspection* (Winchester, UK / Washington, USA: Zero Books).

Cronin, Michael (2019) *An Ghaeilge agus an Éiceolaíocht / Irish and Ecology* (Baile Átha Cliath: Foilseacháin Ábhair Spioradálta).

Crowley, John & Sheehan, John (eds) (2009) *The Iveragh Peninsula: A Cultural Atlas of the Ring of Kerry* (Cork: Cork University Press).

Dinneen, Patrick S. (1927) *Foclóir Gaedhilge agus Béarla / An Irish-English Dictionary* (Dublin: Irish Texts Society).

Gale, Matthew & Ingleby, Richard (2000) *Two Painters: Works by Alfred Wallis and James Dixon* (London: Merrell Holberton Publishers, in association with Irish Museum of Modern Art and Tate Gallery, St Ives).

Grant, Shane (2019) 'Anailís ar chomhthéacs, ar spriocanna, agus ar thorthaí réamhphróisis na pleanála teangan i Limistéar Pleanála Teanga Chiarraí Theas (Uíbh Ráthach)', *Léann Teanga* (2019). Ar fáil ag: https://doi.org/10.13025/6h10-vx16 (ceadaíodh 22 Samhain 2023).

Grant, Shane (2020) *Cothú agus Cleachtais na Filíochta: Cás-staidéar ar Fhilí comhaimseartha Chorca Dhuibhne agus Uíbh Ráthaigh* (Tráchtas dochtúireachta neamhfhoilsithe, Coláiste Mhuire gan Smál / Ollscoil Luimnigh), ar fáil ag: https://dspace.mic.ul.ie/handle/10395/2921 (ceadaíodh 22 Samhain 2023).

Hill, Derek (1982) *Tory Island painters* (Dublin / Belfast: Arts Councils of Ireland).

Hogan, Edmund (1910) *Onomasticon Goedelicum locorum et tribuum Hiberniae et Scotiae* (Dublin: Four Courts Press).

Hughes, A.J. (eag. agus aistr.) (2018) *Rí Thoraí: Ó Chathair go Creig – Patsaí Dan Mag Ruaidhrí* (Béal Feirste: Clólann Bheann Madagáin).

Hunter, Jim (2003) *Tory Island and its Artists* (Coleraine: University of Ulster).

Lysaght, Patricia (2010) 'Focus on Cill Rialaigh, Co. Kerry: Photographs, Drawings and Plans' in Comhairle Bhéaloideas Éireann *Seoda as Cnuasach Bhéaloideas Éireann / Treasures of the National Folklore Collection* (Baile Átha Cliath: Comhairle Bhéaloideas Éireann), 75–83.

Mac an tSíthigh, Seán (eag.) (2005) *Amhráin Uíbh Ráthaigh: Éigse na Brídeoige 2004* (Baile Átha Cliath: Coiscéim).

Mac an tSíthigh, Seán (eag.) (2008) *Cóngar Chnoc Droinge: Ómós Áite agus Logainmneacha in Uíbh Ráthach: Éigse na Brídeoige 2006* (Baile Átha Cliath: Coiscéim).

Mac an tSíthigh, Seán (2009) 'Uíbh Ráthach and the Irish Language' in John Crowley & John Sheehan (eds) *The Iveragh Peninsula: A Cultural Atlas of the Ring of Kerry* (Cork: Cork University Press), 332–342.

Mac an tSíthigh, Seán (2009) 'Uíbh Ráthach and the Evolution of Irish Folklore' in John Crowley & John Sheehan (eds) *The Iveragh Peninsula: A Cultural Atlas of the Ring of Kerry* (Cork: Cork University Press), 350–359.

Mac an tSíthigh, Seán (2009) 'The Iveragh Seine Boat' in John Crowley & John Sheehan (eds) *The Iveragh Peninsula: A Cultural Atlas of the Ring of Kerry* (Cork: Cork University Press), 360–364.

Mac an tSíthigh, Seán (eag.) (2009) *Sruth agus Sáile: Aibhnte, Locha agus Farraige in Uíbh Ráthach: Éigse na Brídeoige 2007 & 2008* (Baile Átha Cliath: Coiscéim).

Mac an tSíthigh, Seán (2015) 'Nach deas é? Nach tú an deilgín deamhain?' (Tuairisc.ie 1 Nollaig 2015). Ar fáil ag: https://tuairisc.ie/nach-deas-e-nach-tu-an-deilgin-deamhain/ (ceadaíodh 1 Nollaig 2022).

Mac Cárthaigh, Críostóir (1993) 'An tSaighneoireacht in Iarthar Chiarraí' in Pádraig Ó Fiannachta (eag.) *An Fharraige: Iris na hOidhreachta 5* (An Daingean: An Sagart), 54–79.

Mac Coluim, Fionán (Finghin na Leamhna) (eag.) (1940) *Amhráin na nGleann Cuid I* (Baile Átha Cliath: An Cumann le Béaloideas Éireann / Comhlucht Oideachais na hÉireann).

Mac Con Iomaire, Séamus (1938) *Cladaigh Chonamara* (Baile Átha Cliath: Oifig Foillseacháin an Rialtais).

'ac Gearailt, Breandán (eag.) (2009) *An Blas Muimhneach Iml.I* (Baile Átha Cliath: Coiscéim).

'ac Gearailt, Breandán (eag.) (2010) *An Blas Muimhneach Iml.II* (Baile Átha Cliath: Coiscéim).

Mac Síthigh, Domhnall (2003) *Fan Inti: Naomhóga ó Chorca Dhuibhne go Cábán tSíle* (Baile Átha Cliath: Coiscéim).

Marshall, Catherine (2022) 'An File, Mícheál Ó Gaoithín (1904–74); The Making of an Artist' in Maria Simonds-Gooding, *An File Mícheál Ó Gaoithín: The Blasket Painter* (Dublin: The Lilliput Press), 43–48.

Ní Dhuibhne, Éilís (2022) 'Mícheál Ó Gaoithín: Ildánach' in Maria Simonds-Gooding, *An File Mícheál Ó Gaoithín: The Blasket Painter* (Dublin: The Lilliput Press), 33–40.

Ní Fhloinn, Bairbre (1993) 'Iascairí agus uaisle eile na farraige i gContae Chiarraí' in Pádraig Ó Fiannachta (eag.) *An Fharraige: Iris na hOidhreachta* 5 (An Daingean: An Sagart), 30–53.

Ní Mhóráin, Brighid (1997) *Thiar sa Mhainistir atá an Ghaolainn bhreá* (An Daingean: An Sagart).

Ní Mhuircheartaigh, Éadaoin (2019) 'Laoch Duibhneach: Léiriú an Bhéaloidis ar Phiaras Feiritéar' in Tomás L. Ó Murchú (eag.), *Piaras Feiritéar (c.1600–52): Beatha agus Saothar: Ceiliúradh an Bhlascaoid 23* (Baile Átha Cliath: Coisicéim), 59-88.

Ní Shúilleabháin, Máire (eag.) (1985) *Amhráin Thomáis Rua* (Maigh Nuad: An Sagart).

Nic Pháidín, Caoilfhionn (1987) *Cnuasach Focal ó Uíbh Ráthach* (Baile Átha Cliath: Acadamh Ríoga na hÉireann).

Ó Cíobháin, Breandán (1984) *Toponomia Hiberniae II: Paróiste Chill Chrócháin* (I) (Baile Átha Cliath: An Foras Duibhneach).

Ó Cíobháin, Ger (1979) *Cogarnach Ár gCósta* (Baile an Fheirtéaraigh, Trá Lí: Cló Dhuibhne).

Ó Dálaigh, Seán (1933) *Timcheall Chinn Sléibhe* (Baile Átha Cliath: Oifig Foillseacháin an Rialtais).

Ó Duilearga, Séamus (1948) *Leabhar Sheáin Í Chonaill* (Baile Átha Cliath: An Cumann le Béaloideas Éireann).

Ó Duilearga, Séamus (1961/1963) *Cnuasach Andeas: Scéalta gaus Seanchas Sheáin Í Shé ó Íbh Ráthach: Béaloideas* 29.

Ó Duilearga, Séamus (1965/1967) 'Meascra Aniar Andeas agus Adtuaidh,' *Béaloideas* 33, 163–180.

Ó Giollagáin, Conchúr, Seosamh Mac Donnacha, Fiona Ní Chualáin, Aoife Ní Shéaghdha & Mary O'Brien (2007) *Staidéar Cuimsitheach Teangeolaíoch ar Úsáid na Gaeilge sa Ghaeltacht* (Baile Átha Cliath: An Roinn Pobail, Tuaithe agus Gaeltachta).

Ó Giollagáin, Conchúr & Martin Charlton (2015) *Nuashonrú ar an Staidéar Cuimsitheach Teangeolaíoch ar Úsáid na Gaeilge sa Ghaeltacht: 2006–2011* (Na Forbacha, Co. na Gaillimhe: Údarás na Gaeltachta).

O'Grady, Timothy agus Pyke, Steve (1998) *I could read the sky* (London: Harvill Press).

Ó hÓgáin, Dáithí (1999) 'The Mystical Island in Irish Folklore,' in Patricia Lysaght, Séamas Ó Catháin & Dáithí Ó hÓgáin (eag.) *Island and Water-Dwellers* (Dublin: Department of Irish Folklore, University College Dublin), 247–260.

Ó hÓgáin, Dáithí (2009) 'An Iveragh Writer of Our Time' in John Crowley & John Sheehan (eag.) *The Iveragh Peninsula: A Cultural Atlas of the Ring of Kerry* (Cork: Cork University Press), 345–349.

Ó Loingsigh, Peadar (1976) *Dorn Mine* (Baile Átha Cliath: An Clóchomhar).

Ó Murchadha, Domhnall (1939) *Sean-Aimsireacht* (Baile Átha Cliath: Oifig an tSoláthair).

Ó Murchadha, Tadhg (1948 / 1950) 'Scéalaithe dob aithnid dom,' *Béaloideas* 18, 3-44.

O'Rahilly, T.F. (eag.) (1921) *Dánfhocail: Irish Epigrams in Verse* (Dublin: The Talbot Press Ltd.).

O'Rahilly, T.F. (eag.) (1925) *Búrdúin Bheaga* (Baile Átha Cliath: Brún agus Ó Nualláin).

Ó Sé, Diarmuid (2000) *Gaeilge Chorca Dhuibhne* (Baile Átha Cliath: Institiúid Teangeolaíochta Éireann).

Ó Síocháin, Conchúr (1940 / 1977) *Seanchas Chléire* (Baile Átha Cliath: Oifig an tSoláthair).

Ó Siochfhradha, Pádraig (An Seabhac) (1926/1984) [Pádraig Ua Maoileoin a chóirigh an t-eagrán nua] *Seanfhocail na Mumhan* (Baile Átha Cliath: An Gúm).

Ó Siochfhradha, Pádraig (An Seabhac) (1954 [1956]) 'Uí Ráthach: Ainmneacha na mBailte Fearainn sa Bharúntacht', *Béaloideas* 23, 3–70.

Ó Siochrú, Mícheál (2019) *Scáil an Scéil* (Baile Átha Cliath: Coiscéim).

Ó Súilleabháin, Seán (eag.) (1937) *Diarmuid na Bolgaighe agus a chomhursain* (Baile Átha Cliath: Oifig Foillseacháin an Rialtais).

Simonds-Gooding, Maria (2022) *An File Mícheál Ó Gaoithín: The Blasket Painter* (Dublin: The Lilliput Press).

[Tyers, Pádraig] (1982) *Leoithne Aniar* (Baile an Fheirtéaraigh: Cló Dhuibhne).

Ua Ciarmhaic, Mícheál (1984) *Cliathán na Sceilge* (Baile Átha Cliath: Coiscéim).

Ua Ciarmhaic, Mícheál (1985) *Íochtar Trá* (Baile Átha Cliath: Coiscéim).

Ua Ciarmhaic, Mícheál (1986) *An Gabhar sa Teampall* (Baile Átha Cliath: Coiscéim).

Ua Ciarmhaic, Mícheál (1988) *Barra Taoide* (Baile Átha Cliath: Coiscéim).

Ua Ciarmhaic, Mícheál (1989) *Ríocht na dTonn* (Baile Átha Cliath: Coiscéim).

Ua Ciarmhaic, Mícheál (1990) *Ceol Maidí Rámha* (Baile Átha Cliath: Coiscéim).

Ua Ciarmhaic, Mícheál (1993) *Chuireas mo Líonta* (Indreabhán: Cló Iar-Chonnachta).

Ua Ciarmhaic, Mícheál (1996) *Iníon Keevack* (Baile Átha Cliath: An Gúm).

Ua Ciarmhaic, Mícheál (2000) *Guth ón Sceilg* (Baile Átha Cliath: Coiscéim).

Ua Ciarmhaic, Mícheál [eag. Paddy Bushe] (2006) *Duanaire Mhaidhcí* (Baile Átha Cliath: Coiscéim).

Ua Súilleabháin, Seán (1994) 'Gaeilge na Mumhan' in Kim McCone, Damian McManus, Cathal Ó Háinle, Nicholas Williams & Liam Breatnach (eag.) *Stair na Gaeilge* (Maigh Nuad: Roinn na Sean-Ghaeilge, Coláiste Phádraig), 479–538.

Verling, Máirtín (2010) 'Slí bheatha na ndaoine' in *Mioscais na gCumar: Béaloideas agus Seanchas ó Bhéarra* (An Daingean: An Sagart), 77–124.

Wagner, Heinrich (1982) *Linguistic Atlas and Survey of Irish Dialects Vol.II: The Dialects of Munster* (Dublin: Dublin Institute for Advanced Studies).

Innéacs